新世纪高职高专
工程管理类课程规划教材

工程经济学

新世纪高职高专教材编审委员会 组编
主　编　都沁军
副主编　邢秀青　赵春香　任心波

第三版

大连理工大学出版社

图书在版编目(CIP)数据

工程经济学 / 都沁军主编. -- 3 版. -- 大连：大连理工大学出版社，2021.6(2022.6 重印)
新世纪高职高专工程管理类课程规划教材
ISBN 978-7-5685-3027-9

Ⅰ.①工… Ⅱ.①都… Ⅲ.①工程经济学－高等职业教育－教材 Ⅳ.①F062.4

中国版本图书馆 CIP 数据核字(2021)第 097441 号

大连理工大学出版社出版

地址：大连市软件园路 80 号 邮政编码：116023
发行：0411-84708842 邮购：0411-84708943 传真：0411-84701466
E-mail:dutp@dutp.cn URL:http://dutp.dlut.edu.cn
大连市东晟印刷有限公司印刷 大连理工大学出版社发行

幅面尺寸:185mm×260mm 印张:17.75 字数:407 千字
2012 年 5 月第 1 版 2021 年 6 月第 3 版
2022 年 6 月第 3 次印刷

责任编辑:康云霞 责任校对:吴媛媛
封面设计:张 莹

ISBN 978-7-5685-3027-9 定 价:55.00 元

本书如有印装质量问题，请与我社发行部联系更换。

前言 Preface

《工程经济学》(第三版)是新世纪高职高专教材编审委员会组编的工程管理类课程规划教材之一。

面对激烈的市场竞争以及工程项目建设规模越来越大,如何实现资源优化配置、提高决策水平和实现投资目标成为投资者首先应考虑的问题。因此,当今时代更需要工程经济学知识来解决工程项目建设中的投资决策问题。

工程经济学是一门研究如何分析工程项目活动的代价以及目标实现程度,并在此基础上寻求实现目标最有效的途径的学科。任何工程项目活动都需要消耗资源,所以最大限度地节约资源,使工程项目的活动结果满足人们的需要显得尤为重要。学习工程经济学的知识,建立工程活动中的经济意识,掌握经济分析和经济决策的方法与技能,有利于在制订工程项目实施方案时充分考虑通过降低成本、增加利润来提高竞争力,以增强解决实际工程经济问题的能力。

为了满足高等职业院校工程管理、工程造价等相关专业人才培养目标的需要,结合编者多年的教学经验,我们编写了本书。在编写过程中编者始终坚持以下指导原则:

(1)力求做到理论与实践相结合,以实践为主。

(2)内容反映我国工程经济分析方面新的要求和规范。

(3)在编写形式上,每章的开头明确提出了本章的学习内容和学习目标,其中学习目标包括知识目标和能力目标,通过案例导入、思考和进一步分析,引导学生进入本章内容的学习。每章的结尾设有本章小结及复习思考题,这样的结构体系设计,便于学生学习和巩固所学的知识。

(4)本书在第四章和第六章中加入了Excel在工程经济学中的应用这一内容,引导读者利用计算机工具分析问题,提高工程经济分析效率。

I

(5) 本书配有微课、课件、复习思考题答案等教学资源。

本书主要服务于高职高专工程管理、工程造价专业的学生，同时兼顾了工程项目管理人员对工程经济知识的需求，具有较广泛的适用性。

本书由河北地质大学都沁军担任主编；河北地质大学邢秀青、山西工程职业学院赵春香、江门职业技术学院任心波担任副主编。具体编写分工如下：第一章～第四章由都沁军编写，第五章、第十一章由赵春香编写，第六章、第十章由任心波编写，第七章～第九章由邢秀青编写。全书由都沁军负责统稿和定稿。

在编写本书的过程中，我们参考、引用和改编了国内外出版物中的相关资料以及网络资源，在此对这些资料的作者表示深深的谢意！请相关著作权人看到本书后与我社联系，我社将按照相关法律的规定支付稿酬。

由于时间仓促，书中仍可能存在不足，恳请读者批评指正。

编　者
2021 年 6 月

所有意见和建议请发往：dutpgz@163.com
欢迎访问职教数字化服务平台：http://sve.dutpbook.com
联系电话：0411-84707424　84706676

目 录
Contents

第一章　绪　论 …………………………………………………… 1
　第一节　工程经济学的含义 ……………………………………… 2
　第二节　工程经济学的产生和发展 ……………………………… 4
　第三节　工程经济学的研究对象及内容 ………………………… 5
　第四节　学习工程经济学的意义 ………………………………… 9

第二章　工程经济分析的要素 …………………………………… 13
　第一节　投资及其估算 …………………………………………… 14
　第二节　成本费用及其估算 ……………………………………… 27
　第三节　营业收入、税金 ………………………………………… 31
　第四节　利　润 …………………………………………………… 33

第三章　资金时间价值 …………………………………………… 36
　第一节　现金流量 ………………………………………………… 37
　第二节　资金时间价值概述 ……………………………………… 38
　第三节　资金等值计算 …………………………………………… 42
　第四节　复利系数表及线性内插法 ……………………………… 45
　第五节　资金等值的应用 ………………………………………… 47

I

第四章　工程项目单方案的经济评价　49

第一节　工程项目经济评价指标概述　50
第二节　经济效益原理　52
第三节　时间型评价指标　57
第四节　价值型评价指标　61
第五节　效率型评价指标　66
第六节　清偿能力指标　73
第七节　运用 Excel 计算评价指标　77

第五章　工程项目多方案的经济评价　82

第一节　工程项目方案类型　83
第二节　互斥型方案的经济评价　85
第三节　独立型方案的经济评价　97
第四节　其他类型方案的经济评价　100

第六章　不确定性分析　107

第一节　不确定性分析概述　109
第二节　盈亏平衡分析　111
第三节　敏感性分析　116
第四节　Excel 在不确定性分析中的应用　123

第七章　工程建设项目资金筹措　129

第一节　融资主体及其融资方式　131
第二节　项目资本金的融通　137
第三节　项目债务筹资　140
第四节　融资方案分析　147

第八章　工程项目的财务评价　154

第一节　可行性研究概述　155
第二节　财务评价概述　168
第三节　财务评价报表与财务评价指标　171
第四节　新设法人财务评价实例　179

第九章 经济费用效益分析 … 188

第一节 经济费用效益分析概述 … 189
第二节 经济效益与经济费用的识别 … 194
第三节 经济费用效益分析的参数 … 196
第四节 经济费用效益分析的指标及报表 … 202

第十章 设备更新 … 207

第一节 设备的磨损 … 208
第二节 设备磨损的补偿 … 212
第三节 设备更新的经济分析 … 216

第十一章 价值工程 … 233

第一节 价值工程基本概念 … 235
第二节 价值工程的工作程序 … 239
第三节 价值工程的对象选择 … 240
第四节 信息资料收集 … 244
第五节 功能分析 … 247
第六节 功能评价 … 250
第七节 方案创造 … 254

附录 复利系数表 … 258

第一章
绪　论

学习内容

工程经济学的相关概念；工程经济学的发展历程；工程经济学的研究对象及内容；学习工程经济学的必要性。

学习目标

1. 知识目标
(1) 掌握工程、项目、工程经济学等概念；
(2) 熟悉工程经济学的国内外发展历程；
(3) 了解工程经济学的研究对象及内容。

2. 能力目标
(1) 能够正确理解工程经济学的含义；
(2) 能够正确认识工程经济学的相关知识在工程管理中的作用。

第一节 工程经济学的含义

 工程经济学的有关概念

（一）工程

工程一般有两方面的含义，一是指土木建筑或其他生产、制造部门用比较大而复杂的设备来进行的工作，如土木工程、机械工程、化学工程、采矿工程等；二是投入较多的人力、物力来完成的工作，如希望工程等。工程经济学中的工程指第一种含义。

一项工程能被人们所接受，要满足两个条件：一是技术上可行；二是经济上合理。要想建造一个技术上不可行的项目是不可能的，因为其建造的内在客观规律人们还没有掌握；另外一方面，一项工程如果只讲技术可行，而忽略经济合理性就违背了工程建造的最初目的。为最大限度地满足市场和社会的需要，实现工程技术服务于经济的目的，就应该探究工程技术和经济的最佳结合点，在特定条件下，获得投入产出的最大效益。

（二）项目

项目是以一套独特而相互联系的任务为前提，有效地利用资源、为实现某一特定的目标所做的努力。项目可以按照不同的角度进行分类，如按项目的目标可以分为营利性项目和非营利性项目。

一般来说，任何一项工程的完成，都有明确的开始时间和结束时间，同时都是以一系列特定而相互联系的任务为前提，都需要有效地利用资源，从这个角度讲，工程等同于项目。

（三）科学与技术

科学是人们对客观规律的认识和总结。技术是人们在利用自然和改造自然的过程中积累起来并在生产劳动中体现出来的经验和知识。技术是生产和生活领域中，运用各种科学所揭示的客观规律，进行各种生产和非生产活动的技能以及根据科学原理改造自然的一切方法。技术一般包括自然技术和社会技术两方面，自然技术是根据生产实践和自然科学原理而发展形成的各种工艺操作方法、技能和相应的生产工具及其他物资设备。社会技术是指组织生产和流通技术。

（四）经济

经济一词，一般有以下四个方面的含义：

(1)经济是指生产关系。经济是人类社会发展到一定阶段的社会经济制度,是生产关系的总和,是政治和思想意识等上层建筑赖以建立起来的基础。

(2)经济是指一国国民经济的总称或国民经济的各部门,如工业经济、农业经济、运输经济等。

(3)经济是指社会生产和再生产,即指物质资料的生产、交换、分配、消费的现象和过程。经济是研究社会和部门经济发展规律的科学。

(4)经济是指节约或节省,是指人、财、物、时间等资源的节约和有效使用。

工程经济学中的"经济"更多的是指工程项目或其他社会经济活动中的"相对节约""相对节省",即项目的经济合理性问题。

本教材以特定的工程项目为背景,研究各种工程技术方案的经济效益的影响因素、评价准则和评价指标,通过对不同方案经济效益的计算,以求找到最优的经济效益的技术方案,作为决策者进行工程技术决策的依据。

 工程经济学的定义

(一)经济学

经济学是研究如何使有限的生产资源得到有效的利用,从而获得不断扩大、日益丰富的商品和服务。正如萨谬尔森所说:"经济学是研究人类和社会是怎样进行选择的,也就是借助或不借助货币,使用有其他用途的稀缺资源来生产各种物品,并且,为了当前和未来的消费,在社会的各个成员之间或集团之间分配这些物品。"

(二)工程经济学

工程经济学是建立在工程学和经济学之上,围绕工程项目的设想、设计、施工及运营的经济合理性展开研究,是在资源有限的条件下,运用特定的方法,对各种可行方案进行评价和决策,从而确定最佳方案的学科。

随着现代社会经济活动的日益增加,企业组织或个人投资人经常面临着工程项目建设决策及投资决策等问题。例如,企业为提升竞争力或扩大生产能力,可能要开工建设新的项目或生产线,随之而来的问题是,不同的方案如何进行比较?比较的标准和方法是什么?新的建设项目其最合理的建设规模是多少?如何考虑项目从设想到建成投产过程中的各种不确定因素?对个人投资人来说,当积累一定数额的资金后,以何种方式保证其保值增值?是进行固定资产投资还是股票或基金投资?等等。这些问题有以下特点:第一,每个问题都涉及多个方案,实质是要研究多方案选择问题;第二,每个问题研究的核心都是经济效益,实质是要研究经济效益评价的标准和方法;第三,每个问题都是站在现在研究未来的情况,其中的不确定因素对决策的结果有很大影响。在这样影响因素众多的情况下,要做出正确的决策,仅仅依靠工程学的知识是不够的,还必须具备经济学的知识,并且掌握一些工程经济学的分析方法。

第二节　工程经济学的产生和发展

国外工程经济学的产生和发展

工程经济学的历史渊源可追溯到 1887 年惠灵顿的《铁路布局的经济理论》的出版。惠灵顿作为一个铁路建筑工程师，他认为资本化的成本分析法，可应用于铁路最佳长度或路线曲率的选择，从而开创了工程领域中的经济评价方法。惠灵顿认为，工程经济学并不是建造艺术，而是一门少花钱多办事的艺术，他的这一见解被许多学者所认可。斯坦福大学的菲什于 1915 年出版了第一本《工程经济学》(Engineering Economics)专著，研究的内容包括投资、利率、初始费用与运营费用、商业组织与商业统计、估价与预测等。

惠灵顿的学说对后来的工程学家和经济学家的思想和研究都产生了重大的影响。20 世纪 20 年代，戈尔德曼发表了《财务工程学》(Financial Engineering)。在此书中，他提出了复利计息的计算方法，并且提出，工程师最基本的是结合成本限制，以使工程项目达到最大的经济性，从而将工程学当中的经济性问题提高到学术研究的高度。

真正使工程经济学成为一门系统化学科的学者，则是格兰特。他在 1930 年发表了被誉为工程经济学经典之作的《工程经济原理》(Principles of Engineering Economy)，该书于 1976 年出了第六版。格兰特教授不仅在该书中剖析了古典工程经济学的局限性，而且以复利计算为基础，讨论了判别因子和短期评价理论和原则。他的许多理论贡献获得了社会公认，被誉为工程经济学之父。这本书被美国很多大学作为教材选用。

至此，工程经济学获得了公众的认可，作为一门独立的系统的学科而存在。第二次世界大战之后，工程经济学受凯恩斯主义经济理论的影响，研究内容从单纯的工程费用效益分析扩大到市场供求和投资分配领域，取得了重大进展。1978 年，布西的《工程投资项目的经济分析》出版，在该著作中，布西引用了大量的文献数据，全面系统地总结了工程项目的资金筹集、经济评价、优化决策以及项目的风险和不确定性分析等。1982 年，里格斯的《工程经济学》出版，该书系统地阐述了货币的时间价值、经济决策和风险以及不确定性分析等工程经济学的内容，把工程经济学的学科水平向前推进了一步。

在日本与工程经济学相近的学科被称为"经济性工学"，是在第二次世界大战后出现，并在 20 世纪五六十年代逐渐发展和完善起来的一门新兴学科，其研究内容和工程经济学基本相似。在英国与工程经济学相近的学科称为"业绩分析"，它主要研究企业经营活动中的贷款、管理等问题。法国类似工程经济学的学科称为"经济计算"，它相当于西方的工程项目评价。

我国工程经济学的发展情况

我国工程经济学作为一门独立的学科主要经历了以下几个阶段：

第一阶段：创建时期。主要是20世纪50年代末期至60年代初期。1963年"技术经济"列入了《1963—1972年科学技术规划纲要》。这一时期属于经济分析方法与经济效果学发展阶段，经济分析方法开始应用于工程技术中，并在工程建设和许多领域得到广泛应用，是发展较快的时期。

第二阶段：停滞时期。主要是20世纪70年代，在这一时期工程经济学被否定，工程经济研究机构被撤销，属于停滞阶段。

第三阶段：快速发展时期。1978年，中国技术经济研究会成立，此后，工程经济研究在全国的发展越来越快。1981年，国务院批准成立技术经济研究中心（现国务院发展研究中心），该中心的成立，标志着我国工程经济学的发展进入了一个新阶段。这一时期，各省市部门的技术经济研究会相继成立，各高等院校工程经济课程也逐渐恢复，而且不断发展。工程经济学的原理和方法在经济建设的项目评价中得到系统、广泛的应用；学科体系、理论与方法、性质与对象的研究不断深入，形成了较完整的学科体系，属于快速发展阶段。

第三节 工程经济学的研究对象及内容

 工程经济学的研究对象

对于工程经济学的研究对象存在着不同的认识。一般有以下几种观点：

(1)工程经济学是研究技术方案、技术政策、技术规划、技术措施等经济效果的学科，通过对经济效果的计算以找到最好的技术方案。

(2)工程经济学是研究技术与经济关系以达到技术与经济的最佳结合的学科。

(3)工程经济学是研究生产、建设中各种技术经济问题的学科。

(4)工程经济学是研究技术因素与经济因素的最佳结合的学科。

我们认为，工程经济学的研究对象是工程经济分析的最一般方法，即研究采用何种方法及方法体系才能正确评价工程项目的经济合理性，才能寻求工程技术与经济的最佳结合点。也就是说，工程经济学不研究工程技术原理及其应用，也不研究影响经济效果的相关因素，而是研究各种工程技术方案的经济评价方法。

应特别注意的是，工程经济学的研究对象和工程经济学的分析对象是不一样的。工程经济学通过研究和探索要为具体工程项目的经济效益分析和评价提供方法基础，而工程经济学的分析对象则是具体工程项目。当然,工程项目的含义是十分广泛的,可以是投资达数十亿的大型交通建设项目或水利建设项目,也可以是投资较少的小型工业厂房建设项目或设备更换项目;工程项目可以是具有独立设计方案、能够独立发挥功能的固定资产投资项目,也可以是抽象的具有一定的资源(包括资金、各类原材料和人力资源)投入计划,能够产生一定效益的独立评价单元。只要是具有独立的功能和明确的费用投入,都可以作为工程经济学的分析对象。

二、工程经济学的研究内容

工程经济学的研究内容主要包括:

(一) 可行性研究与建设项目规划

研究和分析方案的可行性,如可行性研究的内容与方法、项目规划与选址、项目建设方案设计。

(二) 工程项目的投资估算与融资分析

研究如何建立筹资主体与筹资机制,分析各种筹资方式的成本和风险,具体包括建设项目投资估算、资金筹措、融资结构与资本成本。

(三) 投资方案选择

实现一个投资项目往往有多个方案,分析多个方案之间的关系,进行多方案选择是工程经济学研究的重要内容,包括方案比较与优化方法、方案的相互关系与资金约束、投资方案的选择等。

(四) 项目财务评价

研究项目对各投资主体的贡献,从企业财务角度分析项目的可行性,包括项目财务评价内容与方法、项目财务效果评价指标。

(五) 项目费用效益分析

研究项目对国民经济和社会的贡献,评价项目对环境的影响,从国民经济和社会角度分析项目的可行性。

(六) 风险和不确定性分析

由于各种不确定因素的影响,会使项目建成后期望的目标与实际状况发生差异,可能会造成经济损失。为此,需要识别和估计风险,进行不确定性分析。具体包括不确定性分析、投资风险及其控制和风险管理工具等内容。

(七) 建设项目后评价

项目后评价是在项目建成后,衡量和分析项目的实际情况与预测情况的差距,为提高项目投资效益提出对策、措施。因此,需要研究采用什么样的指标和方法建设项目后评价。

 工程经济学研究的一般程序

工程经济分析主要是对各种可行的工程技术方案进行综合分析、计算、比较和评价,全面衡量其经济效益,以做出最佳选择,其分析的一般程序如下。

(一) 确定目标

目标是在一定的约束条件下,希望达到的某种期望或结果。有了明确的目标,可以为具体工程的建设指明方向,也为最终衡量项目建设成败提供了评价标准。目标是根据问题的性质、范围、原因和任务设定的,而问题来自于某种需求,也就是由需求形成问题,由问题产生目标,然后,依目标去寻求解决方案。目标可以分为国家目标、地区或部门目标、项目或企业目标。目标内容可以是项目规模、某种技术改造方案等。目标的确定应具体、明确,例如在数量、质量、规格、期限等方面应有具体的标准和要求。

(二) 收集资料

根据确定的目标,围绕影响目标实现的各种因素或条件进行调查研究,收集有关技术、经济、市场、政策法规等数据,对数据的收集力求做到准确和全面。根据工程经济学分析问题的特点,不仅要收集过去及现在的资料,更要分析相关因素未来若干年的发展变化趋势。

(三) 确定可行的方案

根据能够实现目标的各种途径,集思广益,尽可能收集各种信息,从中选择所有可行的方案。

(四) 建立方案比较的基础

由于各可行方案实现的基础不同,往往不能够直接比较。因此,需要对一些不能直接比较的指标进行处理,需要将不同数量和质量指标转化为统一的可比性指标,以满足可比性的要求。

(五) 综合评价各方案

根据工程项目经济评价指标,进行定量指标计算,然后采用定性与定量相结合的方法,对方案进行综合评价。

（六）确定最优方案

工程经济学分析的核心问题就是通过对不同方案经济效果的评价，从中选择效果最好的方案。根据综合评价的结果，选出技术上先进、经济上合理的最佳方案。若最佳方案满意，则选中为最优方案，若不满意，则应重新检查确定的可行方案的合理性。

（七）完善方案

根据选择的最优方案，进一步完善这一方案的细节内容，尽可能使方案具有更大的经济效益。

四、工程经济学的特点

工程经济学不同于技术学科研究自然规律本身，又不同于其他经济学科研究经济规律本身，而是以经济学科作为指导，研究工程技术方案的经济效益问题。工程经济学的任务不是发明新技术方案，而是对成熟的技术和新技术进行经济性分析、比较和评价，从经济的角度为技术的采用和发展提供决策依据。工程经济学也不去研究经济规律，它是在尊重客观规律的前提下，对工程方案的经济效果进行分析和评价。工程经济学具有如下特点：

（一）综合性

工程经济学从工程技术方案的角度去考虑经济问题，又从经济的角度去考虑工程技术方案问题，工程技术方案是基础，经济是目的。工程经济学的研究是在工程技术方案可行的基础上，进行经济合理性的研究与论证工作。它为技术可行性提供经济依据，并为改进技术方案提供符合社会采纳条件的改进方案和途径。

（二）实用性

工程经济学的研究对象来源于工程建设或生产的实际，并紧密结合生产技术和经济活动进行，它所分析和研究的成果直接用于生产，并通过实践来验证分析结果是否正确。

（三）定量性

如果没有定量分析，工程技术方案的经济性就无法评价，不同方案的经济效果也就无法表示，方案之间的比较和选优也就无法实现。因此，工程经济学的研究方法以定量分析为主，对难以量化的因素也要通过主观判断的形式给予量化表示。

（四）比较性

工程经济学的分析是通过经济效果的比较，从多个可行的技术方案中选择最优的方案或最满意的方案。这种比较是对各种可行方案的未来"差异"进行经济效果分析比较,即把各方案中相等的因素在具体分析中略去,以简化分析和计算。

(五) 预测性

工程经济学的分析活动是在相关技术方案实施之前进行的,是对即将实施的技术政策、技术方案、技术措施进行的预先分析评价,是着眼于"未来",对技术政策、技术措施制定后,或技术方案被采纳后,将要带来的经济效果进行计算、分析与比较。工程经济学关心的不是某方案已经花费了多少代价,它不考虑过去发生的、在今后决策过程中已无法控制的、已用去的那一部分费用的多少,而只考虑从现在起为获得同样使用效果的各种方案的经济效果。既然工程经济学讨论的是各方案未来的经济效果问题,那就意味着它们会有"不确定因素"与"随机因素"的预测与估计,这将关系到技术效果评价的结果。因此,工程经济学是建立在预测基础上的学科。

综上所述,工程经济学具有很强的综合性、实用性、定量性、比较性和预测性等特点。

第四节 学习工程经济学的意义

 学习工程经济学的必要性

(一) 工程师应掌握必要的经济学知识

工程师所从事的工作是以技术为手段把各类资源(如矿产资源、资金等)转变为能被市场所接受的产品或服务,以满足人们的物质和文化生活需要。在这一过程中,技术所要达到的目的是经济性的,而技术所要存在的基础也是经济性的。工程师的任何技术活动都离不开经济,工程师的任何工程技术活动,包括任何计划过程和生产过程,都应考虑收入和支出情况,最终考虑经济目标实现的程度,并由这一标准去检验工程技术和工程管理活动的效果。因此,工程师应掌握基本的工程经济学原理,为今后在工作中更好地履行职责打下基础。正如里格斯教授在《工程经济学》中所述:"工程师的传统工作是把科学家的发明转变为有用的产品。而今,工程师不仅要提出新颖的技术发明,还要能够对其实施的结果进行熟练的财务评价。""缺少这些分析,整个项目往往很容易成为一种负担,而收益不大。"这也是工程类专业学生学习工程经济学的原因。

(二) 进行工程经济分析可以提高社会资源利用效率

人类社会经济的快速发展,面临的是资源有限的世界,应尽可能合理分配和有效利用现有的资源(包括资金、原材料、劳动力和能源等),来满足人类的需要。所以,如何使产品以最低的成本可靠地实现产品的必要功能是必须考虑和解决的问题,而要进行合理分配和有效利用资源的决策,则必须同时考虑技术与经济各方面的因素,进行工程经济分析。

(三) 进行工程经济分析可以降低项目投资风险

工程项目的建设是在未来进行的,在项目正式建设前进行各种备选方案的论证和评价,可使决策科学化。一方面,这样的论证和评价可以在投资前发现问题,并及时采取相应措施;另一方面,这样的论证和评价可以及时发现不可行的方案并加以否定,避免不必要的损失,实现投资风险最小化的目的。不进行科学的决策和多方案的评价选优,其结果就是造成人力、物力和财力的浪费。只有加强工程经济分析,才能降低投资风险,为每项投资获得预期的收益提供保障。

(四) 进行工程经济分析可以提高产品竞争力

尽管一般工业产品是在生产过程中制造出来的,但是产品的技术先进程度和制造费用在很大程度上是由工程设计人员在产品设计和选择工艺过程中就已基本确定的。如果工程技术人员在产品设计、选择工艺时不考虑市场需要的生产成本,产品就没有市场竞争力,生产这种产品的企业也就失去了生存的基础。通过学习工程经济学的理论和方法,工程技术人员将会有意识地在产品设计及制造过程中既注意提高其性能和质量,又注意降低其生产成本,做到物美价廉,达到提高产品竞争力的目的。

工程经济学在项目管理中的地位

在项目管理中,工程经济学的应用可分为两个层次:一方面,可根据工程经济学的理论和方法,在项目的策划、设计、实施过程中,结合项目的特点,通过多方案的评价,选择技术上先进、经济上合理的方案;另一方面,可根据国家和有关部门制定的各项政策、法律、法规,进行工程项目的有效管理,保证项目最佳效益目标的实现。因此,工程经济学知识已成为现代项目管理人员必备的基础知识。在我国现行的诸多建设领域的执业资格考试中,工程经济学(工程经济基础)都是一门必考的基础课程(表1-1)。

表 1-1　　　　　　　对工程经济学知识有考试要求的职业资格考试

序号	名称	管理部门
1	监理工程师	住房和城乡建设部
2	房地产估价师	住房和城乡建设部
3	资产评估师	财政部
4	造价工程师	住房和城乡建设部
5	结构工程师	住房和城乡建设部

(续表)

序号	名称	管理部门
6	咨询工程师(投资)	国家发展和改革委员会
7	一级建造师	住房和城乡建设部
8	设备监理师	国家质量监督检验检疫总局

 工程经济学与相关课程的关系

（一）工程经济学与西方经济学

工程经济学是西方经济学的重要组成部分，它研究问题的出发点、分析问题的方法和主要指标内容都与西方经济学一脉相承。西方经济学是工程经济学的理论基础，而工程经济学则是西方经济学的具体化和延伸。

（二）工程经济学与投资项目评估学

工程经济学侧重于方法论研究，投资项目评估学侧重于应用。投资项目评估学具体研究投资项目应具备的条件，工程经济学为投资项目评估学提供分析方法和依据。

（三）工程经济学与技术经济学

工程经济学与技术经济学有许多共性而又有所不同，如技术经济学与工程经济学有共同的理论基础，很多工程的核心问题是技术问题。技术经济学研究的对象、内容要比工程经济学广泛一些。

（四）工程经济学与会计学

工程经济学与会计学既有联系又有区别。工程经济学借用了会计学的一些概念，如成本、收益等用于项目预期经济效益分析。工程经济学与会计学的区别在于，分析中数据的取得方式和分析目的不同。

 本章小结

工程经济学是在工程项目建设的实践中逐渐发展并完善起来的，合理运用工程经济学的知识可以促进投资决策的科学化。通过本章的学习，学生要全面掌握工程经济学的内涵，了解工程经济学的发展过程及其工作程序，理解本课程的特点及其与相关课程的区别，为学好本课程打下基础。

1.简述工程、技术与经济的概念。
2.工程经济学的特点是什么?
3.工程经济学的研究对象是什么?
4.工程经济学的研究内容包括哪些?

第二章 工程经济分析的要素

学习内容

投资的概念、构成及估算；工程项目成本费用的概念、构成及估算；营业收入、税金、利润的概念及构成。

学习目标

1.知识目标
(1)掌握投资的概念；
(2)掌握成本费用、经营成本的概念；
(3)熟悉营业收入、税金与利润的有关概念；
(4)熟悉成本费用、营业收入、税金与利润的关系；
(5)了解工程造价的概念及工程项目投资的构成；
(6)了解工程项目投资的估算方法；
(7)了解成本费用的估算方法；
(8)了解营业收入、税金与利润的构成。

2.能力目标
(1)能够运用投资的有关概念分析确定工程项目投资的构成；
(2)能够运用成本费用的有关概念分析确定工程项目费用成本的构成；
(3)能够运用营业收入、税金、利润的概念分析确定其构成；
(4)能够进行简单的工程项目各经济要素的估算。

> **案例导入**
>
> 某一工程项目预计投资 2 800 万元,投产后预计每年可获得总收入 480 万元,预计每年的总支出为 280 万元,试问这一工程项目是如何预测出投资的资金额、总收入的资金额及每年总支出额的?
>
> 思考:1.对于工程项目的投资、收入等经济分析要考虑多种因素的影响。
>
> 2.对不同的工程项目进行经济分析时考虑的因素不尽相同。
>
> 进一步分析:工程项目的建设首先是一个投资活动,要对其经济效益与社会效益进行分析与评价。对于投资主体而言,经济效益首先具有相对重要的意义,任何项目如果不能取得良好的经济效益,投资方就会受到损失。投资、成本费用、营业收入、税金及利润是工程建设项目经济分析的基本要素,是工程经济分析的基础。

第一节　投资及其估算

 投资的概念

广义的投资就是对资本的运用,或者说是人们为了得到一定的未来收益,而将资本投入经济运动过程的一种行为。在商品经济社会中,投资是普遍存在的经济现象,一般来说,投资是指经济主体(个人、家庭、企业等)以获得未来货币增值或收益为目的,预先垫付一定量的货币或实物,经营某项事业的经济行为。简单地说,投资就是为了获得可能的、不确定的未来值而做出的确定的、现值的牺牲。

工程经济中的投资是为了保证项目投产和生产经营活动的正常进行而投入的活劳动和物化劳动价值的总和。

 工程造价

从需求的角度(投资人的角度)看,工程造价指建设一项工程预期开支或实际开支的全部固定资产投资费用。工程造价就是工程投资费用,建设项目工程造价就是建设项目固定资产投资。从供给角度(承包商的角度)看,工程造价就是工程的价格,为建成一项工程,预计或实际在相关市场等交易活动中所形成的建筑安装工程的价格和建设工程总价格。

建设程序要分阶段进行,在不同阶段要多次性计价,以保证工程造价的确定与控制的科学性。这样的多次性计价是个逐步深化、逐步细化和逐步接近实际造价的过程。

投资的构成

建设项目是指在一个总体规划和设计的范围内,实行统一施工、统一管理、统一核算的工程。建设项目总投资是指在工程项目建设阶段所需要的全部费用的总和。生产性建设项目总投资包括建设投资、建设期利息和流动资金三部分;非生产性建设项目总投资包括建设投资和建设期利息两部分。其中,建设投资和建设期利息之和对应于固定资产投资,固定资产投资与建设项目的工程造价在量上相等。我国现行建设项目总投资构成见图2-1。

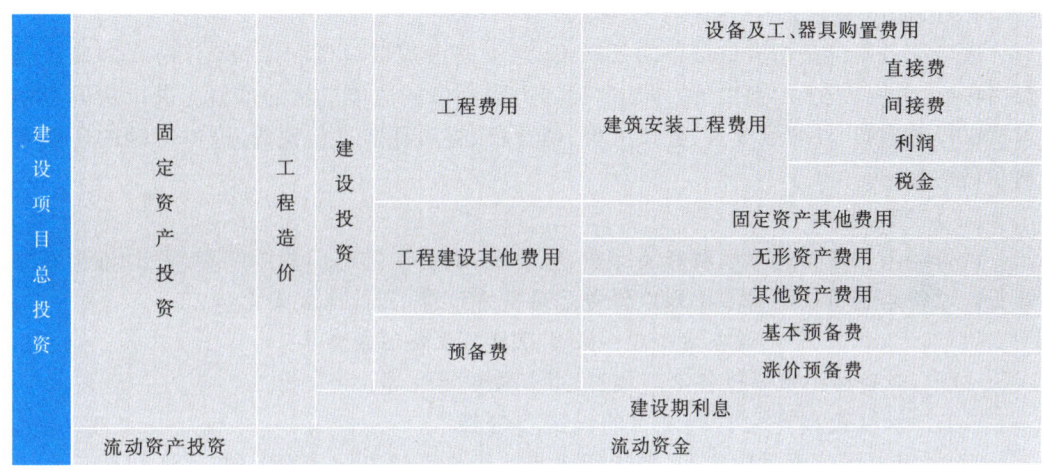

图 2-1　我国现行建设项目总投资构成

(一) 设备及工、器具购置费用

设备及工、器具购置费用是由设备购置费和工、器具及生产家具购置费组成的,如图2-1所示。它是固定资产投资中的积极部分,在生产性工程建设中,随着设备及工、器具购置费用占工程造价比重的增大,意味着生产技术的进步和资本有机构成的提高。

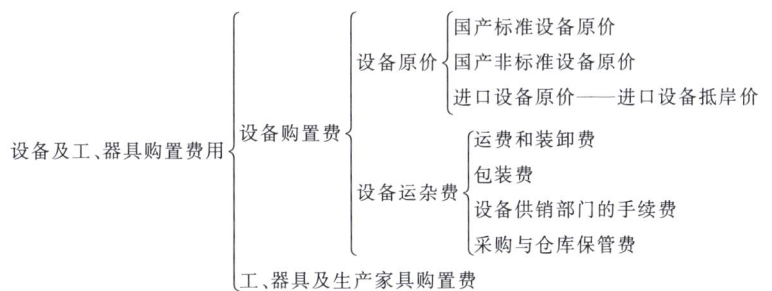

图 2-2　设备及工、器具购置费用的构成

1. 设备购置费的构成及计算

设备购置费是指为建设项目购置或自制的达到固定资产标准的各种国产或进口设备、工具、器具的购置费用,由设备原价和设备运杂费构成。

$$设备购置费 = 设备原价 + 设备运杂费 \tag{2-1}$$

式(2-1)中,设备原价是指国产设备或进口设备的原价;设备运杂费是指除设备原价之外的关于设备采购、运输、途中包装及仓库保管等方面支出费用的总和。

(1) 国产设备原价

国产设备原价一般指的是设备制造厂的交货价或订货合同价。国产标准设备是指按照主管部门颁布的标准图纸和技术要求,由我国设备生产厂批量生产的、符合国家质量检测标准的设备。一般根据生产厂或供应商的询价、报价、合同价确定。国产非标准设备是指国家尚无定型标准,各设备生产厂不可能在工艺过程中采用批量生产,只能按订货量并根据具体的设计图纸制造的设备。只能按其成本构成或相关技术参数运用一定的方法估算其价格。

(2) 进口设备原价

进口设备原价是指进口设备的抵岸价,通常是由进口设备到岸价(CIF)和进口从属费用构成。进口设备的到岸价,即抵达买方边境港口或边境车站的价格。进口从属费用包括银行财务费、外贸手续费、进口关税、消费税、进口环节增值税等,进口车辆的还需缴纳车辆购置税。

(3) 设备运杂费

设备运杂费通常包括运费和装卸费、包装费、设备供销部门的手续费、采购与仓库保管费。设备运杂费按设备原价乘以设备运杂费率计算,其计算公式为

$$设备运杂费 = 设备原价 \times 设备运杂费率 \tag{2-2}$$

式(2-2)中,设备运杂费率按各部门及省、市有关规定计算。

2. 工、器具及生产家具购置费的构成及计算

工、器具及生产家具购置费,是指新建或扩建项目初步设计规定的,保证初期正常生产必须购置的没有达到固定资产标准的设备、仪器、工卡模具、器具、生产家具和备品备件等的购置费用。一般以设备购置费为计算基数,按照部门或行业规定的工、器具及生产家具的定额费率计算。其计算公式为

$$工、器具及生产家具购置费 = 设备购置费 \times 定额费率 \tag{2-3}$$

(二) 建筑安装工程费用

建筑安装工程费用主要由直接费、间接费、利润和税金四部分组成,如图2-3所示。

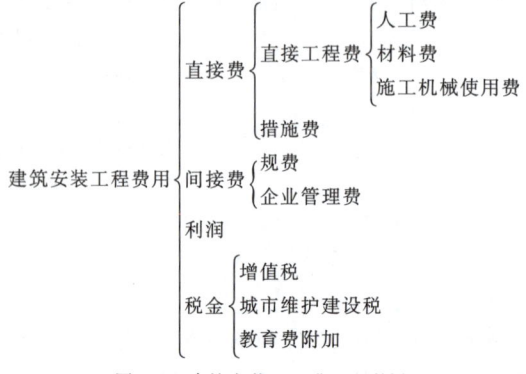

图 2-3 建筑安装工程费用的构成

1. 直接费

（1）直接工程费

直接工程费是指施工过程中耗费的直接构成工程实体的各项费用，包括人工费、材料费、施工机械使用费。

人工费是指直接从事建筑安装工程施工作业的生产工人开支的各项费用，包括人工工日消耗量和人工日工资单价。人工费的基本计算公式为

$$人工费 = \sum(人工工日消耗量 \times 人工日工资单价) \qquad (2-4)$$

材料费是指施工过程中耗费的构成工程实体的原材料、辅助材料、构配件、零件、半成品的费用，包括材料消耗量、材料基价和检验试验费。材料费的基本计算公式为

$$材料费 = \sum(材料消耗量 \times 材料基价) + 检验试验费 \qquad (2-5)$$

施工机械使用费是指施工机械作业所发生的机械使用费以及机械安拆费和场外运费，主要包括施工机械台班消耗量和机械台班单价。施工机械使用费的基本计算公式为

$$施工机械使用费 = \sum(施工机械台班消耗量 \times 机械台班单价) \qquad (2-6)$$

（2）措施费

措施费是指实际施工中必须发生的施工准备和施工过程中技术、生活、安全、环境保护等方面的非工程实体项目的费用。主要包括安全文明施工费、夜间施工增加费、二次搬运费、冬雨季施工增加费、大型机械设备进出场及安拆费、施工排水费、施工降水费、地上地下设施、建筑物的临时保护设施费、已完工程及设备保护费、专业措施项目等费用内容。

2. 间接费

（1）间接费的构成

间接费是指不直接由施工的工艺过程引起，却与工程的总体条件有关的，建筑安装企业为组织施工和进行经营管理，以及间接为建筑安装生产服务所产生的各项费用，由规费和企业管理费组成。

规费是指政府和有关权力部门规定必须缴纳的费用，如工程排污费、养老保险费、住房公积金、危险作业意外伤害保险等。企业管理费是指建筑安装企业组织施工生产和经营管理所需费用，如工资、办公费、劳动保险费、财务费等。

（2）间接费的计算方法

$$间接费 = 基数 \times 间接费费率 \qquad (2-7)$$

$$间接费费率 = 规费费率 + 企业管理费费率 \qquad (2-8)$$

3. 利润和税金

利润和税金是建筑安装企业职工为社会劳动所创造的那部分价值在建筑安装工程造价中的体现。利润是指施工企业完成所承包工程获得的收益。利润的计算公式为

$$利润 = 基数 \times 相应利润率 \qquad (2-9)$$

式中，土建工程的基数为直接工程费和间接工程费之和，安装工程的基数为人工费。

税金是指国家税法规定的应计入建筑安装工程费用的增值税、城市维护建设税及教育费附加。

(三) 工程建设其他费用

工程建设其他费用是指应在建设项目的建设投资中开支的,为保证工程建设顺利完成和交付使用后能正常发挥效用而发生的固定资产其他费用、无形资产费用和其他资产费用。其构成如图 2-4 所示。

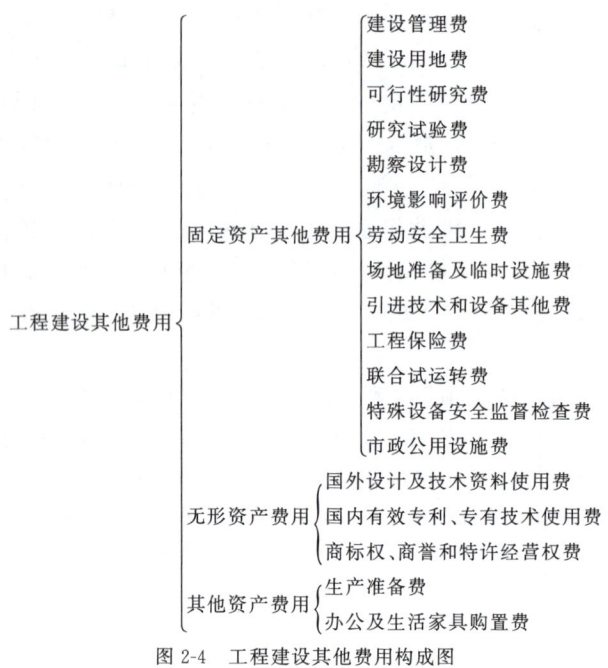

图 2-4 工程建设其他费用构成图

1. 固定资产其他费用

固定资产其他费用是固定资产费用的一部分。固定资产费用系指项目投产时将直接形成固定资产的建设投资,包括工程费用及在工程建设其他费用中按规定将形成固定资产的费用,后者即为固定资产其他费用。

2. 无形资产费用

无形资产费用指直接形成无形资产的建设投资,主要是指专利及专有技术使用费。

3. 其他资产费用

其他资产费用指建设投资中形成固定资产和无形资产以外的部分,主要包括生产准备费及开办费等。

(四) 预备费

我国现行规定,预备费包括基本预备费和涨价预备费。

1. 基本预备费

基本预备费是指针对在项目实施过程中可能发生的难以预料的支出,需要事先预留的费用,又称为工程建设不可预见费。它包括:在批准的初步设计范围内,技术设计、施工图设计及施工过程中所增加的工程费用;设计变更、工程变更、材料代用、局部地基处理等增加的费用;一般自然灾害造成的损失及预防自然灾害的措施费用;竣工验收时为鉴定工程质量

对隐蔽工程进行必要的挖掘和修复费用。基本预备费的计算公式为

$$基本预备费＝(工程费用＋工程建设其他费用)×基本预备费费率 \quad (2-10)$$

式中,基本预备费费率执行国家及部门的有关规定。

2.涨价预备费

涨价预备费是指针对建设项目在建设期间由于材料、人工、设备等价格可能发生变化引起工程造价的变化而事先预留的费用,又称为价格变动不可预见费。它包括:人工、设备、材料、施工机械的价差费;建筑安装工程费及工程建设其他费用调整;利率、汇率调整等增加的费用。涨价预备费一般根据国家规定的投资综合价格指数,以估算年份价格水平的投资额为基数,采用复利方法计算。其计算公式为

$$PF=\sum_{t=1}^{n}I_{t}\big[(1+f)^{m}(1+f)^{0.5}(1+f)^{t-1}-1\big] \quad (2-11)$$

式中　PF——涨价预备费;

　　　n——建设期年份数;

　　　I_t——建设期中第 t 年的投资计划额,包括工程费用、工程建设其他费用及基本预备费,即第 t 年的静态投资;

　　　f——年均投资价格上涨率;

　　　m——建设前期年限(从编制估算到开工建设)。

(五) 建设期利息

建设期利息包括向国内银行和其他非银行金融机构贷款、出口信贷、外国政府贷款、国际商业银行贷款以及在境内外发行的债券等在建设期间应计的借款利息。

当总贷款是分年均衡发放时,建设期利息的计算可按当年借款在年中支用考虑,即当年贷款按半年计算,上年贷款按全年计算。其计算公式为

$$q_{j}=\left(P_{j-1}+\frac{1}{2}A_{j}\right)\cdot i \quad (2-12)$$

式中　q_j——建设期第 j 年应计利息;

　　　P_{j-1}——建设期第 $(j-1)$ 年末累计贷款本金与利息之和;

　　　A_j——建设期第 j 年贷款金额;

　　　i——年利率。

四 建设项目投资估算方法

投资估算是指在项目投资决策过程中,依据现有的资料和特定的方法,对建设项目的投资数额进行的估计。根据国家规定,从满足建设项目投资设计和投资规模的角度,建设项目投资估算包括对建设投资、建设期利息和流动资金的估算。

(一) 建设项目投资估算的内容

建设项目投资估算的内容按费用的性质划分,包括建筑安装工程费用(建筑工程费

和安装工程费），设备及工、器具购置费用，工程建设其他费用和预备费。其中，建筑工程费，设备及工、器具购置费用，安装工程费直接形成实体固定资产，总称为工程费用；工程建设其他费用可分别形成固定资产、无形资产及其他资产。基本预备费、涨价预备费，在可行性研究阶段一并计入固定资产。

建设期利息是债务资金在建设期内发生并应计入固定资产原值的利息，包括借款（或债券）利息及手续费、承诺费、管理费等。建设期利息单独估算，以便对建设项目进行融资前和融资后的财务分析。

流动资金是指生产经营性项目投资后，用于购买原材料、燃料、支付工资及其他经营费用等所需的周转资金。

（二）建设项目投资估算的要求

(1) 根据主体专业设计的阶段和深度，结合各自行业的特点，所采用生产工艺流程的成熟性，以及编制单位所掌握的国家及地区、行业或部门相关投资估算基础资料和数据的合理、可靠、完整程度，采用合适的方法进行建设项目投资估算。

(2) 要做到工程内容和费用构成齐全，计算合理，不重复计算，不提高或降低估算标准，不漏项，不少算。

(3) 要充分考虑拟建项目设计的技术参数和投资估算所采用的估算系数、估算指标在质和量方面所综合的内容，应遵循口径一致的原则。

(4) 要将所采用的估算系数和估算指标价格、费用水平调整到项目建设所在地及投资估算编制年的实际水平。对于建设项目的边界条件，如建设用地费和外部交通、水、电、通信条件，或市政基础设施配套条件等差异所产生的与主要生产内容投资无必然关联的费用，应结合建设项目的实际情况修正。

(5) 对影响资金变动的因素进行敏感性分析，注意分析市场的变动因素，充分估计物价上涨因素和市场供求情况对造价的影响。

（三）建设项目投资估算的步骤

(1) 分别估算各单项工程所需的建筑工程费用，设备及工、器具购置费用，安装工程费。

(2) 在汇总各单项工程费用的基础上，估算工程建设其他费用和基本预备费。

(3) 估算涨价预备费。

(4) 估算建设期利息。

(5) 估算流动资金。

（四）建设投资静态部分（静态投资额）的估算

不同阶段的投资估算，运用的方法和允许的误差是不同的。项目规划和项目建议书阶段，投资估算精度要求低，可采用简单的匡算法，如单位生产能力估算法、生产能力指数法、系数估算法、比例估算法等。在可行性研究阶段，投资估算精度要求高，需采用相对详细的投资估算方法，如指标估算法。

1. 单位生产能力估算法

单位生产能力估算法是依据调查的统计资料,利用相近规模的单位生产能力投资乘以建设规模得出的。其计算公式为

$$C_2 = \frac{C_1}{Q_1} Q_2 f \tag{2-13}$$

式中　C_1——已建类似项目的静态投资额;

　　　C_2——拟建项目的静态投资额;

　　　Q_1——已建类似项目的生产能力;

　　　Q_2——拟建项目的生产能力;

　　　f——不同时期、不同地点的定额、单价、费用变更等的综合调整系数。

这种方法主要用于新建项目或装置的估算,十分简便迅速,但估算结果精度较差。使用这种方法时要注意拟建项目的生产能力和类似项目的可比性,估价人员要掌握足够的典型工程的历史数据,而且这些数据均应与单位生产能力的造价有关。同时,新建装置与所选取装置的历史资料要相似,仅存在规模大小和时间上的差异。

2. 生产能力指数法

生产能力指数法又称指数估算法,它是根据已建成的类似项目的生产能力和投资额来粗略估算拟建项目静态投资额的方法,是对单位生产能力估算法的改进。其计算公式为

$$C_2 = C_1 \left(\frac{Q_2}{Q_1}\right)^x f \tag{2-14}$$

式中　x——生产能力指数。

式(2-14)表明造价与规模(或容量)呈非线性关系,且单位造价随工程规模(或容量)的增大而减小。在正常情况下,$0 \leqslant x \leqslant 1$。不同生产率水平的国家和不同性质的项目中,$x$的取值是不同的。生产能力指数法主要应用于拟建装置或项目与用来参考的已知装置或项目的规模不同的场合。

生产能力指数法与单位生产能力估算法相比误差较小,可达±20%,尽管估价误差较大,但有它独特的好处:不需要详细的工程设计资料,只要知道工艺流程及规模即可。在总承包工程报价时,承包商大都采用这种方法估算。

3. 系数估算法

系数估算法也称因子估算法,它是以拟建项目的主体工程费或主要设备购置费为基数,以其他工程费与主体工程费的百分比为系数估算项目静态投资额的方法。这种方法简单易行,但是精度较低,一般用于项目建议书阶段。系数估算法的种类很多,在我国国内常用的有设备系数法和主体专业系数法,朗格系数法是世界银行项目投资估算常用的方法。

(1)设备系数法。以拟建项目的设备购置费为基数,根据已建成的同类项目的建筑安装工程费和其他工程费等占设备价值的百分比,求出拟建项目建筑安装工程费和其他工程费进而求出项目的静态投资额。其计算公式为

$$C = E(1 + f_1 P_1 + f_2 P_2 + f_3 P_3 + \cdots) + I \qquad (2\text{-}15)$$

式中　C——拟建项目的静态投资额；

　　　E——拟建项目根据当时当地价格计算的设备购置费；

　　　P_1、P_2、P_3…——已建项目中建筑安装工程费及其他工程费等占设备购置费的比例；

　　　f_1、f_2、f_3…——由于时间因素的定额、价格、费用标准等变化的综合调整系数；

　　　I——拟建项目的其他费用。

(2)主体专业系数法。以拟建项目中投资比重较大，并与生产能力直接相关的工艺设备投资为基数，根据已建同类项目的有关统计资料，计算出拟建项目各专业工程(总图、土建、采暖、给排水、管道、电气、自控等)占工艺设备投资的百分比，据以求出拟建项目各专业投资，然后加总即为拟建项目的静态投资额。其计算公式为

$$C = E(1 + f_1 P'_1 + f_2 P'_2 + f_3 P'_3 + \cdots) + I \qquad (2\text{-}16)$$

式中　P'_1、P'_2、P'_3…——已建项目中各专业工程费用占工艺设备投资的比例。

(3)朗格系数法。这种方法是以设备购置费为基数，乘以适当的系数来推算项目的静态投资额。这种方法在国内不常见，是世界银行项目投资估算常用的方法。该方法的基本原理是将项目建设中的总成本费用中的直接成本和间接成本分别计算，再合为项目的静态投资额。其计算公式为

$$C = E(1 + \sum K_i) K_c \qquad (2\text{-}17)$$

式中　K_i——管线、仪表、建筑物等费用的估算系数；

　　　K_c——管理费、合同费、应急费等间接费在内的总估算系数。

静态投资额与设备购置费之比为朗格系数 K_L，即

$$K_L = (1 + \sum K_i) K_c \qquad (2\text{-}18)$$

4. 比例估算法

根据已有同类企业主要设备购置费占项目静态投资额的比例，估算出拟建项目的主要设备投资，即可按比例求出拟建项目的静态投资额。其计算公式为

$$C = \frac{1}{K} \sum_{i=1}^{n} Q_i P_i \qquad (2\text{-}19)$$

式中　C——拟建项目的静态投资额；

　　　K——已建项目主要设备购置费占拟建项目投资的比例；

　　　n——设备种类数；

　　　Q_i——第 i 种设备的数量；

　　　P_i——第 i 种设备的单价(到厂价格)。

5. 指标估算法

这种方法是把建设项目以单项工程或单位工程，按建设内容纵向划分为各个主要生产设施、辅助及公用设施、行政及福利设施以及各项其他基本建设费用，按费用性质横向划分为建筑工程、设备购置、安装工程等，根据各种具体的投资估算指标，进行各单位工

程或单项工程投资的估算,在此基础上汇集编制成拟建项目的各个单项工程费用和拟建项目的工程费用投资估算额。再按相关规定估算工程建设其他费用、基本费等,形成拟建项目静态投资额。

(1)建筑工程费估算。建筑工程费是指为建造永久性建筑物和构筑物所需要的费用,一般采用单位建筑工程投资估算法、单位实物工程量投资估算法、概算指标投资估算法等进行估算。

①单位建筑工程投资估算法,以单位建筑工程量投资乘以建筑工程总量计算。一般工业与民用建筑以单位建筑面积(平方米)的投资,工业窑炉砌筑以单位容积(立方米)的投资,水库以水坝单位长度(米)的投资,铁路路基以单位长度(千米)的投资,矿上掘进以单位长度(米)的投资,乘以相应的建筑工程量计算建筑工程费用。

②单位实物工程量投资估算法,以单位实物工程量的投资乘以实物工程总量计算。土石方工程按每立方米投资,矿井巷道衬砌工程按每延米投资,路面铺设工程按每平方米投资乘以相应的实物工程总量计算建筑工程费用。

③概算指标投资估算法。对于没有上述估算指标且建筑工程费用占总投资比例较大的项目,可采用概算指标估算法。采用此方法,应有较为详细的工程资料、建筑材料价格和工程费用指标信息,投入的时间和工作量大。

(2)设备及工、器具购置费用估算。设备及工、器具购置费用根据项目主要设备表及价格、费用资料编制,工、器具购置费用按设备费的一定比例计取。对于价值高的设备应按单台(套)估算购置费;对于价值较小的设备可按类估算,国内设备和进口设备应分别估算。

①国内设备购置费。在我国,设备购置费主要由设备原价和设备运杂费两部分组成。其计算公式为

$$国内设备购置费 = 设备原价 \times (1 + 设备运杂费率) \tag{2-20}$$

②进口设备购置费。进口设备购置费由进口设备货价、进口从属费及国内设备运杂费组成。

进口设备货价按交货地点和方式的不同,可分为离岸价(FOB)与到岸价(CIF)两种价格,通常以到岸价计。其计算公式为

$$\begin{aligned}进口设备到岸价(CIF) &= 离岸价(FOB) + 国际运费 + 运输保险费 \\ &= 运费在内价(CFR) + 运输保险费\end{aligned} \tag{2-21}$$

式中

$$国际运费 = 离岸价(FOB) \times 运费率 = 单位运价 \times 运量 \tag{2-22}$$

$$运输保险费 = \frac{离岸价(FOB) + 国际运费}{1 - 保险费率} \times 保险费率 \tag{2-23}$$

$$进口从属费 = 银行财务费 + 外贸手续费 + 关税 + 消费税 + 进口环节增值税 + 进口车辆购置税 \tag{2-24}$$

式中

$$银行财务费 = 离岸价(FOB) \times 人民币外汇汇率 \times 银行财务费率 \tag{2-25}$$

$$外贸手续费 = 到岸价(CIF) \times 人民币外汇汇率 \times 外贸手续费率 \qquad (2-26)$$

$$关税 = 到岸价(CIF) \times 人民币外汇汇率 \times 进口关税税率 \qquad (2-27)$$

$$消费税 = \frac{到岸价(CIF) \times 人民币外汇汇率 + 关税}{1 - 消费税税率} \times 消费税税率 \qquad (2-28)$$

$$进口环节增值税 = 组成计税价格 \times 增值税税率 \qquad (2-29)$$

$$进口车辆购置税 = (关税完税价格 + 关税 + 消费税) \times 车辆购置税税率 \qquad (2-30)$$

(3)安装工程费估算。安装工程费通常按行业或专门机构发布的安装工程定额、取费标准和指标估算。具体可按安装费率、每吨安装费或安装工程实物量的费用估算。其计算公式为

$$安装工程费 = 设备原价 \times 安装费率 \qquad (2-31)$$

$$安装工程费 = 设备吨重 \times 每吨安装费 \qquad (2-32)$$

$$安装工程费 = 安装工程实物量 \times 安装费用指标 \qquad (2-33)$$

(4)工程建设其他费用估算。工程建设其他费用的估算应结合拟建项目的具体情况,有合同或协议明确的费用按合同或协议估算。合同或协议中没有明确的费用,根据国家和各行业部门、工程所在地地方政府的有关工程建设其他费用定额和估算办法估算。

(5)基本预备费估算。基本预备费的估算一般是以建设项目的工程费用和工程建设其他费用之和为基础,乘以基本预备费率进行估算。基本预备费率的大小,应根据建设项目的设计阶段和具体的设计深度,以及在估算中所采用的各项估算指标与设计内容的贴近度、项目所属行业主管部门的具体规定确定。

(五) 建设投资动态部分的估算

建设投资动态部分主要包括价格变动可能增加的投资额,如果是涉外项目,还应该计算汇率的影响。动态部分的估算应以基准年静态投资额的资金使用计划为基础来估算,而不是以编制的年静态投资额为基础来估算。

涨价预备费计算公式见式(2-11)。

估计汇率变化对建设项目投资的影响,是通过预测汇率在项目建设期内的变动程度,以估算年份的投资额为基数,计算求得的。

(六) 建设期利息的估算

建设期利息包括银行借款和其他债务资金的利息,以及其他融资费用。其他融资费用是指某些债务融资中发生的手续费、承诺费、管理费、信贷保险费等融资费用,一般情况下应将其单独计算并计入建设期利息;在项目前期研究的初期阶段,也可粗略估算并计入建设投资;对于不涉及国外贷款的项目,在可行性研究阶段,也可粗略估算并计入建设投资。

计算建设期利息时,为了简化计算,通常假定贷款均在每年的年中发生,借款当年按半年计算,其余各年份按全年计算,其计算公式为

$$各年应计利息=(年初借款本息累计+本年借款额/2)\times 有效年利率 \quad (2-34)$$

对于多种贷款资金来源,每笔借款的年利率各不相同的项目,可分别计算每笔借款的利息,也可先计算出每笔借款加权平均年利率,并以此利率计算全部借款的利息。

(七)流动资金的估算

项目运营需要流动资产投资是指生产经营性项目投产后,为进行正常生产运营,用于购买原材料、燃料,支付工资及其他经营费用等所需的周转资金。流动资金估算一般采用分项详细估算法。个别情况或者小型项目可采用扩大指标估算法。

1.分项详细估算法

流动资金的显著特点是在生产过程中不断周转,其周转额的大小与生产规模及周转速度有关。分项详细估算法是根据周转额与周转速度之间的关系,对构成流动资金的各项流动资产和流动负债分别进行估算。流动资产的构成要素一般包括存货、现金、应收账款和预付账款;流动负债的构成要素一般包括应付账款和预收账款。流动资金等于流动资产和流动负债的差额,其计算公式为

$$流动资金=流动资产-流动负债 \quad (2-35)$$

$$流动资产=应收账款+预付账款+存货+现金 \quad (2-36)$$

$$流动负债=应付账款+预收账款 \quad (2-37)$$

$$流动资金本年增加额=本年流动资金-上年流动资金 \quad (2-38)$$

首先计算各类流动资产和流动负债的年周转次数,再分项估算占用金额。

(1)周转次数的计算。周转次数是指流动资金的各个构成项目在一年内完成多少个生产过程。周转次数可用一年天数(通常按 360 天计算)除以流动资金的最低周转天数计算,则各项流动资金年平均占用额度为流动资金年周转额度除以流动资金年周转次数。其计算公式为

$$周转次数=360/流动资金最低周转天数 \quad (2-39)$$

$$流动资金年平均占用额度=流动资金年周转额度/流动资金年周转次数 \quad (2-40)$$

(2)应收账款的估算。应收账款是企业对外赊销商品、提供劳务尚未收回的资金。其计算公式如下

$$应收账款=年经营成本/应收账款周转次数 \quad (2-41)$$

(3)预付账款的估算。预付账款是指企业为购买各类材料、半成品或服务所预估支付的款项,其计算公式为

$$预付账款=外购商品或服务年费用金额/预付账款周转次数 \quad (2-42)$$

(4)存货的估算。存货是企业为销售或生产耗用而储备的各种物资,主要有原材料、辅助材料、燃料、低值易耗品、维修备件、包装物、商品、在产品、自制半成品和产成品等。为简化计算,仅考虑外购原材料、燃料、其他材料、在产品和产成品,并分期进行计算。其计算公式为

$$存货=外购原材料、燃料+其他材料+在产品+产成品 \quad (2-43)$$

$$外购原材料、燃料费用=年外购原材料、燃料费用/分项周转次数 \quad (2-44)$$

$$其他材料费用＝年其他费用／其他材料周转次数 \qquad (2-45)$$

$$在产品金额＝(年外购原材料、燃料费用＋年工资及福利费＋年修理费＋$$
$$年其他制造费用)／在产品周转次数 \qquad (2-46)$$

$$产成品金额＝(年经营成本－年其他营业费用)／产成品周转次数 \qquad (2-47)$$

(5)现金需要量的估算。项目流动资金中的现金是指货币资金,即企业生产运营活动中停留于货币形态的那部分资金,包括企业库存现金和银行存款。其计算公式为

$$现金＝(年工资及福利费＋年其他费用)／现金周转次数 \qquad (2-48)$$

$$年其他费用＝制造费用＋管理费用＋营业费用－(以上三项费用中所含的工资及$$
$$福利费、折旧费、摊销费、修理费) \qquad (2-49)$$

(6)流动负债的估算。流动负债是指在一年或超过一年的一个营业周期内,需要偿还的各种债务,包括短期贷款、应付票据、应付账款、预收账款、应付工资、应付福利费、应付股利、应交税金、其他暂收应付款、预提费用和一年内到期的长期借款等。在可行性研究中,流动负债的估算可以只考虑应付账款和预收账款两项内容。其计算公式为

$$应付账款＝外购原材料、燃料动力费用及其他材料年费用／应付账款周转次数$$
$$\qquad (2-50)$$

$$预收账款＝预收的营业收入金额／预收账款周转次数 \qquad (2-51)$$

2. 扩大指标估算法

扩大指标估算法是根据现有同类企业的实际资料,求得各种流动资金率指标,也可依据行业或部门给定的参考值或经验确定比率。将各类流动资金率乘以相对应的费用基数来估算流动资金。一般常用的基数有营业收入、经营成本、总成本、总成本费用和建设投资等,究竟采用何种基数可根据行业习惯选取。扩大指标估算法简便易行,但准确度不高,适用于项目建议书阶段的估算。其计算公式为

$$年流动资金＝年费用基数×各类流动资金率 \qquad (2-52)$$

3. 估算流动资金应注意的问题

(1)在采用分项详细估算法时,应根据项目实际情况分别确定现金、应收账款、预付账款、存货、应付账款和预收账款的最低周转天数,并考虑一定的保险系数。因为最低周转天数减少,将增加周转次数,从而减少流动资金需要量,因此,必须切合实际地选用最低周转天数。对于存货中的外购原材料和燃料,要分品种和来源,考虑运输方式和运输距离,以及占用流动资金的比重大小等因素。

(2)流动资金属于长期性(永久性)流动资产,流动资金的筹措可通过长期负债和资本金(一般要求占30％)的方式解决。流动资金一般要求在投产前一年开始筹措,为简化计算,可规定在投产的第一年开始按生产负荷安排流动资金需要量。其借款部分按全年计算利息,流动资金利息应计入生产期间财务费用,项目计算期末收回全部流动资金(不含利息)。

(3)用分项详细估算法计算流动资金,需以经营成本及其中的某些项目为基数,因此实际上流动资金估算应在经营成本估算之后进行。

第二节 成本费用及其估算

工程项目投入使用后,进入运营期。在运营期内,各年的成本费用由生产成本和期间费用两部分组成。

成本费用基本概念

(一) 生产成本的基本概念

生产成本也称制造成本,是指企业生产经营过程中实际消耗的直接材料费、直接工资、其他直接支出和制造费用。

(1)直接材料费。直接材料费包括企业生产经营过程中实际消耗的原材料、辅助材料、设备零配件、外购半成品、燃料、动力、包装物、低值易耗品以及其他直接材料费。

(2)直接工资。直接工资包括企业内直接从事产品生产人员的工资、奖金、津贴和补贴等。

(3)其他直接支出。其他直接支出包括直接从事产品生产人员的职工福利费等。

(4)制造费用。制造费用是指企业各个生产单位(分厂、车间)为组织和管理生产所发生的各项费用,包括生产单位(分厂、车间)管理人员工资、职工福利费、折旧费、维护费、修理费、物料消耗、低值易耗品摊销、劳动保护费、水电费、办公费、差旅费、运输费、保险费、租赁费(不含融资租赁费)、设计制图费、试验检验费、环境保护费以及其他制造费用。

(二) 期间费用的基本概念

期间费用是指在一定会计期间发生的,与生产经营没有直接关系和关系不密切的管理费用、财务费用和营业费用。期间费用不计入产品的生产成本,直接体现为当期损益。

(1)管理费用。管理费用是指企业行政管理部门为管理和组织经营活动发生的各项费用,包括公司经费(工厂总部管理人员工资、职工福利费、差旅费、办公费、折旧费、修理费、物料消耗、低值易耗品摊销以及公司其他经费)、工会经费、职工教育经费、劳动保险费、董事会费、咨询费、顾问费、交际应酬费、税金(企业按规定支付的房产税、车船使用税、城镇土地使用税和印花税等)、土地使用费(或海域使用费)、技术转让费、无形资产摊销、开办费摊销、研究发展费以及其他管理费用。

(2)财务费用。财务费用是指企业为筹集资金而发生的各项费用,包括运营期间的利息净支出、汇兑净损失、调剂外汇手续费、金融机构手续费以及在筹资过程中发生的其他财务费用等。

(3)营业费用。营业费用是指企业在销售产品、自制半成品和提供劳务等过程中发生的各项费用以及专设销售机构的各项经费,包括应由企业负担的运输费、装卸费、包装费、保险费、委托供销费、广告费、展览费、租赁费(不包括融资租赁费)和销售服务费用、销售部门人员工资、职工福利费、差旅费、办公费、折旧费、修理费、物料消耗、低值易耗品摊销以及其他经费等。

工程经济分析中常用的成本费用

为方便计算,在工程经济分析中将工资及福利费、折旧费、修理费、摊销费、维简费、利息支出进行归并后分别列出,另设一项"其他费用",包括制造费用、管理费用、财务费用和营业费用中扣除工资及福利费、折旧费、修理费、摊销费、维简费、利息支出后的费用。据此,年成本费用的计算公式为

$$年成本费用=原材料成本+燃料动力成本+工资及福利费+折旧费+修理费$$
$$+摊销费+维简费+利息支出+其他费用 \quad (2-53)$$

(一)原材料成本的计算

原材料成本的计算公式为

$$原材料成本=年产量×单位产品原材料成本 \quad (2-54)$$

(二)燃料动力成本的计算

燃料动力成本的计算公式为

$$燃料动力成本=年产量×单位产品燃料动力成本 \quad (2-55)$$

(三)工资及福利费的计算

如前所述,在制造成本、管理费用、营业费用中均包括工资及福利费,为方便计算,可将以上各项成本中的工资及福利费单独计算。

1.工资的计算

常用的工资计算方法有两种:

一是用整个企业的职工定员数乘以人均年工资额来计算年工资总额即年工资成本,其计算公式为

$$年工资成本=企业职工定员数×人均年工资额 \quad (2-56)$$

二是按照不同的工资级别对职工进行划分,估算各级别职工的工资,然后加和。职工工资一般可分为五个级别:高级管理人员、中级管理人员、一般管理人员、技术工人和一般工人。

2.福利费的计算

福利费主要包括职工的保险费、医药费、医疗经费、职工生活困难补助及按国家规定开支的其他职工福利支出,不包括职工福利设施的支出。一般可按职工工资总额的一定

比例提取。

(四) 折旧费的计算

折旧费包括在制造费用、管理费用、经营费用中,为方便计算,可以将各项中的折旧费单独计算。

根据我国财务会计制度的有关规定,计提折旧的固定资产范围包括房屋、建筑物;在用的设备、仪器仪表、运输车辆、工具、器具;季节性停用和在修理停用的设备;以经营租赁方式租出的固定资产;以融资租赁方式租入的固定资产。进行工程经济分析时,根据项目的具体情况,可分类计算折旧费,也可综合计算折旧费。

(五) 修理费的计算

修理费也包括在制造费用、管理费用、经营费用中,为方便计算,可以将各项中的修理费单独计算。修理费分为大修费用和小修费用。

在估算修理费时,一般无法确定修理费具体发生的时间和金额,可按照折旧费的一定比例计算。

(六) 摊销费的计算

摊销费是指无形资产和递延资产在一定期限内分期摊销的费用。

无形资产是指企业长期使用而没有实物形态的资产,包括专利权、非专利技术、商标权、著作权和土地使用权等。若各项无形资产摊销年限相同,可根据全部无形资产的原值和摊销年限计算出各年的摊销费;若各项无形资产摊销年限不同,则要根据《无形资产和其他资产摊销估算表》计算各项无形资产的摊销费,求其总和。

递延资产是指应当在运营期内的前几年逐年摊销的各项费用,包括开办费和以经营租赁方式租入的固定资产改良工程支出等。在工程经济分析中,将工程建设其他费用中的生产职工培训费、样品样机购置费等计入递延资产价值。递延资产按照财务制度的规定在投产当年一次摊销。

(七) 维简费的计算

维简费是指采掘、采伐工业按生产产品数量提取的固定资产更新和技术改造资金,即维持简单再生产的资金,简称维简费。维简费直接计入成本,计算方法与折旧费相同。采掘、采伐企业已计提维简费的固定资产不再计提固定资产折旧。

(八) 运营期利息的计算

运营期利息包括建设投资借款利息和流动资金借款利息。建设投资借款在生产期发生的利息的计算公式为

$$\text{建设投资借款在生产期发生的利息} = \text{年初本金累计} \times \text{年利率} \quad (2-57)$$

为简化计算,还款当年在年末偿还,利息按全年计算。

流动资金的贷款属于短期借款，利率较长期借款利率低，且利率一般为季利率，每三个月计息一次。在工程经济分析中，为简化计算，采用年利率，每年计息一次。流动资金借款利息计算公式为

$$流动资金借款利息＝流动资金借款累计金额×年利率 \quad (2-58)$$

需要注意的是，运营期利息是可以计入成本的，因此每年计算的利息不再参与下一年利息的计算。

（九）其他费用的计算

在工程经济分析中，其他费用一般根据成本中的原材料成本、燃料动力成本、工资及福利费、折旧费、修理费、摊销费及维简费之和的一定百分比计算，参照同类企业的经验数据进行修正确定。

上述几项之和为运营期各年的总成本费用，结果列入"总成本估算表"，见表 2-2。

表 2-2　　　　　　　　　总成本估算表　　　　　　　　　万元

序号	项目	合计	计算期					
			1	2	3	4	…	n
1	原材料成本							
2	燃料动力成本							
3	工资及福利费							
4	修理费							
5	其他费用							
6	经营成本(1＋2＋3＋4＋5)							
7	折旧费							
8	维简费							
9	摊销费							
10	利息支出							
11	总成本(6＋7＋8＋9＋10)							
	其中：固定成本							
	变动成本							

（十）经营成本的计算

建设投资和营业收入估算完成后，就可以估算经营成本。经营成本的构成可表示为

$$经营成本＝原材料成本＋燃料动力成本＋工资及福利费＋修理费＋其他费用 \quad (2-59)$$

经营成本与总成本的关系即

$$经营成本＝总成本－折旧费－维简费－摊销费－利息支出 \quad (2-60)$$

微课 1
经营成本与总成本的关系

经营成本涉及产品生产及销售、企业管理过程中的物料、人力和能源的投入费用,它反映企业的生产和管理水平。在工程项目的经济分析中,经营成本用于现金流量分析,其作为项目现金流量表中运营期现金流出的主体部分,应得到充分重视。

(十一) 固定成本与变动成本的计算

为了进行盈亏平衡分析和不确定性分析,需将总成本分为固定成本和变动成本。

固定成本指成本总额不随产品产量变化而发生变化的各项成本费用,主要包括工资或薪酬(计件工资除外)、折旧费、摊销费、修理费和其他费用等。

变动成本指成本总额随产品产量变化而发生同方向变化的各项费用,主要包括原材料成本、燃料动力成本、包装费和计件工资等。

另外,长期借款利息应视为固定成本,流动资金借款和短期借款如果用于购置流动资产,可能部分与产品产量有关,其利息视为半变动半固定成本,但为简化计算,也可视为固定成本。

第三节 营业收入、税金

营业收入

(一) 营业收入的概念

工程项目的收入是,估算项目投入使用后运营期内各年销售产品或提供劳务等所取得的收入。营业收入是进行利润总额、销售税金及附加和增值税估算的基础数据。其计算公式为

$$\text{年营业收入} = \text{年产品或服务数量} \times \text{单位价格} \tag{2-61}$$

(二) 各年运营负荷的确定

运营负荷是指项目运营过程中负荷达到设计能力的百分数,它的高低与项目复杂程度、产品生命周期、技术成熟程度、市场开发程度、原材料供应、配套条件、管理因素等相关,其中市场因素为主要因素。

确定运营负荷一般有两种方式:一是经验设定法,即根据以往项目的经验,结合该项目的实际情况,粗估各年的运营负荷,以设计能力的百分数表示;二是营销计划法,通过制订详细的分年营销计划,确定各种产品各年的生产量和商品量。第二种方式是当前较为提倡的。

(三)产品或服务数量的确定

明确产品销售或服务市场,根据项目的市场调查和预测分析,分别测算出外销和内销的产品数量或服务数量。在现实经济生活中,因为市场波动而引起库存变化导致产品年销售量不一定等于年产量。但在工程经济分析中,难以准确地估算出由于市场波动引起的库存量变化。因此在估算营业收入时,不考虑项目的库存情况,而假设当年生产出来的产品当年全部售出,即年产量为年销售量。

(四)产品或服务价格的确定

估算营业收入,产品或服务的价格是一个很重要的因素。产品或服务的价格取决于其去向和市场需求,并须考虑国内外相应价格变化趋势,以确定产品或服务价格水平。一般可采用出厂价。

(五)确定营业收入

对于生产多种产品和提供多项服务的项目,应分别估算各种产品及服务的营业收入。对于那些不便于按详细的品种分类计算营业收入的项目,也可采取折算为标准产品的方法计算营业收入。

销售税金及附加

销售税金是根据商品或劳务的流转额征收的税金,属于流转税的范畴。销售税金包括增值税、消费税、城市维护建设税、资源税。附加是指教育费附加,其征收的环节类似于城市维护建设税。

(一)增值税

增值税是对我国境内销售货物、进口货物以及提供加工、修理修配劳务的单位和个人,就其取得货物的销售额、进口货物金额、应税劳务收入额计算税款,并实行税款抵扣的一种流转税。

$$应纳税额 = 销项税额 - 进项税额 \tag{2-62}$$

销项税额是指纳税人销售货物或提供应税劳务,按照销售额和增值税率计算并向购买方收取的增值税额,其计算公式为

$$\begin{aligned}销项税额 &= 销售额 \times 增值税率 \\ &= 收入(含税销售额) \div (1+增值税率) \times 增值税率\end{aligned} \tag{2-63}$$

进项税额是指纳税人购进货物或接受应税劳务所支付或者负担的增值税额,其计算公式为

$$进项税额 = (原材料成本 + 燃料动力成本) \div (1+增值税率) \times 增值税率 \tag{2-64}$$

（二）消费税

消费税是对工业企业生产、委托加工和进口的部分应税消费品按适用税率或税额征收的一种税，在普遍征收增值税的基础上，根据消费政策、产业政策的要求，有选择地对部分消费品征收的一种特殊税种。应纳税额计算公式为

$$应纳税额 = 应税消费品销售额 \times 适用税率 \tag{2-65}$$

（三）城市维护建设税

城市维护建设税是一种地方附加税，目前以流转税额（包括增值税、消费税）为计税依据，税率根据项目所在地分为市区、县城或镇、其他三个等级。应纳税额计算公式为

$$应纳税额 = （增值税 + 消费税）的实纳税额 \times 适用税率 \tag{2-66}$$

（四）教育费附加

教育费附加是一种地方附加税，以流转税额为计税依据，与增值税、消费税同时缴纳，税率由地方确定。应纳税额计算公式为

$$应纳税额 = （增值税 + 消费税）的实纳税额 \times 适用税率 \tag{2-67}$$

（五）资源税

资源税是国家对在我国境内开采应税矿产品或生产盐的单位和个人征收的一种税。资源税的征收范围包括：

(1) 矿产品。包括原油、天然气、煤炭、金属矿产品和非金属矿产品。

(2) 盐。包括固体盐、液体盐。

资源税的应纳税额通常依据矿产的产量计征，其计算公式为

$$应纳税额 = 应税产品课税数量 \times 单位税额 \tag{2-68}$$

第四节 利 润

一、利润计算

利润是企业在一定时期内从事生产经营活动所取得的财务成果。利润最大化是企业经营者的主要目标。根据经济分析的需要，利润指标主要有营业利润、其他营业利润、利润总额和税后利润。按现行会计制度，它们的关系为

$$利润总额 = 营业利润 + 投资净收益 + 补贴收入 + 营业外收支净额 \tag{2-69}$$

营业利润＝主营业务收入－主营业务成本－主营业务税金及附加＋

其他业务利润－（营业费用＋管理费用＋财务费用） (2-70)

对于工程项目来讲，利润的构成相对简单，在估算利润总额时，假定不发生其他业务利润，也不考虑投资净收益、补贴收入和营业外收支净额，本期发生的总成本等于主营业务成本、营业费用、管理费用和财务费用之和，且将项目的主营业务收入视为本期的销售（营业）收入，主营业务税金及附加为本期的销售税金及附加。其计算公式为

利润总额＝产品销售（营业）收入－销售税金及附加－总成本费用 (2-71)

 所得税计算及净利润分配

（一）所得税计算

根据税法的规定，企业取得利润后，先向国家缴纳所得税，企业所得税以应纳税所得额为计税依据。

应纳税所得额＝年收入总额－准予扣除项目总额 (2-72)

企业所得税的应纳税额计算公式为

所得税应纳税额＝应纳税所得额×适用税率 (2-73)

在工程经济分析中，通常以利润总额作为企业应纳税所得额，即

所得税应纳税额＝利润总额×适用税率 (2-74)

（二）净利润分配

净利润是指利润总额扣除所得税后的净额，计算公式为

净利润＝利润总额－所得税 (2-75)

在工程经济分析中，一般将净利润作为可供分配的利润，可按照下列顺序分配：

(1) 提取盈余公积金。在其累计金额达到注册资本的50％以前，按照可供分配的净利润的10％提取，达到注册资本的50％以后，可以不再提取。

(2) 向投资人分配利润（应付利润）。企业以前年度未分配利润，可以并入本年度向投资人分配。

(3) 未分配利润，即未作分配的净利润。可供分配利润减去盈余公积金和应付利润后的余额，即为未分配利润。

本章小结

本章主要介绍了工程经济学分析的要素，具体内容包括投资的构成及估算、成本费用的概念及构成、营业收入和销售税金及附加的计算、利润总额和所得税的计算、净利润的分配。

第二章 工程经济分析的要素

 本章习题

1. 试述工程项目投资的构成。
2. 建筑安装工程费用是如何构成的?
3. 设备及工、器具购置费用是如何构成的?
4. 什么是总成本费用、经营成本?
5. 工程建设其他投资的组成项目有哪些?
6. 营业税金及附加包括哪些税种?
7. 利润总额、净利润与未分配利润的关系如何?

第三章 资金时间价值

学习内容

现金流量的概念及现金流量图的绘制；资金时间价值的概念及其应用；资金等值计算公式；复利系数表及线性内插法。

学习目标

1. 知识目标

(1) 掌握现金流量的概念；
(2) 掌握现金流量图绘制要点；
(3) 掌握资金时间价值的概念；
(4) 掌握资金等值计算的基本公式；
(5) 熟悉复利系数表；
(6) 熟悉线性内插法。

2. 能力目标

(1) 能够正确绘制现金流量图；
(2) 能够正确运用资金等值公式进行相关计算；
(3) 能够利用复利系数表确定复利系数值；
(4) 能够利用线性内插法的原理进行相关计算。

案例导入

现将 1 000 元存入银行,假设年利率 4%,一年后可从银行取出的本利和是多少元?

思考:1. 现在的 1 000 元与一年后的 1 000 元在价值上是否等同?

2. 一年后从银行取出的利息有何意义?

进一步分析:现在的 1 000 元存入银行,按年利率 4% 计算,一年后取出就是 1 040 元,这就多出来 40 元,也就是现在的 1 000 元与一年后的 1 040 元等同,这多出来的 40 元就是这 1 000 元一年的时间价值。

第一节 现金流量

 现金流量的概念

在进行工程经济分析时,通常将所考察的对象视为一个独立的经济系统。在某一时点 t 流入系统的资金称为现金流入量,记为 CI_t;流出系统的资金称为现金流出量,记为 CO_t;同一时点上的现金流入量与现金流出量的代数和称为净现金流量,记为 NCF_t 或 $(CI_t - CO_t)$。现金流入量、现金流出量、净现金流量统称为现金流量。现金流入量能够增加工程项目的货币资金,主要包括营业收入、回收固定资产余值、回收流动资金及其他现金流入量;现金流出量表示在一定时期内的净支出,它能够使项目的现实货币资金减少,主要包括建设投资、流动资金投资、经营成本、各项税款及其他现金流出项目。

现金流量的概念

工程经济分析的范围和经济评价方法不同,现金流量的内涵和构成也不同。在对工程项目进行财务评价时,使用从项目角度出发,按现行财税制度和市场价格确定的财务现金流量。在对工程项目进行经济费用效益分析时,使用从国民经济角度出发,按资源优化配置原则和影子价格确定的国民经济费用效益流量。

 现金流量图

把某项工程投资活动作为一个独立的系统,其资金的流向(收入或支出)、数额和发生时点都不尽相同。为了正确地进行经济效果评价,有必要借助现金流量图来进行分析。现金流量图是用以反映项目在一定时期内资金运动状态的简化图式,即把经济系统的现金流量绘入一个时间坐标图中,表示各现金流入、流出与相应时间的对应关系。

绘制现金流量图的基本规则如下:

(1)以横轴为时间轴,向右延伸表示时间的延续,轴上的每一刻度表示一个时间单位,两个刻度之间的时间长度称为计息周期,如年、半年、季度或月等。横坐标轴上的"0"点,通常表示当前时点,也可表示资金运动的时间始点或某一基准时刻。时点"1"表示第一个计息周期的期末,同时也是第二个计息周期的开始,依此类推,如图3-1所示。

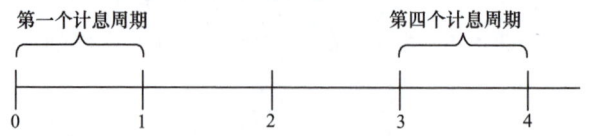

图 3-1　现金流量时间标度

(2)如果现金流出或流入不是发生在计息周期的期初或期末,而是发生在计息周期的期间,为了简化计算,公认的习惯方法是将其代数和看成在计息周期末发生的,称为期末惯例法。在一般情况下,采用这个简化假设,能够满足经济分析工作的需要。

(3)为了与期末惯例法保持一致,在把资金的流动情况绘成现金流量图时,都把初始投资 P 作为上一周期期末,即第0期期末发生的,这就是在有关计算中出现第0周期的由来。

(4)垂直于时间坐标的垂直箭线代表不同时点的现金流量。现金流量图中垂直箭线的箭头,通常是向上者表示正现金流量,向下者表示负现金流量,如图3-2所示。某一计息周期内的净现金流量,是指该时段内现金流量的代数和。

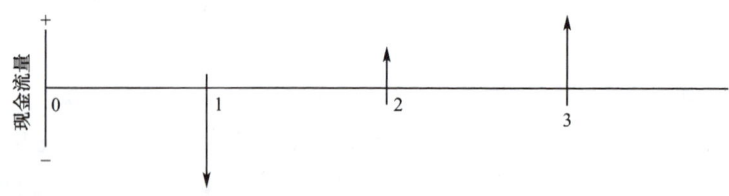

图 3-2　正现金流量和负现金流量

第二节　资金时间价值概述

一、资金时间价值的概念及意义

(一)资金时间价值的概念

在生产建设过程中,大小投资活动从发生、发展到结束,都有一个时间上的延续过程。对于投资人来说,资金的投入与收益的获得有先有后。在工程经济分析中,不仅要考虑支出和收入的数额,还必须考虑每笔资金发生的时点,以某一个相同的时点为基准,把不同时点上的支出和收入折算到同一个时点上,才能得出正确的结论。

微课3

资金时间价值的概念

在不同的时点付出或得到同样数额的资金在价值上是不等的。也就是资金的价值会随时间的变化发生变化。今天可以用来投资的一笔资金,即使不考虑通货膨胀,也比将来相同数额的资金更有价值。因为当前可用的资金能够立即用来投资并带来收益,而将来才可取得的资金则无法用于当前的投资,更无法获得相应的收益。因此,同样数额的资金在不同时点上具有不同的价值,而不同时点发生的等额资金在价值上的差额即被称为资金的时间价值。

对于资金的时间价值,可以从两方面理解:

(1)随着时间的推移,资金增值。在市场经济条件下,投资人的投资带来利润,表现为资金的增值。从投资人的角度来看,资金的增值特性使其具有时间价值。

(2)资金一旦用于投资,就不能用于即期消费。牺牲即期消费是为了能在将来得到更多的消费,个人储蓄的动机和国家积累的目的都是如此。从消费者的角度来看,资金的时间价值体现为放弃即期消费的损失所应得到的补偿。

(二)资金时间价值的意义

在工程经济活动中,时间就是经济效益。因为经济效益是在一定时间内创造的,不讲时间,也就谈不上效益。比如100万元的利润是一个月创造的,还是一年创造的,其效果是大不一样的。因此,重视时间因素的研究,对工程经济分析有至关重要的意义。

在工程经济效果评价中,经常会遇到以下几类问题:

(1)投资方式不同的方案。如是早投资还是晚投资,是集中投资又或是分期投资,它们的经济效果是不同的。

(2)投产方式不同的方案。投产时间有早有晚,也可分期投产或一次性投产,在这些情况下经济效果也是不同的。

(3)使用寿命不同的方案。

(4)实现技术方案后,各年经营费用不同的方案。

衡量资金时间价值尺度

资金时间价值的大小,取决于多方面的因素。从投资人的角度主要有投资利润率、通货膨胀率、风险因素等。在工程经济分析中,对资金时间价值的计算方法与银行利息的计算方法相同。实际上,银行利息也是一种资金时间价值的表现方式,利率是资金时间价值的一种标志。即资金的时间价值表示为一定量的资金在一定时间内所带来的利息或纯收益,作为资金的报酬,利率与收益率就是资金的价格。利息和纯收益是衡量资金时间价值的绝对尺度,利率与收益率则是相对尺度。

39

（一）利息

利息是指占用资金所付出的代价或放弃资金使用权所得到的补偿。如果将一笔资金存入银行，这笔资金就称为本金。经过一段时间之后，储户可在本金之外再得到一笔利息，这一过程可表示为

$$F_n = P + I_n \tag{3-1}$$

式中　F_n——本利和；

　　　P——本金；

　　　I_n——利息。

下标 n 表示计算利息的周期。计息周期是指计算利息的时间单位，如年、季度、月或周等，通常采用的时间单位是年。

（二）利率

利率是在单位时间（一个计息周期）内所得的利息额与借贷金额（本金）之比，一般以百分数表示。其计算式可表示为

$$i = \frac{I_1}{P} \times 100\% \tag{3-2}$$

式中　i——利率；

　　　I_1——一个计息周期的利息。

计算资金时间价值的基本公式

利息的计算有单利计息和复利计息两种，因此，资金时间价值的计算方法也可以采用单利计息和复利计息。

（一）单利计息

单利计息是指仅按本金计算利息，利息不再生息，其利息总额与借贷时间成正比。利息计算公式为

$$I_n = P \cdot n \cdot i \tag{3-3}$$

n 个计息周期后的本利和为

$$F_n = P(1 + i \cdot n) \tag{3-4}$$

我国个人储蓄存款和国库券的利息就是按单利计息的，计算周期是年。

【例 3-1】　某人将 1 000 元存入银行，存期 5 年，年利率 5%。试按单利计息，计算 5 年期满存款的本利和。

解：　　　　　　$F_5 = 1\,000(1 + 5\% \times 5) = 1\,250$（元）

（二）复利计息

复利计息是指对于某一计息周期来说，按本金加上先前计息周期所累计的利息进行计息，即"利生利""利滚利"。按复利方式计算利息时，利息的计算公式为

$$I_n = P[(1+i)^n - 1] \tag{3-5}$$

n 个计息周期后的复本利和为

$$F_n = P(1+i)^n \tag{3-6}$$

我国房地产开发贷款和住房抵押贷款等都是按复利计息的。由于复利计息比较符合资金在社会再生产过程中运动的实际情况，所以在工程经济分析中，一般采用复利计息。

【例 3-2】 数据同【例 3-1】，试按复利计息，计算 5 年期满存款的本利和。

解：　　　　　　　$F_5 = 1\,000(1+5\%)^5 \approx 1\,276.28(元)$

（三）名义利率与实际利率

1.名义利率与实际利率的概念

在实际经济活动中，计息周期有年、季度、月、周、日等，这样就出现了不同计息周期的利率换算问题。也就是说，当利率标明的时间单位与计息周期不一致时，就出现了名义利率和实际利率的区别。

(1)名义利率是指一年内多次复利时给出的年利率，它等于周期利率与年内复利次数的乘积。其计算式可表示为

$$名义利率 = 周期利率 \times 每年的计息周期数 \tag{3-7}$$

年利率、季度利率、月利率、日利率之间的换算关系为

$$年利率 = 季度利率 \times 4 = 月利率 \times 12 = 日利率 \times 360$$

例如，某笔住房抵押贷款按月还本付息，其月利率为 0.5%，通常称为"年利率 6%，每月计息一次"。这里的年利率 6% 即称为名义利率。

(2)实际利率是指一年内多次复利时，每年年末终值比年初的增长率。当按单利计算利息时，名义利率和实际利率是等值的，但当按复利计算时，上述"年利率 6%，每月计息一次"的实际利率则不等于名义利率，其实际利率 $=(1+0.5\%)^{12}-1 \approx 6.17\%$。

2.名义利率与实际利率的关系

设名义利率为 r，若年初借款为 P，在一年中计息 m 次，求实际利率 i，则有

每一计息周期的利率为 $\dfrac{r}{m}$，一年后的本利和 $F = P\left(1+\dfrac{r}{m}\right)^m$。

故实际利率为

$$i = \frac{F-P}{P} = \frac{P\left(1+\dfrac{r}{m}\right)^m - P}{P} = \left(1+\frac{r}{m}\right)^m - 1 \tag{3-8}$$

【例 3-3】 一笔资金为 10 000 元，年利率为 10%，试按复利计息计算计息周期为一年、半年、三个月、一个月的年末本利和以及实际利率。

解:(1)计息周期为一年:
$$F_1 = 10\ 000 \times (1+0.1) = 11\ 000(元)$$
年利率即为实际利率。

(2)计息周期为半年:
$$本利和 \quad F_2 = 10\ 000 \times (1+0.1/2)^2 = 11\ 025(元)$$
$$实际利率 \quad i_2 = \left(\frac{11\ 025 - 10\ 000}{10\ 000}\right) \times 100\% = 10.25\%$$

(3)计息周期为三个月:
$$本利和 \quad F_3 = 10\ 000 \times (1+0.1/4)^4 \approx 11\ 038(元)$$
$$实际利率 \quad i_3 = \left(\frac{11\ 038 - 10\ 000}{10\ 000}\right) \times 100\% = 10.38\%$$

(4)计息周期为一个月:
$$本利和 \quad F_4 = 10\ 000 \times (1+0.1/12)^{12} \approx 11\ 047(元)$$
$$实际利率 \quad i_4 = \left(\frac{11\ 047 - 10\ 000}{10\ 000}\right) \times 100\% = 10.47\%$$

【例 3-3】讲解

从【例 3-3】分析和计算可以得出按复利计息时,名义利率与实际利率存在下述关系:
(1)实际利率比名义利率更能反映资金的时间价值;
(2)名义利率越大,计息周期越短,实际利率与名义利率的差异越大;
(3)当每年计息周期数 $m=1$ 时,名义利率等于实际利率;
(4)当每年计息周期数 $m>1$ 时,实际利率大于名义利率。

第三节　资金等值计算

一、资金等值的概念

等值是资金时间价值计算中一个十分重要的概念。资金等值也称资金等效值,是指在考虑时间因素的情况下,不同时点发生的绝对值不等的资金可能具有相同的价值。也可解释为"与某一时点上一定金额的实际经济价值相等的另一时点上的价值"。

例如,现借入 1 000 元,年利率是 10%,一年后要还的本利和为 1 100 元,这就是说,现在的 1 000 元与一年后的 1 100 元是等值的,即其实际经济价值相等。

通常情况下,在资金等值计算过程中,人们把资金运动起点时间的金额称为现值,把资金运动结束时与现值等值的金额称为终值或未来值,而把资金运动过程中某一时点上与现值等值的金额称为时值。

二、资金等值计算常用符号

资金等值计算中,常用的符号包括 P、F、A、n 和 i 等,各符号代表的含义如下:

P——现值;

F——终值(未来值);

A——连续出现在各计息周期期末的等额支付金额,简称年值;

n——计息周期数;

i——每个计息周期的利率。

资金等值计算中,通常都要使用 i 和 n 以及 P、F 和 A 中的两项。比较不同经济方案的效果时,常常换算成 P 值或 A 值,也可换算成 F 值来进行比较。

三、资金等值计算常用公式与系数

(一) 一次支付的终值公式和现值公式

一次支付的现金流量图如图 3-3 所示。如果在时点 0 的资金现值为 P,并且已知利率 i,则复利计息的 n 个计息周期后的终值 F 的计算公式为

$$F_n = P(1+i)^n = P(F/P, i, n) \tag{3-9}$$

式中,$(1+i)^n = (F/P, i, n)$,称为一次支付终值系数。

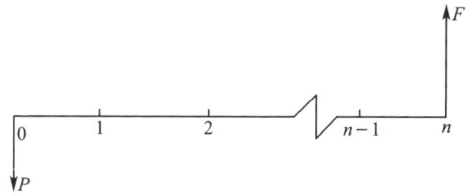

图 3-3 一次支付的现金流量图

当已知终值 F 和利率 i 时,则复利计息条件下的现值计算公式为

$$P = F\left[\frac{1}{(1+i)^n}\right] = F(P/F, i, n) \tag{3-10}$$

式中,$\left[\dfrac{1}{(1+i)^n}\right] = (P/F, i, n)$,称为一次支付现值系数。

(二) 等额序列支付的现值公式和资金回收公式

等额序列支付现金流量图如图 3-4 所示,即在每一个计息周期期末都有一个等额支付金额 A。这种情况下,现值 P 可以这样确定:把每一个 A 看作一次支付中的 F,用一次支付复利计息公式求其现值,然后求其和,即可得到所求的现值。其计算公式为

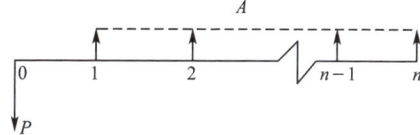

图 3-4 等额序列支付的现金流量图

$$P=A\left[\frac{(1+i)^n-1}{i(1+i)^n}\right]=A(P/A,i,n) \qquad (3-11)$$

式中，$\left[\frac{(1+i)^n-1}{i(1+i)^n}\right]=(P/A,i,n)$，称为等额序列支付现值系数。

由上式，当现值 P 和利率 i 为已知时，求复利计息的等额序列支付年值 A 的计算公式为

$$A=P\left[\frac{i(1+i)^n}{(1+i)^n-1}\right]=P(A/P,i,n) \qquad (3-12)$$

式中，$\left[\frac{i(1+i)^n}{(1+i)^n-1}\right]=(A/P,i,n)$，称为等额序列支付资金回收系数。

（三）等额序列支付的储存基金公式和终值公式

所谓等额序列支付的储存基金公式和终值公式就是在已知 F 的情况下求 A，或在已知 A 的情况下求 F，现金流量图如图 3-5 所示。

计算公式为

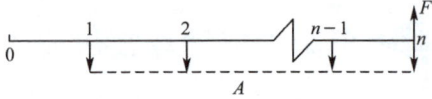

图 3-5 等额序列支付的现金流量图

$$A=F\left[\frac{i}{(1+i)^n-1}\right]=F(A/F,i,n) \qquad (3-13)$$

式中，$\left[\frac{i}{(1+i)^n-1}\right]=(A/F,i,n)$，称为等额序列支付储存基金系数。

$$F=A\left[\frac{(1+i)^n-1}{i}\right]=A(F/A,i,n) \qquad (3-14)$$

式中，$\left[\frac{(1+i)^n-1}{i}\right]=(F/A,i,n)$，称为等额序列支付终值系数。

四、复利系数的标准表示法

为了减少书写上述复利系数时的麻烦，可采用一种标准表示法来表示各种系数。这种标准表示法的一般形式为 $(X/Y,i,n)$，X 表示所求的值，Y 表示已知量，是一个系数。例如 P/F 表示"已知 F 求 P"，$(P/F,10\%,10)$ 就表示，这个系数若与终值 F 相乘，便可求得按年利率 10% 复利计息 10 年的现值 P。表 3-1 汇总了上述六种复利系数的标准表示法，以及系数用标准法表示的复利计息公式。

表 3-1　　　　复利系数标准表示法及复利计息公式汇总表

系数名称	标准表示法	所求	已知	公式
一次支付终值系数	$(F/P,i,n)$	F	P	$F=P(F/P,i,n)$
一次支付现值系数	$(P/F,i,n)$	P	F	$P=F(P/F,i,n)$
等额序列支付现值系数	$(P/A,i,n)$	P	A	$P=A(P/A,i,n)$
等额序列支付资金回收系数	$(A/P,i,n)$	A	P	$A=P(A/P,i,n)$
等额序列支付储存基金系数	$(A/F,i,n)$	A	F	$A=F(A/F,i,n)$
等额序列支付终值系数	$(F/A,i,n)$	F	A	$F=A(F/A,i,n)$

第四节 复利系数表及线性内插法

 复利系数表

在运用资金等值公式计算时,每次都要计算复利系数,计算较为复杂,为减少工作量,编制了复利系数表。如果给定利率 i 和计息周期 n,复利系数 f 的大小可通过查复利系数表(见附表)求得。同样如果给定 n 和 f,也可通过复利系数表查得 i,又或给定 i 和 f,也可查得 n。

在各类参考书中,复利系数表的形式不尽相同,但使用方法都是类似的。仅以本书附表的复利系数表为例,说明复利系数表的使用方法。如【例 3-2】中, $i=5\%$, $n=5$,应用复利终值系数 F/P。首先,在复利系数表中找到对应的复利系数表(图 3-6),再找到 F/P 所对应列与期限 $n=5$ 所对应行的交汇处,即为所查复利终值系数 $(F/P, 5\%, 5) = 1.276$。

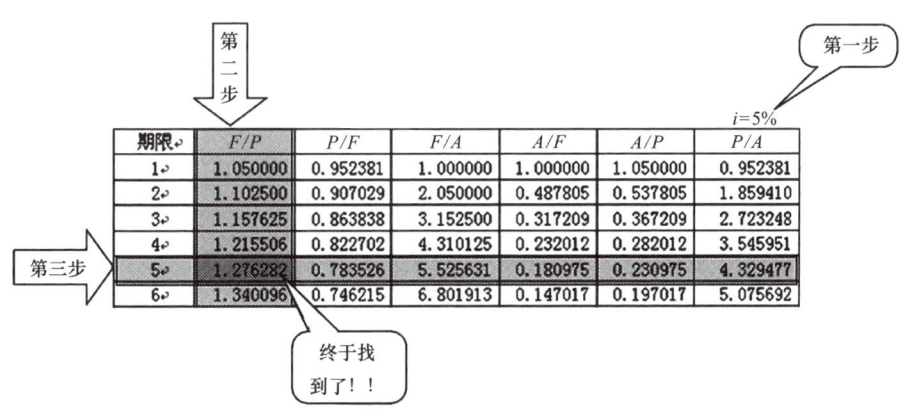

图 3-6　如何使用复利系数表

 线性内插法

(一) 线性内插法的公式

从本书附表即复利系数表中可以看到,复利系数表所列出的利率 i 是有限的、不连续的,但在实际工作中,经常是需要计算任意 i 和 n 的某种复利系数的。这时我们可以用线性内插法确定复利系数。我们也可以利用复利系数表计算未知利率 i 或未知周期数

n。其计算公式为

$$x_0 = x_1 + \left| \frac{y_0 - y_1}{y_2 - y_1} \right| (x_2 - x_1) \tag{3-15}$$

式中,$x_1 < x_0 < x_2$,点(x_1, y_1),(x_2, y_2)分别是直线 $y = a + bx$ 上的两点,(x_0, y_0)是它们中间的某一点,如图 3-7 和图 3-8 所示。

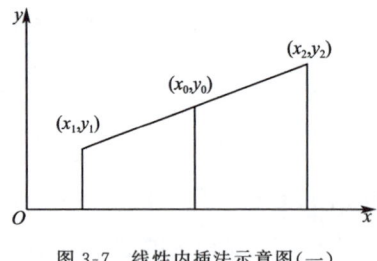

图 3-7 线性内插法示意图(一)　　　　图 3-8 线性内插法示意图(二)

(二) 线性内插法的应用

【例 3-4】 求系数$(F/P, 8.3\%, 10)$。

解:此题为已知 i,求 f。因此 i 相当于 y,f 相当于 x。

查表可知$(F/P, 8\%, 10) = 2.1589$,$(F/P, 9\%, 10) = 2.3674$,比较两点的 f,2.1589 较小,因此$(F/P, 8\%, 10)$作为 x_1,则有

$$x_0 = 2.1589 + \left| \frac{8.3\% - 8\%}{9\% - 8\%} \right| (2.3674 - 2.1589) = 2.2224$$

【例 3-5】 $(P/F, i, 9) = 0.3121$,求 i。

解:此题为已知 f,求 i。因此 f 相当于 y,i 相当于 x。

查表可知$(P/F, 12\%, 9) = 0.3606$,$(P/F, 15\%, 9) = 0.2843$。$12\% < 15\%$,因此,12%作为 x_1,则有

$$x_0 = 12\% + \left| \frac{0.3121 - 0.3606}{0.2843 - 0.3606} \right| (15\% - 12\%) \approx 13.91\%$$

【例 3-6】 $(P/A, 15\%, n) = 4.6$,求 n。

解:此题为已知 f,求 n。因此 f 相当于 y,n 相当于 x。

查表可知$(P/A, 15\%, 8) = 4.4873$,$(P/A, 15\%, 9) = 4.7716$,比较两点的 n,$8 < 9$,因此$(P/A, 15\%, 8)$作为 x_1,则有

$$x_0 = 8 + \left| \frac{4.6 - 4.4873}{4.7716 - 4.4873} \right| (9 - 8) \approx 8.4$$

采用线性内插法是会有误差的,但由于线性内插是在极小的范围内进行的,所以,这种误差对工程经济分析来说可以忽略,不影响经济分析的结论。

第五节 资金等值的应用

复利系数的应用在工程经济分析中较普遍,下面通过例题来介绍复利系数的应用情况。

【例 3-7】 已知某笔贷款的年利率为 12%,借贷双方约定按季度计息,则该笔贷款的实际利率是多少?

解:已知 $r=12\%,m=12/3=4$,则该笔贷款的实际利率为
$$i=(1+r/m)^m-1=(1+12\%/4)^4-1\approx 12.55\%$$

【例 3-8】 某公司借款 1 500 万元,年复利率为 10%,试问 5 年后一次需支付的本利和为多少?

解:已知 $P=1\,500$ 万元,$i=10\%$,$n=5$,则 5 年后一次需支付的本利和为
$$F=P(F/P,i,n)=1\,500\times 1.157\,6=1\,736.4(万元)$$

【例 3-9】 某房地产开发商向银行贷款 2 000 万元,期限是 2 年,年利率为 8%,若该笔贷款的还款方式为期间按季度付息、到期后一次偿还本金,则开发商为该笔贷款支付的利息总额是多少?如果计算先期支付利息的时间价值,则贷款到期后开发商实际支付的利息又是多少?

解:已知 $P=2\,000$ 万元,$n=2\times 4=8$,$i=8\%/4=2\%$,则

开发商为该笔贷款支付的利息总额为
$$P\times n\times i=320(万元)$$

计算先期支付利息的时间价值,则贷款到期后开发商实际支付的利息为
$$P[(1+i)^n-1]=2\,000[(1+2\%)^8-1]\approx 343.32(万元)$$

【例 3-10】 某家庭预计在今后 10 年内的月收入为 15 000 元,如果其中的 30% 可用于支付住房抵押贷款,年贷款利率为 12%,问该家庭有偿还能力的最大抵押贷款申请额是多少?

解:已知该家庭每月可用于支付抵押贷款的月还款额 $A=15\,000\times 30\%=4\,500$(元),月贷款利率 $i=12\%/12=1\%$,计息周期数 $n=10\times 12=120$(月)。

该家庭有偿还能力的最大抵押贷款申请额为
$$P=A(P/A,i,n)=4\,500\times 69.708\approx 31.37(万元)$$

【例 3-11】 某家庭以抵押贷款的方式购买了一套价值为 50 万元的住宅,首付款为房价的 30%,其余房款用抵押贷款支付。如果抵押贷款的期限为 15 年,按月等额偿还,年贷款利率为 15%,问月还款额为多少?如果该家庭 30% 的收入可以用来支付抵押贷款月还款额,问该家庭需月收入多少,才能购买上述住宅。

解:已知抵押贷款额 $P=50\times 70\%=35$(万元),月贷款利率 $i=15\%/12=1.25\%$,计息周期数 $n=15\times 12=180$(月),则月还款额为

$$A = P(A/P, i, n) = 350\ 000 \times 0.014 = 4\ 900(元)$$

该家庭欲购买上述住宅,其月收入需为

$$4\ 900/0.3 \approx 16\ 333.3(元)$$

本章小结

本章在提出现金流量概念及现金流量图绘制的基础上,着重介绍了资金时间价值的意义、衡量尺度及计算公式。资金时间价值分析的根本目的是促进资金使用效率的提高。资金等值是工程经济分析中非常重要的概念。

本章习题

1. 某投资人用 100 万元投资某项物业,假设该物业的年投资收益率为 8%,且持续不变,则 1 年和 2 年后该投资起始资金会增为多少?
2. 一笔投资预计 8 年后资金增值为 100 万元,如果该项投资的收益率为 10%,则最初应投入多少资金?
3. 某房地产开发公司在销售房屋时,采用一次性付款和分期付款两种方式,客户采用分期付款时,可以分三年付清,每年年初支付一次,其中第一年支付房款的 30%,第二年支付房款的 50%,第三年支付余下房款。试问房地产开发商为了促销,当客户采用一次性付款时,可以打几折?假设年利率为 10%。
4. 每年年末存入银行 10 000 元,年利率为 8%,求第 5 年年末的终值。
5. 某项目通过银行贷款进行投资,还贷期为 15 年,年利率为 8%,建成后每年获得利润 120 万元,如年利润全部用来还贷,问:贷款额度应控制在多少才能在 15 年内还清贷款?
6. 现在投资 1 000 万元,预计年收益率为 12%,8 年内收回全部投资,每年应等额回收多少资金?

第四章

工程项目单方案的经济评价

学习内容

时间型经济评价指标的概念、计算及应用;价值型经济评价指标的概念、计算及应用;效率型经济评价指标的概念、计算及应用;偿债能力指标的概念;运用 Excel 计算评价指标。

学习目标

1.知识目标
(1)掌握静态投资回收期的计算公式、评价准则;
(2)掌握净现值的计算公式、评价标准;
(3)掌握内部收益率的经济含义、计算方法及评价准则;
(4)熟悉动态投资回收期的计算方式;
(5)熟悉净年值的计算方式及适用范围;
(6)了解净现值率、投资收益率的含义;
(7)了解偿债能力指标的含义及评价准则;
(8)了解 Excel 计算评价指标的常用函数。

2.能力目标
(1)能够运用静态投资回收期进行单一方案的评价;
(2)能够合理运用净现值或净年值进行单一方案的评价;
(3)能够运用内部收益率进行单一方案的评价;
(4)能够运用 Excel 进行相关指标的计算。

工程经济学

> **案例导入**
>
> 某一工程项目预计投资 2 800 万元,投产后预计每年可获得总收入 480 万元,预计每年的总支出为 280 万元,假设第 10 年末可回收净残值 1 000 万元。试问这样的项目是否值得投资?
>
> 思考:1.对于是否值得投资这一问题的判断,需要给出标准,标准不同,结果也不同。
>
> 2.同一事物,可以从不同的角度分析,对于投资项目也可以从不同的角度去研究其值不值得投资。
>
> 进一步分析:对于投资项目是否值得投资的判断,需要通过计算经济评价指标来回答。不同的评价指标是从不同的角度给出判断的,每一评价指标都有其相应的评判标准。各类评价指标的计算、评价标准的确定及其应用是本章学习的主要内容。

第一节 工程项目经济评价指标概述

为了确保投资决策的正确性和科学性,研究工程项目经济评价的指标和方法是十分必要的。工程项目经济评价的指标和方法是多种多样的,这些指标从不同的侧面反映投资项目的某一工程技术方案的经济性。在具体选用哪一种指标或方法时,评价者可以依据可获得资料的多少,以及项目本身所处条件的不同,选用不同的指标和方法。

工程项目经济评价指标和方法可以从不同的角度进行分类,常见的分类有以下几种。

一、根据评价指标计算所依据的经济要素是否确定

根据评价指标计算所依据的经济要素是否确定,工程项目经济评价的方法包括确定性评价方法和不确定性评价方法两种。确定性经济评价方法的指标计算所依据的相关经济要素是确定的;不确定性经济评价方法的指标计算所依据的相关经济要素是可变的,不是唯一的。盈亏平衡分析、敏感性分析属于不确定性分析。一般来说,同一个投资项目应同时进行确定性评价和不确定性评价。

二、按评价指标的计算是否考虑资金的时间价值

按评价指标的计算是否考虑资金的时间价值，可将项目经济评价方法分为静态评价指标和动态评价指标。静态评价指标是不考虑资金时间价值的指标，如静态投资回收期、投资收益率等，其特点是计算较简便、直观、易于掌握，但也存在着项目经济效益反映不准确等问题。动态评价指标是考虑资金时间价值的指标，如动态投资回收期、净现值、内部收益率等。动态评价指标克服了静态评价指标的缺点，但计算需要依据较多的数据和资料，过程也较复杂。

三、按评价指标所反映的经济性质

工程项目的经济性质体现在所投入资金的回收速度、项目的营利能力和资金的使用效率等三个方面。同样可将工程项目的评价指标分为时间型评价指标、价值型评价指标和效率型评价指标。时间型评价指标是根据时间长短来衡量项目对其投资回收能力的指标。常用的时间型评价指标有静态投资回收期、动态投资回收期、增量静态投资回收期、增量动态投资回收期。价值型评价指标是反映项目投资的净收益绝对量的大小的指标。常用的价值型评价指标有净现值、净年值、费用现值和费用年值等。效率型评价指标是反映项目单位投资获利能力或项目对贷款利率的最大承受能力的指标。常用的效率型评价指标有投资收益率、内部收益率、净现值率和费用效益比等。

四、按评价指标所反映的内容

工程项目经济评价指标可以从贷款者和借款者两个方面进行分析，评价指标可以分为反映营利能力的指标和反映清偿能力的指标。反映营利能力的指标有静态投资回收期、动态投资回收期、净现值、内部收益率、投资收益率等；反映清偿能力的指标有借款偿还期、利息备付率、偿债备付率等。

五、按评价指标在评价过程中所起的作用

工程项目经济评价指标根据其在评价过程中所起的作用可分为单方案评价指标和多方案优选指标。单方案评价指标仅能进行单一方案的可行性评价，如静态投资回收期、动态投资回收期、内部收益率、投资收益率、净现值率、费用效益比等。多方案优选指标适用于对两个或多个可行方案进行选优，如增量静态投资回收期、增量动态投资回收期、增量内部收益率等。由于计算公式本身的特殊性，净现值、净年值等指标既可用于单方案的评价，也可用于多方案的选优。

表 4-1 给出了工程项目评价常用的指标，这些指标的意义、计算及应用将在以后各章节中分别进行讨论。

表 4-1　　　　　　　　　　工程项目评价常用的指标

		时间型评价指标	价值型评价指标	效率型评价指标
静态评价指标	单方案评价指标	静态投资回收期		投资收益率
	多方案优选指标	增量静态投资回收期		增量投资收益率
动态评价指标	单方案评价指标	动态投资回收期	净现值、净年值	内部收益率、净现值率、费用效益比
	多方案优选指标	增量动态投资回收期	净现值、净年值、费用现值、费用年值	增量内部收益率、增量费用效益比

第二节　经济效益原理

工程经济学主要研究对象是物质生产领域各种生产建设活动的经济效益问题。在物质生产中，既创造了物质财富，同时也支付了社会劳动，在合理利用资源和保护生态环境的前提下，所得到的有效成果和全部的劳动消耗的比较，构成了经济效益的概念。如何取得最大的经济效益是人们所重点关注的，因此，研究经济效益理论就显得十分必要。

  一、经济效益的概念

经济效益是指经济活动中的有效成果与劳动消耗的对比关系，或符合社会需要的投入与产出的对比关系，简称为"成果与消耗之比""产出与投入之比"，它反映的是生产过程中劳动消耗转化为有效的劳动成果的程度。理解和运用经济效益概念，应遵循以下三条基本原则：

（一）有效成果原则

有效成果是指对社会有用的劳动成果，即对社会有益的产品或劳务。有效成果可用使用价值或价值表示。使用价值考察产品或劳务的有用性，价值则考察其对社会贡献的大小。如果劳动成果不符合社会需要，在市场上不能实现其价值，则属无效成果。显然，无效成果不是构成经济效益的要素。此外，有效成果的表现形式还具有多样性。能用货币计量的有效成果称为有形成果；不能用货币计量的称为无形成果。如国防的巩固、生产文明程度的提高以及环境的改善等都属于无形成果。

此外还应注意，与有效成果相伴而生的往往还有无效成果甚至负效果。在考察经济效益时，对生产过程中产生的负效果决不能回避或者忽视，例如，安全生产事故及环境污染等问题。在生产实践中要积极采取切实有效的治理措施，尽力避免和防止负效果的产生。同时,对已产生的负效果,要采用科学的方法定量化,使之在经济效益评价中得以体现。

(二) 全部消耗原则

劳动消耗或投入应包括技术方案消耗的全部人力、物力、财力。所谓全部消耗,包括生产过程中的直接劳动消耗、间接劳动消耗以及劳动占用三部分。

直接劳动消耗指技术方案在生产运行中所消耗的原材料、燃料、动力、生产设备等物化劳动消耗以及劳动力等活劳动消耗。间接劳动消耗是指与技术方案实施在经济上相关单位或部门所发生的消耗。因此,考察劳动消耗时,不仅要考虑实施该方案所直接消耗的物化劳动和活劳动,同时还需考虑由于实施该方案而引起的间接相关部门的损耗或投资。

劳动占用是指技术方案从开始实施到停止运行为止长期占用的劳动,即投资的占用。劳动占用可分为物化劳动的占用和活劳动的占用。例如,为进行生产所购置和安装的设备和建造的厂房等,属于物化劳动的占用,而设备、厂房在生产过程中逐渐磨损和消耗,则是物化劳动的消耗。在一定生产时期内所占用的全部劳动力的数量是活劳动的占用,而劳动者为完成一定的生产任务或生产过程所花费的劳动量则是活劳动的消耗。

(三) 有效成果与劳动消耗相联系的原则

在进行经济效益分析时,必须将技术方案的成果与消耗、产出与投入结合起来进行比较,而不能单独使用成果或消耗的指标。注意有效成果应与获得该项成果的有关全部消耗相比较,决不能考虑与该项成果无关的消耗。用同样多的劳动消耗取得尽可能多的有效成果,或用尽可能少的劳动消耗取得同样多的有效成果,是衡量技术方案经济效益高低的标准。

经济效益的一般表达式

经济效益的表达在不同的分析运用场合有不同的计量方法。因此,在这里我们重点研究定量计算经济效益的最一般形式,它不仅能够反映经济效益的内涵,而且其表达式中各指标的计算具有普遍意义。据此要求,其表示方法有以下三种。

(一) 差额表示法

这是一种用有效成果与劳动消耗之差来表示经济效益大小的方法。其表达式为

$$E = B - C \tag{4-1}$$

式中 E——经济效益,也称净效果指标;

B——有效成果;

C——劳动消耗。

注意,式中的 E、B、C 必须使用相同的计量单位,$B - C \geqslant 0$ 是工程技术方案可行的经济界限。当 B、C 都以货币单位计量时,计算的经济效益常称为净收益。如利润额、国

民收入等都是以差额表示法表示的常用的经济效果指标。显然,这种表示方法要求有效成果与劳动消耗必须是相同计量单位,其差额大于或等于 0 则表示工程技术方案在经济上可行,否则不可行。

这种经济效益评价指标计算简单,概念明确。但一般不宜用来衡量工程技术装备水平和内外部条件差异较大的方案经济效益的高低与好坏。

(二) 比值表示法

这是一种用有效成果与劳动消耗之比表示经济效益大小的方法。其表达式为

$$E = B/C \tag{4-2}$$

式中,E 为经济效益,也可称为效果耗费比。

注意,该表示法中的 B、C 既可使用相同的计量单位,也可使用不同的计量单位。当计量单位相同时,$B/C > 1$ 是工程技术方案可行的经济界限。采用比值法表示的指标有劳动生产率和单位产品原材料、燃料、动力消耗水平等。

(三) 差额-比值表示法

这是一种用差额表示法与比值表示法相结合来表示经济效益大小的方法。其表达式为

$$E = (B - C)/C \tag{4-3}$$

式中,E 为经济效益,也可称为净效果耗费比,它表示单位劳动消耗所取得的净效果,在技术经济分析中更为常用。$(B - C)/C > 0$ 是工程技术方案可行的经济界限。

以上三种表达式是定量分析经济效益的重要依据,也是建立经济效益评价指标的基础,一般应结合起来加以应用。

经济效益分类

由于经济效益自身的可计量性不同,加之人们考察问题的角度也不尽相同,于是可对经济效益做如下分类。

(一) 直接经济效益和相关经济效益

这是从技术方案采纳者的角度所做的分类。所谓直接经济效益,是指方案采纳者通过方案实施可以直接得到的经济效益;所谓相关经济效益,是指与方案采纳者经济上相关的单位可以从方案实施中间接得到的经济效益。

(二) 有形经济效益和无形经济效益

这是根据能否用货币计量所做的分类。把能用货币计量的称为有形经济效益,不能用货币计量的称为无形经济效益。如企业的利润额可看成企业有形的经济效益,而企业采用新技术方案后,环境的改善、劳动力素质的提高等方面产生的效益属于企业无形的经济效益。

（三）绝对经济效益和相对经济效益

这是根据经济评价用途所做的分类。绝对经济效益是指某项技术方案本身所取得的经济效益；相对经济效益是指一个方案与另一个方案相对比所得到的经济效益。

（四）企业经济效益和国民经济效益

这是根据受益范围大小所做的分类。企业经济效益（财务效益）是技术方案为企业带来的效益；国民经济效益是技术方案为国家所做的贡献。

四 经济效益评价指标体系

工程经济分析的主要内容是论证可行技术方案的经济效益。经济效益评价指标，是用于衡量经济效益大小的尺度。根据经济效益的概念，可把其中用于衡量有效成果（产出）的指标，称为效果指标；用于衡量劳动消耗（投入）的指标，称为消耗指标；用于衡量二者对比关系的指标，称为经济效益指标。

（一）效果指标

效果指标的用途有两个：一是和耗费指标结合在一起用于衡量经济效益；二是在耗费一定时，单独用于衡量经济效益。具体内容包括以下三方面：

1. 数量效果指标

数量效果指标反映的是工程项目或技术方案所产生的有效成果数量的大小，它表明技术方案对社会需求在数量上的满足，可用实物量或价值量表示。

2. 质量效果指标

技术方案的产出质量包括单个产品质量和总体产品质量两方面，其中单个产品质量主要指产品所具有的功能和技术性能，如产品的寿命、可靠性、精确度等；总体产品质量主要指产品的经济性能指标，如合格品率、优等品率、返修率、废品率等。

3. 时间效果指标

时间效果指标是指技术方案或产品从设计、试制到生产出来，发挥其使用价值所需经历的时间。

（二）消耗指标

消耗指标是指反映劳动消耗和劳动占用情况的指标。

1. 劳动消耗指标

劳动消耗指标既可用实物形态表示，也可用价值形态表示。如技术方案在运行中所消耗的原材料、燃料、生产设备等物化劳动消耗以及劳动力等活劳动的消耗都属于实物形态的劳动消耗指标；而相应的原材料费、燃料费、折旧费及工资费用等属于价值形态。由于这些单项消耗指标都是产品制造成本的构成部分，因此产品制造成本是衡量劳动消耗的综合性价值指标。

2. 劳动占用指标

劳动占用指标通常也有实物形态和价值形态两种。实物形态的劳动占用指标，通常指技术方案为进行正常生产而长期占用的厂房、设备、货币资金和各种物料的数量；价值形态的劳动占用指标是实物占用量的货币表现，通常分为固定资金和流动资金两部分。因而技术方案投资是衡量劳动占用的综合性价值指标。

（三）经济效益指标

经济效益指标是反映有效成果与劳动消耗相互比较的指标。可分为价值型指标、比率型指标和时间型指标三类。

1. 价值型指标（又称差额指标）

价值型指标反映有效成果与劳动消耗之差的指标。利润额、利税额、附加值等为静态差额指标；净现值、净年值、净终值等为动态差额指标。

2. 比率型指标

比率型指标是有效成果与劳动消耗之比的指标，反映的是某种单位劳动占用所产生的有效成果。投资收益率、投资利润率、投资利税率、投资效果系数、成本利润率等是从静态角度考察的；内部收益率、外部收益率、净现值率等是从动态角度考察的。

3. 时间型指标

时间型指标是从时间上反映有效成果与劳动消耗相比较的指标，常用的有贷款偿还期、投资回收期等，这两个指标既可用静态计算，也可用动态计算。

五、经济效益评价原则

工程经济学的中心内容是对工程项目和技术方案进行分析、比较和评价。然而各个方案解决问题的侧重点不同，所带来的技术、经济、环境、资源、社会等问题也会呈现不同的特点。这就要求在对各方案进行经济效益评价时，必须遵循一定的原则，全面系统地选出最优方案，有效地降低投入，增加效益。

对各种技术方案进行经济效益评价时，一般遵循以下几项基本原则。

1. 技术、经济、政策相结合的原则

技术是经济发展的重要手段，是推动经济前进的强大动力。而工程经济学就是研究技术与经济怎样相互促进、协调发展的，这既要求技术先进，又要求经济可行。同时，还要注意是否符合党和国家的技术经济政策，有时还需满足特定政治任务的要求，做到技术、经济、政策上的结合，最大限度地创造效益，促进技术进步及资源、环保等工作的共同发展。

2. 直接经济效益与间接经济效益相结合的原则

一个项目或技术方案的实施将产生一系列的经济效益。因此，经济评价除考虑项目自身的直接经济效益外，还要从社会、政治、技术、生态环境、资源利用及本项目给其他相关项目和部门的发展创造的有利条件等诸多间接经济效益方面综合评价。

3. 局部经济效益与整体经济效益相结合的原则

局部利益和整体利益的关系就是微观经济效益和宏观经济效益的关系。微观经济效益是指一个企业、部门或一个技术方案的具体的经济效益,而宏观经济效益则是指国民经济效益或社会经济效益。一般来说,两者的利益是一致的,但有时也会出现矛盾。当两者出现矛盾时,就需要局部经济利益服从整体经济利益,从整个国民经济的利益出发,选择宏观经济效益好的方案。

4. 定量经济效益与定性经济效益相结合的原则

所谓定量分析是以项目各方面的计算结果为依据进行评价的方法,它通过对成果与消耗、产出与投入等的分析,对项目进行评价。所谓定性分析则是指评价人员在占有一定资料、掌握相应政策的基础上,根据决策人员的经验、直觉、学识、逻辑推理能力等,以主观判断为基础进行评价的方法,评价尺度往往是给项目打分或确定指数。在实际项目方案中,应善于将定性与定量分析结合起来,发挥各自在分析上的优势,使分析结果更加科学准确,有利于正确选择最优方案。

5. 近期经济效益和长远经济效益相结合的原则

这一原则是要处理好当前利益和长远利益之间的关系。把握好这一原则既要对项目或技术方案本身的技术、经济性有透彻的分析和清醒的认识,还要对项目的发展趋势、国家相关政策、法律法规等有一定预见性。

因此,进行经济评价要从经济发展角度进行动态分析,克服贪图眼前利益而失掉长远利益的片面性,从而为经济持续发展创造良好的条件。

第三节　时间型评价指标

时间型评价指标指的是投资回收期,一般也称为返本期或投资返本年限,它是反映项目或方案投资回收速度的重要指标。它是以项目的净收益(包括利润和折旧)抵偿全部投资所需要的时间,通常以年表示。投资回收期一般从投资开始年算起,如果从投产开始年算起,应加以说明。根据是否考虑资金的时间价值,投资回收期分为静态投资回收期和动态投资回收期。

一、静态投资回收期(P_t)

(一) 静态投资回收期的定义

静态投资回收期是指在不考虑资金时间价值的条件下,以项目净收益抵偿全部投资所需要的时间。

（二）静态投资回收期的计算式

1.基于概念的计算式

根据静态投资回收期的定义，P_t 的计算式为

$$\sum_{t=0}^{P_t}(CI_t - CO_t) = \sum_{t=0}^{P_t}NCF_t = 0 \qquad (4-4)$$

式中　CI——某年份的现金流入量，单位：元；

　　　CO——某年份的现金流出量，单位：元；

　　　NCF——某年份的净现金流量，单位：元；

　　　t——年份，单位：年。

2.实际计算式

实际的计算过程中，当累计净现金流量等于零时，往往不是某一自然年份。这时，可采用下式计算

$$P_t = \text{累计净现金流量开始出现正值的年数} - 1 + \frac{\text{上年累计净现金流量的绝对值}}{\text{当年净现金流量}} \qquad (4-5)$$

3.项目或方案净收益相等时

如果项目或方案的总投资为 I，项目或方案投产后年净收益相等且均为 R，则有

$$\sum_{t=0}^{P_t}NCF_t = \sum_{t=0}^{m}I_t - \sum_{t=m}^{P_t}R_t = 0 \qquad (4-6)$$

$$\sum_{t=0}^{m}I_t - \sum_{t=m}^{P_t}R_t = I - R(P_t - m) = 0 \qquad (4-7)$$

$$P_t = \frac{I}{R} + m \qquad (4-8)$$

式中，m 为项目或方案的建设期。

（三）静态投资回收期的评价准则

将方案或项目计算得到的静态投资回收期 P_t 与行业或投资人设定的基准投资回收期 P_c 进行比较，若 $P_t \leqslant P_c$，可以考虑接受该项目或方案；若 $P_t > P_c$，可以考虑拒绝该项目或方案。静态投资回收期主要用于判断单一方案的可行与否，以及项目营利能力的分析。

（四）静态投资回收期的特点

静态投资回收期 P_t 的优点在于：第一，其含义明确、直观、计算过程较方便；第二，静态投资回收期在一定程度上反映了项目或方案的抗风险能力，静态投资回收期评价项目或方案的标准是资金回收期限的长短，而风险随着时间的延长可能会增加，资金回收速度快表明项目在时间尺度上有一定的抗风险能力。由于静态投资回收期综合反映了项目的营利能力和抗风险能力，所以该指标是人们容易接受和乐于使用的一种经济评价指标。

静态投资回收期 P_t 也有不足之处,主要表现在:第一,该指标没有考虑资金的时间价值,如果作为项目或方案的取舍依据,可能会做出错误的判断;第二,该指标舍弃了投资回收期以后的现金流量情况,没有从整个项目周期出发来考虑,有一定的局限性;第三,基准投资回收期 P_c 确定问题。P_c 的确定取决于项目的寿命,而决定项目寿命的因素既有技术方面的,又有产品市场需求方面的。随着技术进步的加速,各部门各行业的项目寿命相对缩短,从而导致部门或行业的 P_c 各不相同,应及时加以调整。部分行业的基准投资回收期见表 4-2。

表 4-2　　部分行业基准投资回收期

行业	基准投资回收期/年
冶金	8.8～14.3
煤炭	8～13
有色金属	9～15
油田开采	6～8
机械	8～15
化工	9～11
纺织	10～13
建材	11～13

总之,静态投资回收期没有从项目的寿命期出发去考虑分析,也没有考虑资金的时间价值,有可能导致判断的失误;另外,由于没有公认的行业基准投资回收期,也给项目的经济评价工作带来了不明晰性。静态投资回收期不是全面衡量项目经济效益的理想指标,可以作为辅助指标与其他指标结合起来使用。

【例 4-1】 某项目的现金流量见表 4-3,试计算其静态投资回收期。若该项目的基准投资回收期为 5 年,则该项目是否可以考虑接受?

表 4-3　　　　　　　　　　【例 4-1】现金流量表　　　　　　　　　　元

年份	0	1	2	3	4	5	6	7	8
净现金流量	-6 000	-3 000	3 600	3 600	7 200	7 200	7 200	7 200	7 200
累计净现金流量	-6 000	-9 000	-5 400	-1 800	5 400	12 600	19 800	27 000	34 200

解:根据式(4-5),有

$$P_t = 4 - 1 + \frac{|-1\ 800|}{7\ 200} = 3.25(年)$$

由于该项目的静态投资回收期 $P_t = 3.25$ 年 < 5 年,所以该项目可以考虑接受。

动态投资回收期（P_t'）

(一) 动态投资回收期的定义

动态投资回收期是指在考虑资金时间价值的条件下,以项目净收益抵偿全部投资所需要的时间。该指标克服了静态投资回收期的缺陷,一般也从投资开始年算起。

（二）动态投资回收期的计算式

1.基于概念的计算式

根据动态投资回收期的定义，P'_t 的计算式为

$$\sum_{t=0}^{P'_t}(CI_t - CO_t)(1+i_c)^{-t} = \sum_{t=0}^{P'_t}NCF_t(1+i_c)^{-t} = 0 \qquad (4\text{-}9)$$

式中　CI——某年份的现金流入量，单位：元；

　　　CO——某年份的现金流出量，单位：元；

　　　NCF——某年份的净现金流量，单位：元；

　　　t——年份，单位：年；

　　　i_c——基准收益率。

2.实际计算式

实际的计算过程中，当累计净现金流量折现值等于零时，往往不是某一自然年份。这时，可根据各年净现金流量采用下式计算

$$P'_t = 累计折现值出现正值的年数 - 1 + \frac{上年累计折现值的绝对值}{当年净现金流量} \qquad (4\text{-}10)$$

3.特殊计算式

设项目投资为 I，各年净现金流量相等为 R，寿命为 t，基准收益率为 i_c，动态投资回收期可按下式计算

$$R = I \frac{i_c(1+i_c)^t}{(1+i_c)^t - 1} \qquad (4\text{-}11)$$

由式(4-11)可得

$$(1+i_c)^t = \frac{1}{1 - i_c \dfrac{I}{R}} \qquad (4\text{-}12)$$

对式(4-12)两边取对数有

$$t = -\frac{\ln(1 - i_c \dfrac{I}{R})}{\ln(1+i_c)} \qquad (4\text{-}13)$$

由式(4-13)可得动态投资回收期 P'_t 为

$$P'_t = \frac{\ln(1 - i_c \dfrac{I}{R})}{\ln(1+i_c)} \qquad (4\text{-}14)$$

【例 4-2】　求【例 4-1】的动态投资回收期，设基准收益率为 10%，并从动态投资回收期的角度考虑项目是否可行。

将表 4-4 的计算结果代入式(4-10)，可得

$$P'_t = 4 - 1 + \frac{|-3\,047.6|}{4\,917.6} \approx 3.62(年)$$

由于 $P'_t \approx 3.62$ 年 < 5 年，所以该项目可以考虑接受。

与静态投资回收期为3.25年相比较,项目的动态投资回收期要长一些。

表 4-4　　　　　　　　　　　　【例 4-2】计算表　　　　　　　　　　　　　　　元

年份	0	1	2	3	4	5	6	7	8
净现金流量	−6 000	−3 000	3 600	3 600	7 200	7 200	7 200	7 200	7 200
10%的折现系数	1	0.909 1	0.826 4	0.751 3	0.683 0	0.620 9	0.564 5	0.513 2	0.466 5
净现金流量折现值	−6 000	−2 727.3	2 975.0	2 704.7	4 917.6	4 470.5	4 064.4	3 695.0	3 358.8
累计净现金流量折现值	−6 000	−8 727.3	−5 752.3	−3 047.6	1 870.0	6 340.5	10 404.9	14 099.9	17 458.7

(三) 动态投资回收期的评价准则

将方案或项目计算得到的动态投资回收期 P_t' 与行业或投资人设定的基准投资回收期 P_c 进行比较,若 $P_t' \leqslant P_c$,可以考虑接受该项目或方案;若 $P_t' > P_c$,可以考虑拒绝该项目或方案。动态投资回收期常用于判断单一方案的可行与否,反映项目的营利能力。

(四) 动态投资回收期的特点

(1) 动态投资回收期的计算,考虑了资金的时间价值,结果较为合理。
(2) 动态投资回收期同样没有考虑投资回收期之后现金流量情况,不能反映项目在整个寿命期内的真实经济效果。

第四节　价值型评价指标

价值型评价指标是通过计算各个项目方案在整个寿命期内的价值作为判断其经济可行性及选优的基础。

净现值(NPV)

净现值(Net Present Value)指标是对投资项目进行动态评价的重要指标之一,该指标考察了项目寿命期内各年的净现金流量。

(一) 概念

所谓净现值是指把项目计算期内各年的净现金流量,按照一个给定的标准折现率(基准收益率)折算到建设期初(项目计算期第一年年初)的现值之和。净现值是考察项目在计算期内营利能力的主要动态指标。

（二）表达式及计算方法

1.基于概念的表达式

根据净现值的概念,净现值的表达式为

$$NPV = \sum_{t=0}^{n}(CI_t - CO_t)(1+i_c)^{-t}$$

$$= \sum_{t=0}^{n} CI_t(1+i_c)^{-t} - \sum_{t=0}^{n} CO_t(1+i_c)^{-t}$$

$$= \sum_{t=0}^{n} NCF_t(P/F, i_c, t) \tag{4-15}$$

式中　NPV——某方案或项目的净现值,单位:元;

　　　n——计算期$(1,2,3,\cdots,n)$;

　　　CI_t——第t年现金流入量,单位:元;

　　　CO_t——第t年现金流出量,单位:元;

　　　i_c——设定的基准收益率;

　　　$(1+i_c)^{-t}$——第t年折现系数;

　　　NCF_t——第t年净现金流量,单位:元。

2.特殊表达式

设工程项目只有初始投资I_0,以后各年具有相同的净现金流量NB,则净现值的表达式为

$$NPV = NB(P/A, i_c, n) - I_0 \tag{4-16}$$

3.净现值的计算

净现值NPV通常利用公式计算,也可以利用现金流量表逐年折现累计而求得。利用现金流量表逐年折现累计计算时,计算结果一目了然,便于检查,适用于寿命期较长而各年现金流量值不同且没有规律可循时的计算。

（三）经济含义及判别准则

1.经济含义

净现值的经济含义可以解释为:假如有一个投资项目,初始投资为1万元,其寿命期为1年,到期可获得净收益12 000元。如果设定基准收益率为10%,根据净现值的计算公式,可以求出该项目的净现值为

$$NPV = 12\,000 \times 0.909\,1 - 10\,000 \approx 909(元)$$

即投资人只要按照10%的利率筹集到资金,即使该项目再增加909元的投资,在考虑资金时间价值的前提下,项目在经济上可以做到不盈不亏。从另一个角度看,如果投资人以10%的利率筹集到10 000元的资金,项目在一年后可获得的利润为

$$12\,000 - 10\,000 \times (1+10\%) = 1\,000(元)$$

这1 000元的利润的现值恰好是909元$(1\,000 \times 0.909\,1)$,即净现值恰好等于项目在生产经营期所获得的净收益的现值。

2. 判别准则

根据式(4-15)计算出净现值后,结果有三种情况,即:$NPV>0$, $NPV=0$, $NPV<0$。在用于工程项目的经济评价时其判别准则如下:

若$NPV>0$,说明该项目或方案可行。因为这种情况说明投资方案实施后的投资收益水平不仅能够达到基准收益率水平,而且还会有盈余,即项目的营利能力超过其投资收益期望的水平。

净现值的
判断准则

若$NPV=0$,说明该项目或方案也可考虑接受。因为这种情况说明投资方案实施后的投资收益水平恰好等于基准收益率水平,即其营利能力能达到所期望的最低营利水平。

若$NPV<0$,说明该项目或方案不可行。因为这种情况说明投资方案实施后的投资收益水平达不到所期望的基准收益率水平。

【例 4-3】 某项目各年现金流量见表 4-5,已知$i_c=12\%$,试用净现值指标确定其经济可行性。

表 4-5   某项目各年现金流量   万元

年份	0	1	2～8
营业收入			3 000
投资	4 000	4 000	
经营成本			200
净现金流量	−4 000	−4 000	2 800

解:利用式(4-15)和表 4-5 中各年的净现金流量可得

$NPV = -4\,000 - 4\,000(P/F,12\%,1) + 2\,800(P/A,12\%,7)(P/F,12\%,1)$

$\quad\quad = -4\,000 - 4\,000 \times 0.892\,9 + 2\,800 \times 4.563\,8 \times 0.892\,9$

$\quad\quad \approx 3\,838.45(万元)$

计算结果表明,该投资方案除达到预定的 12% 的收益率以外,还有现值为 3 838.45 万元的余额。因此,该方案可行。

【例 4-4】 某项目第一年年初固定资产投资为 150 万元,建设期为两年,第二年年底建成并投产运行,投产时需要流动资金 30 万元,年经营成本为 60 万元。若项目每年可获得营业收入 98 万元,项目服务年限为 10 年,到时回收残值 20 万元,年利率为 10%。试计算该项目的净现值。

解:利用式(4-15)和题中已知条件可得

$NPV = -150 - 30(P/F,10\%,2) + (98-60)(P/A,10\%,10)$

$\quad\quad\quad (P/F,10\%,2) + (20+30)(P/F,10\%,12)$

$\quad\quad = -150 - 30 \times 0.826\,4 + 38 \times 6.144\,6 \times 0.826\,4 + 50 \times 0.318\,6$

$\quad\quad \approx 34.1(万元)$

【例 4-4】讲解

由于计算出的 $NPV>0$，表明该项目用其项目生产期所获得的全部收益的现值补偿了全部投资现值之后，还有 34.1 万元的现值净收益。因此，该项目的经济效益是好的，方案是可行的。

（四）基准收益率的确定

从净现值的计算公式(4-15)可以看出，一个方案或项目净现值的大小不仅取决于其本身的现金流量，还与基准收益率 i_c 有关，在现金流量一定的情况下，基准收益率越高，项目的净现值就越低。基准收益率也可称为基准折现率，是投资人以动态的观点确认的，可以接受的投资方案最低标准收益的收益水平，也代表了投资人所期望的最低的营利水平。基准收益率的确定应综合考虑以下几个因素：

1. 资金成本和机会成本

资金成本是指项目或方案为筹集和使用资金而付出的代价。主要包括资金筹集成本和资金使用成本。

资金筹集成本又称为融资费用，指资金在筹措过程中支付的各项费用，包括手续费、发行费、印刷费、公证费和担保费等。资金使用成本又称为资金占用费用，包括股利和各种利息。资金筹集成本属于一次性费用，使用资金过程中不再发生，而资金的使用成本却在资金使用过程中多次发生。

机会成本是指投资人将有限的资金用于拟建项目而放弃的其他投资机会所能获得的最好收益。

一般来说，基准收益率不应低于单位资金成本和资金的机会成本。

2. 投资风险

由于工程项目的收益在未来才可能取得，随着时间的推移，这种收益具有不确定性，相应会产生风险。为了补偿可能产生的风险损失，在确定基准收益率时要考虑一个适当的风险报酬率。风险报酬率的大小要根据未来工程项目经营风险的大小来定。一般来说，风险大的项目，风险报酬率也大。

3. 通货膨胀

通货膨胀是指由于货币的发行量超过商品流通所需的货币量而引起的货币贬值和物价上涨的现象。通常用通货膨胀率这一指标来表示通货膨胀的程度。当出现通货膨胀时，会造成工程项目在建设和经营过程中材料、设备、土地和人力资源费用等的上升，在确定基准收益率时，应考虑通货膨胀对其的影响。

综合以上分析，基准收益率的计算公式可以表示为

$$i_c = (1+r_1)(1+r_2)(1+r_3) - 1 \approx r_1 + r_2 + r_3 \tag{4-17}$$

式中　i_c——基准收益率；

　　　r_1——年单位资金成本和单位投资机会成本中较大者，$r_1 = \text{MAX}\{$单位资金成本，单位投资机会成本$\}$；

　　　r_2——年风险报酬率；

　　　r_3——年通货膨胀率。

在采用不变价格计算项目现金流量的情况下，基准收益率可表示为

$$i_c = (1+r_1)(1+r_2) - 1 \approx r_1 + r_2 \quad (4\text{-}18)$$

式(4-17)和式(4-18)近似处理的前提条件是 r_1、r_2、r_3 均为小数。

（五）计算期的确定

项目计算期 n 也影响着净现值及其他相关指标的最终计算结果。项目计算期也称项目经济寿命，是指对项目进行经济评价时应确定的项目服务年限。一般来说，项目计算期包括拟建项目的建设期和生产期两个阶段。

项目建设期是指项目从开始施工到全部建成投产所需要的时间。一个拟建项目建设期的长短和其行业性质、建设方式以及建设规模有关，应根据实际需要和施工组织设计来确定。从现金流量分析的角度看，建设期内只有现金流出，没有或很少有现金流入。另一方面，过长的计算期会推迟项目获利时间点的到来，从而影响到项目预期的投资效益。因此，在确保工程项目建设质量的前提下，应尽可能缩短建设期。

生产期指项目从建成到固定资产报废为止所经历的一段时间。项目的生产期应根据项目的性质、设备技术水平、产品技术进步及更新换代的速度综合确定。对于工业生产类项目，其生产期一般不超过 20 年，而水利、交通等项目的生产期可延长到 30 年。

（六）净现值优缺点

净现值指标的优点在于，它不仅考虑了资金时间价值，是一个动态评价指标；而且考虑了项目方案整个计算期内的现金流量情况，能够比较全面地反映方案的经济状况；此外，该指标经济意义明确，能够直接以货币额表示项目的净收益。

该指标的缺点在于，首先必须确定一个较合理的基准收益率，实际的操作中，基准收益率的确定是非常困难的；另外，基准收益率只能表明项目方案的营利能力超过、达到或未达到要求的收益水平，而实际的营利能力究竟比基准收益率高多少或低多少，则反映不出来，不能真实反映项目方案投资中单位资金的效率。

（七）净现值适用范围

净现值可用于独立方案的评价及可行与否的判断，当 $NPV \geq 0$ 时，项目方案可行，可以考虑接受；当 $NPV < 0$ 时，项目方案不可行，应予以拒绝。此外，净现值还用于多方案的比较和选优，通常以净现值大的为优。

二、净年值（NAV）

（一）概念及表达式

净年值(Net Annual Value)也称净年金，该指标是通过资金时间价值的计算将项目方案的净现值换算为计算期内各年的等额年金，是考察项目投资营利能力的指标。

净年值的表达式为

$$NAV = \sum_{t=0}^{n}(CI_t - CO_t)(1+i_c)^{-t}(A/P, i_c, n) = NPV(A/P, i_c, n) \quad (4-19)$$

（二）判别准则

由 NAV 的表达式(4-19)可以看出，NAV 实际上是 NPV 的等价指标，也即在对于单个投资项目来说，用净年值指标进行评价和用净现值指标进行评价，其结论是相同的。其评价准则是：

当 $NAV \geqslant 0$ 时，项目方案可以考虑接受；

当 $NAV < 0$ 时，项目方案不可行。

（三）适用范围

净年值指标主要用于寿命期不同的多方案比选中。

需要指出的是，用净年值指标评价工程项目投资方案的经济可行与否的结论与净现值指标是一致的。但是，这两个指标所给出的信息的经济含义是不同的。净现值给出的信息是项目在整个寿命期内所获得的超出最低期望营利的超额收益现值；净年值给出的信息是项目在整个寿命期内每年的等额超额收益。

【例 4-5】 题意同【例 4-4】，试用净年值判断其可行性。

解：利用式(4-19)和题中已知条件可得

$NAV = -150(A/P, 10\%, 12) - 30(P/F, 10\%, 2)(A/P, 10\%, 12) +$
$\qquad (98-60)(P/A, 10\%, 10)(P/F, 10\%, 2)(A/P, 10\%, 12) +$
$\qquad (20+30)(P/F, 10\%, 12)(A/P, 10\%, 12)$

$= -150 \times 0.1468 - 30 \times 0.8264 \times 0.1468 + 38 \times 6.1446 \times 0.8264 \times$
$\qquad 0.1468 + 50 \times 0.3186 \times 0.1468$

$\approx -22.02 - 3.64 + 28.33 + 2.34$

$\approx 5.01 (万元)$

由于计算出的 $NAV > 0$，表明该项目方案用其生产期所获得的全部收益的现值补偿了全部投资现值之后，每年还会有 5.01 万元的超额收益。因此，该项目的经济效益是好的，方案是可行的。

第五节 效率型评价指标

效率型评价指标是反映工程项目投资效率的高低，且以比率的形式体现的一类经济评价指标。

一 内部收益率（IRR）

（一）概念

内部收益率是净现值为零时的折现率，即在该折现率水平下，项目方案的现金流出量的现值等于现金流入量的现值。该指标同净现值一样是被广泛应用的项目方案经济评价指标。由于它所反映的是项目投资所能达到的收益率水平，其大小完全取决于方案本身，因而被称为内部收益率。

内部收益率的经济含义

依据工程项目经济评价的层次不同，内部收益率又分别称为用于财务评价的财务内部收益率和用于费用效益分析的经济内部收益率。本部分的分析是围绕项目方案现金流量展开的，为不失一般性，用 IRR 表示内部收益率。

（二）表达式

根据内部收益率的概念，内部收益率的表达式可以写为

$$\sum_{t=0}^{n}(CI_t - CO_t)(1+IRR)^{-t}=0 \qquad (4-20)$$

从经济意义上讲，内部收益率 IRR 的取值范围应是 $-1 < IRR < \infty$，大多数情况下的取值范围是 $0 < IRR < \infty$。

（三）计算方式

由式（4-20）可知，求解内部收益率是解以折现率为未知数的多项高次代数方程。如果各年的净现金流量不等，且计算期 n 较长时，求解 IRR 更是烦琐，有时甚至难以实现。一般情况下，可采用线性内插法求解 IRR 的近似值。

如图 4-1 所示为净现值 NPV 随折现率 i 变化的示意图，ACi_0DB 为净现值函数曲线。由于 i_0 对应的净现值 NPV 为 0，所以 i_0 就是所求的 IRR。由于实际求 i_0 也困难，可以用直线 CD 代替曲线 CD，这样可以较方便地找到 i'，以 i' 近似代替 i_0，具体步骤为

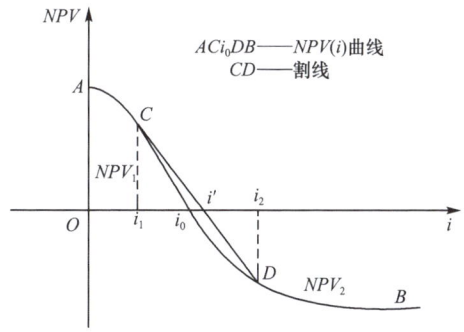

图 4-1 线性内插法求解 IRR 的示意图

（1）列出项目方案的净现值表达式；
（2）选择一个适当的折现率 i_1 代入净现值计算公式，使得 $NPV_1 > 0$；

(3) 再选择一个适当的折现率 i_2 代入净现值计算公式，使得 $NPV_2<0$；

(4) 重复(2)(3)，要求 i_1 与 i_2 相差不超过 2%；

(5) 代入如下公式，就可求出项目方案的内部收益率。

$$IRR = i_1 + \frac{NPV_1}{NPV_1 + |NPV_2|}(i_2 - i_1) \quad (4-21)$$

式中　i_1——试算用的较低的折现率；

　　　i_2——试算用的较高的折现率；

　　　NPV_1——用 i_1 计算的净现值（正值）；

　　　NPV_2——用 i_2 计算的净现值（负值）。

【例 4-6】 表 4-6 所表示的是某项目方案的净现金流量，求其内部收益率。

表 4-6　　　　　某项目方案的净现金流量　　　　　万元

年份	0	1	2	3	4	5
净现金流量	−100	20	30	20	40	40

解：根据式(4-21)得

$$NPV_1(i_1 = 13\%) = \sum_{t=0}^{5} NCF_t(1+0.13)^{-t} \approx 1.29 (万元)$$

$$NPV_2(i_2 = 15\%) = \sum_{t=0}^{5} NCF_t(1+0.15)^{-t} \approx -4.02 (万元)$$

$$IRR = 13\% + \frac{1.29}{1.29 + |-4.02|} \times (15\% - 13\%) \approx 13.49\%$$

所以，该项目方案的内部收益率为 13.49%。

（四）判别准则

计算得到的 IRR 与项目的基准收益率 i_c 比较：(1) $IRR \geq i_c$，表明项目的收益率已超过或达到设定的基准收益率水平，项目方案可以考虑接受；(2) $IRR < i_c$，表明项目的收益率未达到设定的基准收益率水平，项目应予以拒绝。

（五）内部收益率的经济含义

内部收益率的经济含义在于项目方案计算期内，如按 $i = IRR$ 计算各年的净现金流量时，会始终存在着未能收回的投资；只有在项目方案寿命终了时，投资恰好被完全收回。因此，内部收益率是建设项目寿命期内没有收回投资的收益率。

下面通过表 4-7 的具体实例加以说明。

表 4-7　　　　　某项目方案净现金流量　　　　　万元

年份	0	1	2	3	4	5
净现金流量	−2 000	300	500	500	500	1 200

对于表 4-7 的净现金流量，我们来求其内部收益率 IRR。

$i_1 = 12\%$ 时，$NPV_1 = 21.02$ 万元

$i_2=14\%$ 时，$NPV_2=-95.34$ 万元

根据式(4-21)，$IRR=12\%+\dfrac{21.02}{21.02+|-95.34|}\times(14\%-12\%)\approx 12.36\%$

可知，该项目方案的内部收益率为 12.36%。

如果按照 12.36% 的增值率进行增值，则项目全部投资回收过程见表 4-8。

表 4-8　　　　　　　　　　全部投资回收的现金流量分析　　　　　　　　　　万元

年份①	年初未回收的投资②	年初未回收投资到年末的余额③=②×(1+12.36%)	可用于回收投资的资金④	年末未回收的投资⑤=③-④
1	2 000	2 247	300	1 947
2	1 947	2 187	500	1 687
3	1 687	1 896	500	1 396
4	1 396	1 568	500	1 068
5	1 068	1 200	1 200	0

从表 4-8 的计算可以看出，以内部收益率作为投资增值的利率，在项目终了时，以每年的净收益恰好把投资全部收回。也就是说，在项目方案整个寿命期内，项目始终处于偿还未被收回投资的状态。因此，内部收益率是项目对初始投资的偿还能力或项目对贷款利率的最大承担能力。其值越高，一般情况下方案的投资营利能力越高。由于内部收益率不是用来计算初期投资的收益的，所以，不能使用内部收益率直接比较多个项目的优劣顺序。

（六）内部收益率的多解讨论

可以把内部收益率的表达式看作一元 n 次方程。若令 $(1+IRR)^{-1}=X$，$F_t=(CI_t-CO_t)$，则

$$F_0+F_1X^1+F_2X^2+\cdots+F_nX^n=0 \tag{4-22}$$

式(4-22)应该有 n 个解（包括复数根和重根）。由于负数根无经济意义，只有正实数根才有可能是项目的内部收益率，而方程正实数根的个数可能不止一个。

n 次方程正实数根的个数可以用笛卡尔符号规则来判断，即正实数根的个数不会超过项目净现金流量序列 F_0、F_1、F_2、$\cdots$、F_n 的正负号变化的次数（0 可视为无符号）。如果少的话，则少偶数个。也就是说，在 $-1<IRR<\infty$ 的区域内，若项目净现金流量 $(CI_t-CO_t)(t=0,1,2,\cdots,n)$ 的正负号仅变化一次，方程有唯一解，该解就是内部收益率；若项目净现金流量的正负号变化多次，则方程有多个正实数解，应通过检验确定是否存在内部收益率。具体以表 4-9 的四个方案的净现金流量来加以讨论。

表 4-9　　　　　　　　　　四个方案的净现金流量　　　　　　　　　　万元

年份	0	1	2	3	4	5
方案 1	-2 000	300	500	500	500	1 200
方案 2	-1 000	-500	-500	500	0	2 000
方案 3	-100	60	50	-200	150	100
方案 4	-100	470	-720	360	0	0

表 4-9 中，方案 1 的净现金流量序列的正负号变化一次，有一个正实数根就是内部收益率，前面分析过，$IRR=12.4\%$；方案 2 净现金流量序列的正负号变化一次，只有一个正实数根，$IRR=6\%$；方案 3 净现金流量序列的正负号变化三次，故最多有三个正实数根，能使净现值方程等于 0 成立的有三个解 0.1297、−2.3、−1.4238，经检验 0.1297 符合内部收益率的经济含义，是该项目的内部收益率；方案 4 净现金流量序列的正负号变化三次，使净现值方程等于 0 成立的有三个解 0.2、0.5、1.0，经检验均不符合内部收益率的经济含义，所以该项目没有内部收益率。

从现金流量的角度来说，大多数项目都是在建设期集中投资，现金流入量小于现金流出量，甚至可能在投产初期也出现净现金流量为负值的现象。但进入正常生产期或达到设计规模后就可能出现现金流入量大于现金流出量的情况，此时净现金流量为正值。因而，正常情况下，在整个计算期内净现金流量序列的符号从负值到正值只改变一次。

如果在计算期内项目的净现金流量序列的符号只变化一次，这类项目称为常规项目。大多数投资项目为常规项目。对常规项目而言，由于净现金流量符号只变化一次，则内部收益率方程的正实数根是唯一的，此解就是该项目的内部收益率。

如果在计算期内项目的净现金流量序列的符号变化多次，则此类项目称为非常规项目。例如在生产期大量追加投资，或者某些年份集中偿还债务，或者经营费用支出过多等，都有可能导致净现金流量序列的符号正负多次变化，构成非常规项目。根据笛卡尔符号规则，非常规项目内部收益率方程的解显然不止一个。对其中的正实数根需要按照内部收益率的经济含义进行检验，即以这些根作为营利率，看在项目的寿命期内是否存在未被收回的投资，或只有在项目终了时投资才能全部被收回。如果所有的正实数根都不能满足内部收益率的经济含义，则它们都不是项目的内部收益率。对这类工程项目，可以认为内部收益率这一评价指标已经失效，不能用它来进行项目的经济评价和选择。

（七）内部收益率的特点

内部收益率这一指标的优点有：

（1）内部收益率这一指标比较直观，概念清晰、明确，可以直接表明项目投资的营利能力和资金的使用效率；

（2）内部收益率是由内部决定，即其是由项目现金流量本身的特征决定的，不是由外部决定的。相对于净现值、净年值等指标需要事先设定一个基准收益率才能进行计算和比较来说，操作起来困难较小，容易决策。

内部收益率也存在一些缺点：

（1）内部收益率计算烦琐，对于非常规项目来说，还存在着多解和无解的问题，分析、判断和检验比较复杂；

（2）内部收益率虽然能够明确表示出项目投资的营利能力，但实际上内部收益率的过高或过低往往会失去实际意义；

（3）内部收益率适用于单一方案或独立方案的经济评价或可行性判断，不能直接用于多方案的比较和选优。

净现值率（NPVR）

（一）净现值率概念

净现值率又称净现值指数，是指项目方案的净现值与项目全部投资现值的比，一般用 NPVR 表示。

净现值率是在净现值的基础上发展起来的。由于净现值指标仅反映一个项目所获净收益现值的绝对量大小，不直接考虑项目投资额的大小，为考察项目方案投资的使用效率，常用净现值率作为净现值指标的辅助评价指标。净现值率的经济含义是单位投资现值所能带来的净现值的大小。

（二）净现值率表达式

净现值率表达式为

$$NPVR = \frac{NPV}{I_p} = \frac{\sum_{t=0}^{n}(CI_t - CO_t)(1+i_c)^{-t}}{\sum_{t=0}^{n}I_t(1+i_c)^{-t}} \tag{4-23}$$

式中　I_t——第 t 年的投资；

I_p——全部投资的现值。

（三）净现值率判别标准

若 $NPVR \geqslant 0$，则项目方案在经济上是可以考虑接受的，反之则不行。用净现值率进行方案比较时，净现值率大的方案为优。

用净现值率指标和净现值指标进行单方案的可行性比较时所得的结论是一致的，但是，进行多方案的比较或进行项目方案的排队时，这两个指标的评价结论会出现相互矛盾的情况。

【例 4-7】　求【例 4-3】中项目方案的净现值率，并判断其可行性。

解：已知该项目方案的净现值 $NPV = 3\,838.45$ 万元，则

$$NPVR = \frac{3\,838.45}{4\,000 + 4\,000(1+12\%)^{-1}} \approx 0.51$$

由于 $NPVR > 0$，则该项目在经济上是可以考虑接受的。

 投资收益率（R）

（一）投资收益率的概念

投资收益率是指项目投资方案达到设计生产能力后一个正常年份的年净收益与方案的投资总额的比率，一般用 R 表示。投资收益率表明投资方案在正常生产年份中，单

位投资每年所创造的年净收益额。如果生产期内各年的净收益额变化幅度较大,可计算生产期内年平均净收益与投资总额的比率。投资收益率是衡量投资方案获利水平的静态评价指标。

(二) 投资收益率的表达式与评价准则

投资收益率的计算公式为

$$R = \frac{A}{I} \times 100\% \tag{4-24}$$

式中 A——项目投资方案达到设计生产能力后一个正常年份的年净收益或年平均收益;

I——项目投资总额。

投资收益率的决策准则为投资收益率 R 大于或等于行业平均基准收益率。满足该条件,项目可行;否则,该项目应该被否定。

(三) 投资收益率的特点

投资收益率是考察项目单位投资营利能力的静态指标。该指标的优点在于简单、直观地反映项目单位投资的营利能力。该指标的不足之处在于没有考虑资金的时间价值,是一种静态的评价方法。

(四) 投资收益率的一些应用指标

在投资收益率的实际计算中,经常应用到以下一些指标:

1. 总投资收益率 (R_z)

总投资收益率表示总投资的营利水平,是指项目达到设计生产能力后正常生产年份的年息税前利润或生产期年平均息税前利润与项目总投资的比率。其计算公式为

$$R_z = \frac{EBIT}{I} \times 100\% \tag{4-25}$$

式中,$EBIT$ 为项目正常生产年份的年息税前利润或生产期年平均息税前利润;其中

年息税前利润=年营业收入-营业税金及附加-息税前总成本

息税前总成本=年经营成本+年固定资产折旧+无形资产摊销费+维简费

2. 投资利润率 (R_L)

投资利润率是项目达到正常生产年份的利润总额或生产期年平均利润总额与项目总投资的比率。其计算公式为

$$R_L = \frac{NP}{I} \tag{4-26}$$

式中 NP——项目正常生产年份的利润总额或生产期年平均利润总额。

3. 资本金利润率 (R_E)

资本金利润率是指项目达到生产能力后正常生产年份的利润总额或生产期年平均利润总额与项目资本金的比率。资本金利润率是反映项目资本金营利能力的重要指标。

$$R_E = \frac{NP}{EC} \times 100\% \quad (4-27)$$

式中 EC——项目资本金。

4.投资利税率（R_s）

投资利税率是指项目达到生产能力后的一个正常生产年份的利润和税金总额或项目生产期内的平均利税总额与总投资的比率。其计算公式为

$$R_s = \frac{TP}{I} \times 100\% \quad (4-28)$$

式中 TP 为项目正常生产年份的利润和税金总额或项目生产期内的平均利税总额,其中

$$TP = 年营业收入 - 年总成本费用$$

投资利税率数值越大,说明项目为社会提供的利润和向国家缴纳的税金越多。投资利税率要和同行业其他企业的平均投资利税率作比较,以判断项目的营利水平。

第六节 清偿能力指标

一、借款偿还期（P_d）

（一）借款偿还期的概念

借款偿还期是指根据国家财政规定及投资项目的具体财务条件,以项目可作为偿还贷款的项目收益（利润、折旧费、摊销费及其他收益）来偿还项目投资借款本金和建设期利息所需要的时间,是反映项目借款偿债能力的重要指标。

（二）借款偿还期的计算公式

借款偿还期的计算公式为

$$I_d = \sum_{t=1}^{P_d} (R_p + D + R_o - R_r)_t \quad (4-29)$$

式中 P_d——借款偿还期（从借款开始年计算）；

I_d——投资借款本金和利息之和（不包括已用自有资金支付的部分）；

R_p——第 t 年可用于还款的利润；

D——第 t 年可用于还款的折旧费和摊销费；

R_o——第 t 年可用于还款的其他收益；

R_r——第 t 年企业留利。

（三）借款偿还期的实际应用公式

实际计算中,借款偿还期可直接根据资金来源与运用表或借款还本付息计算表推

算,其具体推算公式如下:

$$P_d = 借款偿还后开始出现盈余年份 - 开始借款年份 + \frac{当年应偿还借款额}{当年可用于还款的资金额}$$

(4-30)

(四)借款偿还期评价准则

计算出借款偿还期后,要与贷款机构的要求期限进行对比,等于或小于贷款机构提出的要求期限,即认为项目是有清偿能力的,否则,认为项目没有清偿能力。从清偿能力角度考虑,则认为项目是不可行的。

借款偿还期指标适用于那些计算最大偿还能力,尽快还款的项目,不适用于那些预先给定借款偿还期的项目。对于预先给定借款偿还期的项目,应采用利息备付率和偿债备付率指标分析项目的偿债能力。

利息备付率(ICR)

(一)利息备付率的概念

利息备付率(ICR)是指在借款偿还期内的息税前利润($EBIT$)与应付利息(PI)的比值,它从付息资金来源的充裕性角度反映项目偿付债务利息的保障程度。

(二)利息备付率的计算公式

利息备付率的计算公式为

$$ICR = \frac{EBIT}{PI}$$

(4-31)

式中　PI——计入总成本费用的应付利息。

(三)利息备付率的评价准则

利息备付率从付息资金来源的充裕性角度反映项目偿付债务利息的能力,它表示使用项目息税前利润支付利息的保证倍率。对于正常经营项目,利息备付率应当大于2,否则,表示项目的付息能力不足。尤其是当利息备付率低于1时,表示项目没有足够的资金支付利息,偿债风险很大。

偿债备付率($DSCR$)

(一)偿债备付率的概念

偿债备付率($DSCR$)是指项目在借款偿还期内,用于计算还本付息的资金($EBITDA - TAX$)与应还本付息金额(PD)的比值,它表示可用于还本付息的资金偿还借款本息的保障程度。

(二) 偿债备付率的计算公式

偿债备付率的计算公式为

$$DSCR = \frac{EBITDA - TAX}{PD} \tag{4-32}$$

式中　$EBITDA$——息税前利润加折旧费和摊销费。
　　　TAX——企业所得税。
　　　PD——应还本付息金额,包括还本金额和计入总成本费用的全部利息。融资租赁费用可视同借款偿还。运营期内的短期借款本息也应纳入计算。

如果项目在运行期内有维持运营的投资,可用于还本付息的资金应扣除维持运营的投资。

(三) 偿债备付率的评价准则

偿债备付率表示可用于还本付息的资金偿还借款本息的保证倍数,偿债备付率越高,表示可用于还本付息的资金保障程度越高。正常情况下,偿债备付率应当大于1,且越高越好。偿债备付率低,说明还本付息的资金不足,偿债风险大。当指标值小于1时,表示当年资金来源不足以偿还当期债务,需要通过短期借款偿付已到期的债务。

四 资产负债率 (LOAR)

(一) 资产负债率的概念

资产负债率($LOAR$)是指各期末负债总额(TL)同资产总额(TA)的比率,是反映企业各个时期面临的财务风险程度及偿债能力的指标。

(二) 资产负债率的计算公式

资产负债率应按下式计算

$$LOAR = \frac{TL}{TA} \times 100\% \tag{4-33}$$

式中　TL——期末负债总额;
　　　TA——期末资产总额。

(三) 资产负债率的评价准则

适度的资产负债率,表明企业经营安全、稳健,具有较强的筹资能力,也表明企业和债权人的风险较小。资产负债率到底多少比较合适,没有绝对的标准,一般认为该指标在0.5~0.8是合适的。从营利性角度出发,权益的所有者希望保持较高的债务-资本比,以此赋予权益资金较高的杠杆力(即用较少的权益资金来控制整个项目)。另一方面,资产负债率越高,项目的风险也越大,因为权益资金投资的大部分形成土地使用权、房屋和机械设备,变现较为困难,除非企业宣布破产。因此,银行和债权人一般不愿意贷款给权益资金出资额低于总投资 50% 的项目。

五、流动比率

(一) 流动比率的概念

流动比率是反映项目偿还短期债务能力的指标。

(二) 流动比率的计算公式

流动比率的计算公式为

$$流动比率 = \frac{流动资产总额}{流动负债总额} \times 100\% \qquad (4\text{-}34)$$

式中,流动资产指可以在一年或超过一年的一个营业周期变现或耗用的资产,包括货币资金、短期投资、待摊费用、存货、应收账款、预付资金等。流动负债包括短期借款、应付账款、应缴纳税金、一年内到期的长期借款等。

(三) 流动比率的评价准则

流动比率越高,单位流动负债将有更多的流动资产作保障,短期偿债能力就越强。但比率过高,说明项目流动资产利用效率低;比率过低,不利于项目获得贷款。一般认为,流动比率为 2 较合适。

六、速动比率

(一) 速动比率的概念

速动比率是指项目在很短的时间内偿还短期债务的能力。

(二) 速动比率的计算公式

速动比率的计算公式为

$$速动比率 = \frac{速动资产总额}{流动负债总额} \times 100\% = \frac{流动资产 - 存货}{流动负债总额} \times 100\% \qquad (4\text{-}35)$$

(三) 速动比率的评价准则

在流动资产中,现金、应收账款等是变现最快的部分。速动比率越高,短期偿债能力越强。同样,速动比率过高也会影响资产利用的效率,进而影响项目经济效益。一般认为,速动比率为 1 左右比较合适。

第七节　运用 Excel 计算评价指标

在 Excel 中有对工程项目经济评价指标计算非常有用的财务分析函数。这些函数可以帮助计算相关的工程项目经济评价指标,而不必构造长而复杂的公式。

用 Excel 求净现值

在 Excel 中有净现值函数(NPV),可以直接用来求解基于一系列未来净现金流量和折现率的某一投资项目的净现值。

NPV 函数的格式为:NPV(rate,value1,value2,…,value29)。其中 rate 代表利率或折现率;value1,value2,…,value29 代表不同年份的净现金流量。

应该注意的是,NPV 函数假定前几期的现金流量为负,如果投资在第 0 年发生,那么就不应该把投资作为函数的 value 参数之一,而应该从该函数的计算结果中减去预先支付的投资额。

【例 4-8】　题意同【例 4-3】,用 Excel 求解净现值($i_c=12\%$)。

解:方法一,直接在 Excel 某单元格中输入:

"=NPV(12%,-4 000,2 800,2 800,2 800,2 800,2 800,2 800,2 800)-4 000"

运算单元格后得到结果:3837.96(注意由于计算精度的问题,本题计算结果与【例 4-3】稍有差别)。

方法二,可以直接运用 Excel 的内置函数,如图 4-2 所示,得到的计算结果与方法一相同。

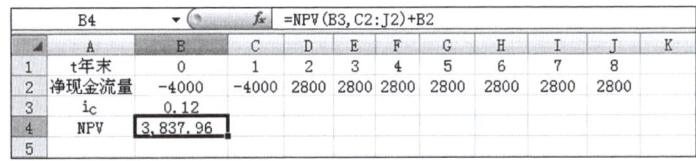

图 4-2　用 Excel 求净现值

用 Excel 求净年值

用 Excel 求净年值 NAV,可以先计算得到净现值,再用 PMT 函数来计算。

PMT 函数的格式为:PMT(rate,nper,pv,fv,type)。其中 nper 代表计算期;pv 代表现值;fv 代表终值;type 代表数字 0 或 1,即 1 为期初,0(或省略)为期末,用以指定各期的付款时间是在期初还是期末,如果省略 type,则假定其值为零。

【例 4-9】 某工程项目的净现金流量见表 4-10，求其净年值（i_c＝15％），并判断项目的可行性。

表 4-10　　某工程项目的净现金流量　　万元

t 年末	0	1	2	3	4	5～12
净现金流量	－40	－80	－80	34	44	64

解：方法一，直接在 Excel 某单元格中输入：

“＝PMT(15％，12，－(NPV(15％，－80，－80，34，44，64，64，64，64，64，64，64，64)－40))”

运算单元格后得到结果：7.68 万元。该项目可行。

方法二，可以直接运用 Excel 的内置函数，如图 4-3 所示，得到的结果与方法一相同。

B5　=PMT(B3,N1,-B4)

	A	B	C	D	E	F	G	H	I	J	K	L	M	N	O
1	t年末	0	1	2	3	4	5	6	7	8	9	10	11	12	
2	净现金流量	-40	-80	-80	34	44	64	64	64	64	64	64	64	64	
3	ic	0.15													
4	NPV	41.66													
5	NAV	7.68													
6															
7															

图 4-3　用 Excel 求净年值

三、用 Excel 求内部收益率

Excel 中有求内部收益率的函数 *IRR*，直接用其求解 *IRR* 将会大大提高计算的精度和效率。

IRR 函数的格式为：IRR(values，guess)。其中 values 参数是一个数组或含有数值的单元格的引用，应至少含有一个正数或一个负数；guess 参数是可选的，为制定的计算起始点。

【例 4-10】 题意同【例 4-6】，求其内部收益率。

解：方法一，直接在 Excel 某单元格中输入：

“＝IRR({－100，20，30，20，40，40})”

运算单元格后得到结果：13.47％。

方法二，直接运用 Excel 的内置函数，如图 4-4 所示，得到的计算结果与方法一相同。

B3　=IRR(B2:G2)

	A	B	C	D	E	F	G	H
1	t年末	0	1	2	3	4	5	
2	净现金流量	-100	20	30	20	40	40	
3	IRR	13.47%						
4								

图 4-4　用 Excel 求解内部收益率

本章小结

本章介绍了工程项目经济评价的指标体系及常用指标,较系统地分析了常用的时间型评价指标、价值型评价指标、效率型评价指标的概念、计算公式、经济意义、评价标准等,对常见的偿债能力指标也作了简要的介绍。时间型评价指标反映了项目的投资回收时间,结合该时间段内其他影响现金流量的因素,可用于风险的控制和评价。价值型评价指标可以反映该项目的投资价值。效率型评价指标反映了该项目的营利能力。这些指标的应用对工程项目的评价与决策有着重要的意义。通过 Excel 计算评价指标,可以提高项目经济评价的效率。

本章习题

一、名词解释

经济效益　投资回收期　静态投资回收期　动态投资回收期　净现值　净年值　内部收益率　投资收益率　利息备付率　偿债备付率　资产负债率

二、简答题

1. 如何正确理解经济效益的概念。
2. 请从不同的角度对经济效益进行分类。
3. 试分析静态投资回收期的特点。
4. 静态投资回收期和动态投资回收期有何区别?
5. 净现值和净现值率的经济含义有何区别?
6. 试分析基准收益率的变化对净现值的影响。
7. 内部收益率的经济含义是什么?
8. 流动比率和速动比率有何区别?
9. 试总结工程项目经济评价中静态指标和动态指标各有哪些?

三、单项选择题

1. 下列评价指标中,属于动态指标的是(　　)。
   A. 投资利润率　　B. 投资利税率　　C. 内部收益率　　D. 平均报酬率
2. 若某项目净现值为零,则表明该项目(　　)。
   A. 盈亏平衡　　B. 利润为零　　C. 营利能力刚好达到设定的收益率水平
   D. 营利能力为行业的最低水平
3. NPV 与基准收益率的关系表现为(　　)。
   A. 基准收益率增大,NPV 相应增大
   B. 基准收益率减小,NPV 相应增大
   C. 基准收益率的大小与 NPV 无关
   D. 基准收益率减小,NPV 相应减小
4. 下列关于内部收益率的表述中,不正确的是(　　)。
   A. 内部收益率是使净现值为零的收益率

B.内部收益率是该项目能够达到的最大收益率
C.内部收益率是允许借入资金利率的最低值
D.内部收益率小于基准收益率时,应该拒绝该项目

5.在经济评价中,一个项目内部收益率的决策准则为(　　)。
A. IRR 低于基准收益率　B. $IRR<0$
C. IRR 大于或等于基准收益率　D. $IRR>0$

6.若项目的 $NPV(18\%)>0$,则必有(　　)。
A. $NPV(20\%)>0$　B. $IRR>18\%$
C.动态投资回收期 $=n$　D. $NPVR(18\%)>1$

7.下列属于投资方案静态评价指标的是(　　)。
A.总投资收益率　B.内部收益率
C.净现值率　D.经济内部收益率

8.对于一个确定的项目来说,若基准折现率变大,则(　　)。
A.净现值与内部收益率均减小　　　B.净现值与内部收益率均增大
C.净现值减小,内部收益率增大　　D.净现值减小,内部收益率不变

9.用线性内插法求解的内部收益率的精确解与近似解之间的关系是(　　)。
A.精确解大于近似解　　　　　　　B.精确解小于近似解
C.精确解等于近似解　　　　　　　D.不确定

10.偿债备付率是指项目在借款偿还期内各年(　　)的比值。
A.可用于还本付息的资金与当期应还本付息金额
B.可用于还款的利润与当期应还本付息金额
C.可用于还本付息的资金与全部应还本付息金额
D.可用于还款的利润与全部应还本付息金额

四、计算题

1.某方案净现金流量表见表 4-11,若基准收益率为 8%,求静态投资回收期、动态投资回收期、净现值和内部收益率。

表 4-11　　　　　　　某方案净现金流量表　　　　　　　万元

年末	1	2	3	4～7	8	9	10
净现金流量	−15 000	−2 500	−2 500	4 000	5 000	6 000	7 000

2.某工程项目投资为一次性完成,各年的净收益均相等,若静态投资回收期为 4 年,基准收益率为 10%。求其动态投资回收期。

3.某方案初始投资为 180 万元,年营业收入为 150 万元,寿命为 6 年,残值为 15 万元,年经营费用为 75 万元。试求该方案的内部收益率。

4.若建一个仓库需要 80 000 元,一旦拆除,即毫无价值,假定仓库每年净收益为 14 000 元。(1)若该仓库使用寿命为 8 年,求其内部收益率。(2)若希望得到 10% 的收益率,则该仓库至少使用多少年才值得投资?

5.某设备有两种不同的型号,有关数据见表 4-12,若要求的基准收益率为 10%,试分析应该选择哪种设备。

表 4-12　　　　　　　　　　两种设备的有关数据　　　　　　　　　　　　　元

设备	初始投资	年营业收入	年经营费用	残值	寿命期/年
A	120 000	70 000	6 000	20 000	10
B	90 000	70 000	8 500	10 000	8

6.某拟建项目计划第一年初投资 1 000 万元,第二年初投资 2 000 万元,第三年初投资 1 500 万元,从第三年起连续八年每年可获得净现金流量 1 450 万元,期末残值忽略不计。若投资人希望的基准收益率为 12%,试判断该项目是否可行。

7.某工程项目初期投资 150 万元,年营业收入 90 万元,年折旧费用 20 万元,计算期为 6 年,年经营成本为 50 万元,所得税税率为 25%,不考虑固定资产残值。试计算该工程项目的内部收益率。

第五章
工程项目多方案的经济评价

学习内容

互斥型方案经济评价的方法及其应用;独立型方案经济评价的方法及其应用;混合型方案经济评价的方法;互补型方案、现金流量相关型方案经济评价的方法。

学习目标

1.知识目标
(1)掌握工程项目方案类型划分标准;
(2)掌握互斥型方案比选的原则以及评价步骤;
(3)掌握寿命不等、相等的互斥型方案经济评价方法;
(4)掌握资金受限制、不受限制的独立型方案经济评价方法;
(5)熟悉混合相关型方案经济评价方法;
(6)熟悉现金流量相关型方案经济评价方法;
(7)了解互补型方案经济评价方法。

2.能力目标
(1)能够运用增量内部收益率、增量投资回收期、增量投资收益率等增量指标进行互斥型方案的经济评价;
(2)能够运用净现值、费用现值、费用年值等指标进行互斥型方案的经济评价;
(3)能够运用年值法、最小公倍数法等指标进行寿命不等的互斥型方案的经济评价;
(4)能够运用互斥方案组合法、净现值率排序法进行资金受限制的独立型方案的经济评价。

第五章 工程项目多方案的经济评价

> **案例导入**
>
> 某集团公司下属 A、B、C 三个分公司,在进行年度项目建设论证时,每个分公司都提出了三个项目方案建议,而总公司规定每个分公司最多可建设一个项目。试问如何站在集团公司的立场进行决策?
>
> 思考:1.站在集团公司的立场,应搞清楚每个分公司内部方案之间的关系,分公司之间方案的关系。
>
> 2.集团公司的年度投资总额对决策结果也会有影响。
>
> 进一步分析:对于多个投资项目方案比选或选优的问题,需要明确方案之间的关系类型。不同的方案类型,所采用的经济评价指标也是不同的。工程项目方案类型关系的确定、不同方案类型经济评价方法的建立及其应用是本章学习的主要内容。

第一节 工程项目方案类型

前面第四章介绍了工程项目经济评价的指标。对于单一方案而言,通过计算不同的经济评价指标,依据各个指标的评价标准,就可判断该方案的经济可行性,从而决定方案的取舍。但在工程项目的决策过程中,为保证项目最终效益的实现,都应从技术和经济相结合的角度进行多方案分析论证,根据经济评价的结果结合其他因素进行决策。可以认为,工程项目投资决策的过程就是多方案评价和择优的过程。因此,只有对多方案进行评价,才能决策出技术上先进,经济上合理,社会效益最大化的最优方案。

多方案经济评价方法的选择与项目方案的类型(即项目方案之间的相互关系)有关。按照方案之间经济关系的类型,多方案可以划分成以下几种类型:

(一) 互斥型方案

互斥型方案是指在一组方案中,选择其中一个方案,则排除了接受其他方案的可能性,也称为互斥多方案或互斥方案。也就是说在互斥型方案中只能选择一个方案,其余方案必须放弃,方案之间的关系具有相互排斥的性质。互斥型方案是工程实践中最常见到的。如一栋楼房层数的选择、一座水库坝高的选择、一座建筑物结构类型的选择、一个工程主体结构施工工艺的确定等。这类决策问题常常面对的就是互斥方案的选择。

(二) 独立型方案

独立型方案是指在一组备选方案中,任一方案的采用与否都不影响其他方案的取舍。即在独立型方案中,各方案之间现金流量独立,互不干扰,方案之间不具有相关性,采纳一个方案并不要求放弃另外的方案。如一个区域为实现社会经济的发展,要建设交通运输项目、资源开发项目、环境保护项目、高新技术产业项目等,在项目功能不存在矛盾的前提下,这些项目可视为独立项目。可以认为单一方案是独立型方案的特例。

(三) 混合型方案

混合型方案是指项目组中存在着两个层次,高层次由一组独立型方案构成,每一个独立型方案又包括若干个互斥型方案,总体上称之为混合型方案。如某集团公司有三个投资项目 A、B、C,A 是工业生产类项目,有 A_1、A_2、A_3 三个生产方案;B 是一个房地产开发项目,有 B_1、B_2、B_3 三种不同用途的开发方案;C 是一个高速公路项目,有 C_1、C_2 两个建设方案。对该集团公司来说,A、B、C 三个投资项目是相互独立的,即在资金允许的情况下,三个项目可以同时投资,或者可以投资其中的一个或两个项目。但对于 A 项目只能采取其中的一个生产方案,A_1、A_2、A_3 三个生产方案是互斥的;对于 B 项目只能开发一种用途的房地产项目,B_1、B_2、B_3 三种用途的房地产开发项目方案是互斥的;对于 C 项目,只能开工建设一种方案的高速公路,C_1、C_2 两个建设方案是互斥的。该集团公司这样的投资方案就是混合型方案。

(四) 互补型方案

互补型方案是指存在依存关系的一组方案。根据相互依存关系,互补型方案分为对称型互补方案和不对称型互补方案。对称型互补方案中,方案间相互依存,互为对方存在的前提条件,如煤炭资源开发中矿井建设项目和铁路专用线项目,两者互为对方存在的前提条件,缺任何一个都不能实现预定目标;不对称型互补方案中,其中某一个方案的存在是另一个方案存在的前提条件,如办公楼建设方案和空调系统建设方案,没有空调系统,办公楼仍可以发挥一定的作用,但空调系统必须依托于办公楼而存在。

(五) 现金流量相关型方案

现金流量相关型方案是指方案间现金流量存在影响的一组方案。在该类型的多方案中,方案之间不完全是排斥关系,也不完全是独立关系,一个方案成立与否会影响其他方案现金流量的变化。如两个城市之间要建设交通运输项目,既可以建设公路项目,也可以建设铁路项目,公路项目方案和铁路项目方案既非完全排斥也非完全独立,一个方案的取舍必然影响另一方案的现金流量。

不同类型多方案经济评价指标和方法是不同的,但比较的宗旨只有一个:最有效地分配有限资金,以获得最好的经济效益。

第二节　互斥型方案的经济评价

一、互斥型方案比较概述

（一）互斥型方案比较的原则

1.可比性原则

进行互斥型方案比较时，必须满足可比性原则，以保证论证过程能够全面、正确地反映实际情况，保证决策的正确性。方案的可比性具体又分为满足需要的可比性、消耗费用的可比性、价格的可比性和时间的可比性。

满足需要的可比性是指参与比较的各个方案必须满足同样的实际需要，只有这样，各个备选方案才可以相互替代。满足需要的可比性具体表现为产品产量（工作量）、品种和质量（功能）等方面具有可比性。产品产量可比强调相互比较的各个方案在品种和质量相同的情况下，如果产品产量相等或基本相等，则方案间具备可比性，可直接比较；对比方案差别不大的，可采用单位产品投资额、单位产品经营成本等指标进行比较；当产品产量差别较大时，可进行方案修正后再进行比较。产品品种的可比性是指相比较方案的产品品种结构相同或基本相同，方可参与比较；当相比较方案的产品品种结构有很大差别时，则方案满足同样需要的效果将有很大差别，方案间不具备直接的可比性，应通过产量折算等方式，使其具备可比性。产品质量（功能）的可比性是指参与比较的各个方案产品质量必须能满足特定的质量标准和质量要求；当相比较方案的产品质量有显著差别时，则意味着产品的使用效果将有很大的差别，方案间不具备直接的可比性，可用使用寿命或使用可靠性等使用效果系数进行质量可比性修正计算。

消耗费用的可比性包括三个方面的内容。第一，在计算和比较各个方案的费用指标时，除要考虑生产费用外，还要考虑储运、销售、使用等费用，达到寿命期成本的可比性；第二，应从整个国民经济角度出发，分析和计算与实现本方案有生产联系的部门或单位的费用变化，达到相关费用的可比性；第三，在进行方案的经济评价时，各种费用的计算要采取统一的规定和方法。

价格的可比性是指计算和比较各个方案的经济效益时，应采用合理的价格和一致的价格。合理的价格是价格能够较真实地反映价值和供求的关系，有关产品之间的比价要合理；一致的价格是指不同时期的方案相比较时，应采用统一的、某一时期的不变价格或用价格指数法折算成统一的现行价格，从而保证相互比较方案价格的可比性。

时间的可比性包括两部分内容：一是对经济寿命不同的备选方案进行比较时，应采用相同的计算期；二是参与比较的各个方案在不同时间点发生的收益或费用支出不能简单地相加,应考虑资金的时间价值。

2.增量分析原则

对不同的方案进行评价和比较必须从增量角度进行,即投资额较低的方案被证明是可行的基础上,计算两个方案的现金流量差,分析研究某一方案比另一方案增加的投资在经济上是否合算,得到相关的增量评价指标,再与基准指标对比,以确定投资大还是投资小的方案为优方案。

3.环比原则

多个互斥方案进行比较时,为选出最优方案,理论上来讲,各方案除与"0"方案进行比较外("0"方案表示其净现值 NPV 为 0 或内部收益率为 i_c),各方案间还应进行横向的两两比较,这带来了计算量的加大。在实际的比较中,可采用环比原则来减少比较次数,将各方案按投资额从小到大排序,依次比较,最终选出最优方案。

(二) 互斥型方案的评价步骤

对于互斥型方案的评价主要包括以下两个步骤:

1.绝对经济效果检验

绝对经济效果检验主要是考察备选方案中各方案自身的经济效果是否满足评价准则的要求,这一步称为可行性判断。该步骤主要是采用第四章中的相关经济评价指标进行检验,如静态投资回收期 P_t、净现值 NPV、净年值 NAV、内部收益率 IRR 等。只有自身的经济效果满足了评价准则(静态投资回收期 $P_t \leqslant$ 基准投资回收期,净现值 $NPV \geqslant 0$ 或净年值 $NAV \geqslant 0$,内部收益率 $IRR \geqslant$ 基准收益率)要求的备选方案才能进入下一评价步骤。

2.相对经济效果检验

在通过绝对经济效果检验的方案中进行评价选择,选出相对最优的方案,这一步也可称为选优。

二 寿命期相同的互斥型方案的经济评价

对于寿命期相同的互斥型方案,可将方案的寿命期设定为共同的分析期。这样,利用资金时间价值等原理进行经济效果评价时,各方案在时间上具有可比性,寿命期相等的互斥型方案必选时,可采用增量分析法、直接比较法和最小费用法。

(一) 增量分析法

对相互比较的两个方案,可计算它们在投资、年营业收入、年经营费用、净残值等方面的增量,构成新现金流量即增量现金流量,因此,对不同方案的增量现金流量进行分析的方法称为增量分析。对互斥方案进行经济评价时,根据不同方案的现金流量,可采用静态增量投资回收期 ΔP_t、动态增量投资回收期 、增量净现值 ΔNPV、增量内部收益率 ΔIRR 等指标进行方案的比选。

1.静态增量投资回收期（ΔP_t）

（1）增量投资回收期

增量投资回收期也称追加投资回收期或差额投资回收期，指的是投资额不同的工程项目的建设方案，用成本的节约或收益的增加来回收增量投资期限。对于两个投资额不同的方案而言，一般来说，投资额大的方案其年经营成本往往低于投资额小的方案的年经营成本，或投资额大的方案其年净收益往往高于投资额小的方案的年净收益。增量投资回收期即投资额大的方案用其年经营成本的节约额或者年净收益的增加额来补偿其投资增量所需要的时间。

（2）静态增量投资回收期的概念及计算式

静态增量投资回收期是指在不考虑资金时间价值的条件下的增量投资回收期。其一般计算公式为

$$\sum_{t=0}^{\Delta P_t}(NCF_1-NCF_2)_t=0 \tag{5-1}$$

式中　NCF_1、NCF_2——方案1和方案2的净现金流量。

一般来说，方案1代表初始投资额较大的方案。

（3）静态增量投资回收期的特殊计算式

①相比较的两个方案产出的数量和质量基本相同，且两方案的经营成本均为常数。

静态增量投资回收期是投资额大的方案1用其年经营成本的节约额来补偿其投资增量所需要的时间，其计算公式为

$$\Delta P_t=\frac{I_1-I_2}{C_2-C_1}=\frac{\Delta I}{\Delta C} \tag{5-2}$$

式中　I_1、I_2——方案1和方案2的投资额；
　　　C_1、C_2——方案1和方案2的经营成本。

②相比较的两个方案的投入和产出不同，但年净收益为常数。

静态增量投资回收期是投资额大的方案1用其年净收益的增加额来补偿其投资增量所需要的时间，其计算公式为

$$\Delta P_t=\frac{I_1-I_2}{R_1-R_2}=\frac{\Delta I}{\Delta R} \tag{5-3}$$

式中　R_1、R_2——方案1和方案2的年净收益。

（4）静态增量投资回收期的评价准则

静态增量投资回收期的评价准则是：当$\Delta P_t \leqslant P_c$时，说明投资额大的方案相比较于投资额小的方案的投资增量可在基准投资回收期内收回，即投资额大的方案优于投资额小的方案；否则，投资额小的方案优于投资额大的方案。

【例5-1】　某项目有两个可行方案供选择，方案1的投资额为4 800万元，年平均经营成本为600万元；方案2的投资额为1 800万元，年平均经营成本为1 200万元。设基准投资回收期为6年，试选择较优的方案。

解：$I_1=4\,800$，$I_2=1\,800$，$\Delta I=3\,000$；$C_1=600$，$C_2=1\,200$，$\Delta C=600$。则有

$$\Delta P_t=\frac{\Delta I}{\Delta C}=\frac{3\,000}{600}=5(\text{年})$$

由于增量静态投资回收期小于基准投资回收期,所以,投资额大的方案为优方案。

值得提出的是,本题已告知两个方案均为可行方案,故在解题的过程中省略了互斥型方案评价的第一步,即省略了可行性判断,直接进行了选优。

2. 动态增量投资回收期（$\Delta P_t'$）

（1）动态增量投资回收期的概念及计算式

动态增量投资回收期是指在考虑资金时间价值的条件下,投资额大的方案用其年经营成本的节约额或者年净收益的增加额来补偿其投资增量所需要的时间。其计算公式为

$$\sum_{t=0}^{\Delta P_t'}(NCF_1-NCF_2)_t(1+i_c)^{-t}=0 \quad (5\text{-}4)$$

动态增量投资回收期在实际的计算中,通常用表格的方式进行。

（2）动态增量投资回收期的评价准则

动态增量投资回收期的评价准则是：当 $\Delta P_t' \leqslant P_c$ 时,说明投资额大,经营成本低或年净收益高的方案较优;当 $\Delta P_t' > P_c$ 时,说明投资额小,经营成本高或年净收益低的方案较优。

需要说明的是,增量投资回收期主要用于互斥型方案的选优,对于较优的方案是否可行还需要另做判断。

3. 增量净现值（ΔNPV）

（1）增量净现值比选法的原理

增量净现值比选法的原理是,在参与比较的方案达到基准收益率要求的基础上,判定投资多的方案比投资少的方案所增加的投资是否值得,如果增量投资值得,则投资额大的方案为优方案;否则,投资额小的方案为优方案。

（2）增量净现值比选法的计算公式

设方案1和方案2是两个投资额不等的互斥型方案,有共同的计算期 n 年,方案1比方案2的投资额大,则两个方案的增量净现值计算公式为

$$\begin{aligned}\Delta NPV_{1-2} &= \sum_{t=0}^{n}[(CI_1-CO_1)_t-(CI_2-CO_2)_t]\times(1+i_c)^{-t}\\ &= \sum_{t=0}^{n}(CI_1-CO_1)_t\times(1+i_c)^{-t}-\sum_{t=0}^{n}(CI_2-CO_2)_t\times(1+i_c)^{-t}\\ &= NPV_1-NPV_2\end{aligned} \quad (5\text{-}5)$$

（3）增量净现值比选法的评价准则

如果 $\Delta NPV \geqslant 0$,则表明增量投资部分是值得的,投资额大的方案优于投资额小的方案;如果 $\Delta NPV < 0$,则表明增量投资部分不能达到预期的基准收益率水平,该部分投资是不值得的,因此,投资额小的方案是优方案。

（4）增量净现值比选法的评价步骤

①将参与比较的各备选方案按投资额从小到大的顺序排列。

②增设投资和净收益均为0的"0"方案,用以判定基础方案是否满足基准收益率的要求。

③将投资小的方案 A_i 作为临时最优方案,投资大的方案 A_j 作为竞争方案($j>i$),计

算 $\Delta NPV_{A_j-A_i}$，如果 $\Delta NPV_{A_j-A_i} \geqslant 0$，则方案 A_j 优于方案 A_i，方案 A_j 取代原来的临时最优方案 A_i，作为新的临时最优方案；如果 $\Delta NPV_{A_j-A_i} < 0$，则淘汰方案 A_j，方案 A_i 仍作为临时最优方案与下一个方案进行比较。

④不断重复步骤③，直到找到最优方案。

【例 5-2】 某企业购置设备，现有三个方案，各方案的现金流量见表 5-1，各方案的寿命均为 10 年，10 年末的残值为 0，设基准收益率 i_c 为 12%，问选择哪个方案在经济上更有利？

表 5-1　　　　　　　　　　三个方案的有关数据

项目方案	期初投资/万元	年净收益/万元	寿命期/年
方案 1	7 500	2 100	10
方案 2	12 000	2 800	10
方案 3	15 000	3 700	10

解：将各备选方案按投资额的大小由小到大排序为方案 1、方案 2、方案 3，增设投资和净收益均为 0 的"0"方案。

①将方案 1 和"0"方案进行比较，计算这两个方案的增量净现金流量，按基准收益率 $i_c = 12\%$，计算增量净现值 ΔNPV_{1-0} 为

$\Delta NPV_{1-0} = 2\,100(P/A, 12\%, 10) - 7\,500 = 2\,100 \times 5.650\,2 - 7\,500 \approx 4\,365$（万元）

因为 $\Delta NPV_{1-0} > 0$，说明方案 1 优于"0"方案，继续保留方案 1 作为临时最优方案的资格。

②将方案 2 和方案 1 进行比较，计算这两个方案的增量净现金流量，按基准收益率 $i_c = 12\%$，计算增量净现值 ΔNPV_{2-1} 为

$\Delta NPV_{2-1} = (2\,800 - 2\,100)(P/A, 12\%, 10) - (12\,000 - 7\,500)$
$= 700 \times 5.650\,2 - 4\,500 \approx -545$（万元）

因为 $\Delta NPV_{2-1} < 0$，说明增量投资不合适，方案 1 优于方案 2，继续保留方案 1 作为临时最优方案的资格。

③将方案 3 和方案 1 进行比较，计算这两个方案的增量净现金流量，按基准收益率 $i_c = 12\%$，计算增量净现值 ΔNPV_{3-1} 为

$\Delta NPV_{3-1} = (3\,700 - 2\,100)(P/A, 12\%, 10) - (15\,000 - 7\,500)$
$= 1\,600 \times 5.650\,2 - 7\,500 \approx 1\,540$（万元）

因为 $\Delta NPV_{3-1} > 0$，说明方案 3 优于方案 1，方案 1 被淘汰，方案 3 是最优方案。

4.增量内部收益率（ΔIRR）

（1）增量内部收益率的概念

增量内部收益率又称差额内部收益率或追加内部收益率。对于两个投资额不等的方案而言，如果投资额大的方案的年净现金流量与投资额小的方案的年净现金流量的差额现值之和等于零，则此时的折现率即为增量内部收益率。也可以表述成增量内部收益率是指增量净现值等于零的折现率或两个项目方案净现值相等时的折现率，一般用 ΔIRR 表示。

（2）增量内部收益率的表达式

增量内部收益率的表达式为

$$\sum_{t=0}^{n}[(CI-CO)_2-(CI-CO)_1]_t(1+\Delta IRR)^{-t}=0 \quad (5-6)$$

式中　ΔIRR——增量内部收益率；

　　　$(CI-CO)_2$——投资额大的方案的年净现金流量；

　　　$(CI-CO)_1$——投资额小的方案的年净现金流量。

（3）增量内部收益率的判别准则

若 $\Delta IRR \geqslant i_c$，则投资额大的方案为优；若 $\Delta IRR < i_c$，则投资额小的方案为优。

应注意的是，使用增量内部收益率这一指标进行多方案比较时，必须保证每个方案都是可行的，或至少投资额最小的方案是可行的。而且，要求被比较的各方案的寿命期或计算期相同。

由于增量内部收益率的计算式仍然是一元 n 次方程，实际计算中同样采用线性内插法求解。

（4）增量内部收益率的评价步骤

增量内部收益率比选法与增量净现值比选法的评价步骤基本相同。

①将参与比较的各备选方案按投资额从小到大的顺序排列。

②增设投资和净收益均为 0 的"0"方案，用以判定基础方案是否满足基准收益率的要求。

③将投资小的方案 A_i 作为临时最优方案，投资大的方案 A_j 作为竞争方案（$j>i$），计算 $\Delta IRR_{A_j-A_i}$，如果 $\Delta IRR_{A_j-A_i} \geqslant i_c$，则方案 A_j 优于方案 A_i，方案 A_j 取代原来的临时最优方案 A_i，作为新的临时最优方案；如果 $\Delta IRR_{A_j-A_i} < i_c$，则淘汰方案 A_j，方案 A_i 仍作为临时最优方案与下一个方案进行比较。

④不断重复步骤③，直到找到最优方案。

【例 5-3】　以【例 5-2】为例，试用增量内部收益率判断哪个方案在经济上最优。

①比较方案 1 和"0"方案，计算两者的增量内部收益率 ΔIRR_{1-0}：

$$2\,100(P/A,\Delta IRR_{1-0},10)-7\,500=0$$

求得，$\Delta IRR_{1-0}=24.99\% > i_c=12\%$，方案 1 优于"0"方案，淘汰"0"方案，方案 1 仍为临时最优方案。

②比较方案 2 和方案 1，计算两者的增量内部收益率 ΔIRR_{2-1}：

$$(2\,800-2\,100)(P/A,\Delta IRR_{2-1},10)-(12\,000-7\,500)=0$$

求得，$\Delta IRR_{2-1}=8.96\% < i_c=12\%$，方案 1 优于方案 2，淘汰方案 2，方案 1 仍为临时最优方案。

③比较方案 3 和方案 1，计算两者的增量内部收益率 ΔIRR_{3-1}：

$$(3\,700-2\,100)(P/A,\Delta IRR_{3-1},10)-(15\,000-7\,500)=0$$

求得，$\Delta IRR_{3-1}=16.83\% > i_c=12\%$，方案 3 优于方案 1，淘汰方案 1，方案 3 为最优方案。

5.增量投资收益率（ΔR）

（1）增量投资收益率的概念

增量投资收益率是指投资额较大方案的年经营成本节约额或年净收益的增加额与其投资增加额的比，用 ΔR 表示增量投资收益率。对于两个产出相同的方案，如果一个方案投资额高而经营成本低或净收益高，另一个方案投资额小而年经营成本高或净收益低，此时，可以采用增量投资收益率作为比较的标准。

（2）增量投资收益率的计算公式

增量投资收益率的计算公式为

$$\Delta R = \frac{C_2 - C_1}{I_1 - I_2} \tag{5-7}$$

式中　C_1、C_2——对比两个方案的年经营成本，且 $C_2 > C_1$；
　　　I_1、I_2——对比两个方案的投资额，且 $I_1 > I_2$。

或

$$\Delta R = \frac{A_1 - A_2}{I_1 - I_2} \tag{5-8}$$

式中　A_1、A_2——对比两个方案的年净收益，且 $A_1 > A_2$。

（3）增量投资收益率的评价标准

当 $\Delta R \geq i_c$ 时，投资额大的方案为优；当 $\Delta R < i_c$ 时，投资额小的方案为优。增量投资收益率主要用于多方案在可行基础上的选优。

产量不同的几个方案作比较时，可按单位产品的投资额及单位产品的经营成本进行计算。

【例 5-4】 已知三个工程项目方案的有关数据见表 5-2，试比较这三个方案的优劣。设基准收益率为 15%。

表 5-2　　　　　　　　三个工程项目方案的有关数据　　　　　　　　万元

项目方案	方案 1	方案 2	方案 3
投资额	200	90	40
年收入	220	100	30
年经营成本	280	110	20

解：三个方案的投资收益率计算为

$$R_1 = \frac{90 - 40}{200} \times 100\% = 25\%$$

$$R_2 = \frac{100 - 30}{220} \times 100\% \approx 31.8\%$$

$$R_3 = \frac{110 - 20}{280} \times 100\% \approx 32.1\%$$

计算结果表明三个方案的投资收益率均大于 15%，均为可行方案。下面按增量投资收益率来分析三个方案的优劣。

$$\Delta R_{2-1} = \frac{(100 - 30) - (90 - 40)}{220 - 200} = \frac{70 - 50}{20} = 100\%$$

$\Delta R_{2-1}=100\%>15\%$，应选择投资额大的方案 2。

$$\Delta R_{3-2}=\frac{(110-20)-(100-30)}{280-220}=\frac{90-70}{60}\approx 33.3\%$$

$\Delta R_{3-2}=33.3\%>15\%$，应选择投资额大的方案 3。

由上面的计算可以看出，三个方案中，方案 3 为最优方案。

（二）直接比较法

1. 净现值 NPV 或净年值 NAV

当互斥型方案的计算期相同时，在已知各投资方案的现金流入量与现金流出量的前提下，直接用净现值或净年值进行方案的评价选优最为简便。

（1）评价步骤

①绝对经济效果检验：计算各方案的净现值 NPV 或净年值 NAV，并加以检验，若某方案的 $NPV \geq 0$ 或 $NAV \geq 0$，则该方案通过了绝对经济效果检验，可以继续作为备选方案，进入下一步的选优；若某方案的 $NPV<0$ 或 $NAV<0$，则该方案没有资格进入下一步的选优。

②相对经济效果检验：两两比较通过绝对经济效果检验的各方案的净现值 NPV 或净年值 NAV 的大小，直至保留净现值 NPV 或净年值 NAV 最大的方案。

③选最优方案：相对经济效果检验后保留的方案为最优方案。

（2）评价准则

①$NPV_i \geq 0$ 且 $\max(NPV_i)$ 所对应的方案为最优方案。

②$NAV_i \geq 0$ 且 $\max(NAV_i)$ 所对应的方案为最优方案。

【例 5-5】 以【例 5-2】为例，试用净现值和净年值判断哪个方案在经济上最优。

解：①用净现值进行方案的选优

$NPV_1=-7\ 500+2\ 100(P/A,12\%,10)=-7\ 500+2\ 100\times 5.650\ 2\approx 4\ 365$（万元）

$NPV_2=-12\ 000+2\ 800(P/A,12\%,10)=-12\ 000+2\ 800\times 5.650\ 2\approx 3\ 821$（万元）

$NPV_3=-15\ 000+3\ 700(P/A,12\%,10)=-15\ 000+3\ 700\times 5.650\ 2\approx 5\ 906$（万元）

方案 3 的净现值最大，方案 3 为最优方案。

②用净年值进行方案的选优

$NAV_1=-7\ 500(A/P,12\%,10)+2\ 100=-7\ 500\times 0.177\ 0+2\ 100\approx 773$（万元）

$NAV_2=-12\ 000(A/P,12\%,10)+2\ 800=-12\ 000\times 0.177\ 0+2\ 800=676$（万元）

$NAV_3=-15\ 000(A/P,12\%,10)+3\ 700=-15\ 000\times 0.177\ 0+3\ 700=1\ 045$（万元）

方案 3 的净年值最大，方案 3 为最优方案。

2. 净现值 NPV 与增量净现值 ΔNPV 的比较

通过上面的【例 5-2】、【例 5-5】可以看出，当互斥型方案寿命相等时，直接比较各方案的净现值 NPV 并取 NPV 最大的方案与用增量净现值分析的结果是一致的。这是因为

$$\Delta NPV_{2-1}=\sum_{t=0}^{n}[(CI_2-CI_1)-(CO_2-CO_1)]_t(1+i_c)^{-t}$$

$$=\sum_{t=0}^{n}(CI_2-CO_2)_t(1+i_c)^{-t}-\sum_{t=0}^{n}(CI_1-CO_1)_t(1+i_c)^{-t} \quad (5-9)$$

$$= NPV_2 - NPV_1$$

所以,当 $\Delta NPV_{2-1}(i_c) \geqslant 0$ 时,必有 $NPV_2 \geqslant NPV_1$,即 NPV 指标具有可加性。在互斥型方案寿命相等时,以直接用净现值指标比选最为简便。在互斥型方案比选中,可计算出各方案自身现金流量的净现值,净现值最大的方案即为最优方案。

(三) 最小费用法

1. 最小费用法应用前提

在互斥型方案经济评价的实践中,经常会遇到各个产出方案的效果相同或基本相同,有时又难以估算,比如一些公共基础类项目、环保类项目、教育类项目等。这些项目所产生的效益无法或很难用货币来直接计量,也就得不到其具体现金流量的情况,因而无法用净现值、增量内部收益率等指标进行经济评价,前面提到的增量分析法或直接比较法也就无法应用。此时,可假设各方案的收益相同,方案比较时可以不考虑收益,而仅对各备选方案的费用进行比较,以备选方案中费用最小的作为最优方案,这种方法称为最小费用法。最小费用法包括费用现值法和费用年值法。

2. 费用现值(Present Cost)法

(1) 费用现值的概念

项目方案在寿命期内不同时点的现金流出量按设定的折现率折现到期初的现值之和称为费用现值,一般用 PC 表示费用现值。

(2) 费用现值的表达式

① 一般表达式

$$PC = \sum_{t=0}^{n} CO_t (1+i_c)^{-t} = \sum_{t=0}^{n} CO_t (P/F, i_c, t) \tag{5-10}$$

② 若用 I 表示投资,C 表示经营成本,存在着净残值 L_F

$$PC = \sum_{t=0}^{n} (I + C - L_F)_t (P/F, i_c, t) \tag{5-11}$$

③ 若投资 I 为一次性投入,年经营成本 C 相等,无残值 L_F

$$PC = I + C(P/A, i_c, n) \tag{5-12}$$

④ 若投资 I 为一次性投入,年经营成本 C 相等,有残值 L_F

$$PC = I + C(P/A, i_c, n) - L_F(P/F, i_c, n) \tag{5-13}$$

(3) 费用现值的使用前提

费用现值这一指标的应用是建立在如下的假设基础上的:用于计算费用现值的项目方案是可行的。主要用于以下两种情况:①各方案产出效益相同或基本相同;②各方案满足相同需要,效益难以用价值形态表示。

(4) 费用现值的判别准则

只能用于多方案比较选优,以费用现值最小的方案为最优方案。

【例 5-6】 某项目的两个采暖方案均能满足相同的供热需求,有关数据见表 5-3。在基准折现率为 10% 的情况下,试计算各方案的费用现值。

表 5-3　　　　两个采暖方案的有关数据 1　　　　万元

方案	总投资（第 0 时点）	年运行费用（1～10 年）
方案 1	300	90
方案 2	360	75

解：根据题意及式(5-12)计算各方案的费用现值如下：

$PC_1 = 300 + 90(P/A, 10\%, 10) = 300 + 90 \times 6.1446 \approx 853.01 (万元)$

$PC_2 = 360 + 75(P/A, 10\%, 10) = 360 + 75 \times 6.1446 \approx 820.85 (万元)$

根据费用现值最小的选优原则，方案 2 的费用现值最小，方案 2 为最优方案。

3. 费用年值（Annual Cost）法

(1) 费用年值的概念

按设定的折现率将方案寿命期内不同时点发生的所有支出费用换算为与其等值的年值称为费用年值，也称年成本。一般用 AC 表示。

(2) 费用年值的表达式

费用年值的表达式为

$$AC = PC(A/P, i_c, n) = \sum_{t=0}^{n} CO_t (P/F, i_c, t)(A/P, i_c, n) \qquad (5-14)$$

(3) 费用年值的判别准则

费用年值 AC 只能用于多方案的比较和选择，且以费用年值最小的方案为最优方案。

【例 5-7】 两个采暖方案，能满足相同的供热需求，有关数据见表 5-4，$i_c = 15\%$。试用费用年值进行选择。

表 5-4　　　　两个采暖方案的有关数据 2　　　　万元

方案	总投资（第 0 时点）	寿命期/年	年经营成本	净残值
方案 1	30	6	20	5
方案 2	40	9	16	0

解：根据题意及式(5-14)得

$AC_1 = 30(A/P, 15\%, 6) + 20 - 5(A/F, 15\%, 6) \approx 27.36 (万元)$

$AC_2 = 40(A/P, 15\%, 9) + 16 \approx 24.38 (万元)$

由于 $AC_2 < AC_1$，根据费用年值的判别准则，可知方案 2 为最优方案。

计算期不同的互斥型方案的经济评价

当相互比较的互斥型方案具有不同的计算期时，由于方案之间不具有可比性，不能直接采用增量分析法或直接比较法进行方案的比选。为了满足时间上的可比性，需要对各备选方案的计算期进行适当的调整，使各方案在相同的条件下进行比较，才能得出合理的结论。

(一) 年值法

年值法主要采用净年值指标进行方案的比选,当各个方案的效益难以计量或效益相同时,也可采用费用年值指标。在年值法中,要分别计算各备选方案净现金流量的等额净年值 NAV 或费用年值 AC,并进行比较,以净年值 NAV 最大(或费用年值 AC 最小)的方案为最优方案。年值法中是以"年"为时间单位比较各方案的经济效果的,从而使计算期不同的互斥型方案间具有时间的可比性。

采用年值法进行计算期不等的互斥型方案的比选,实际上隐含着这样的假设:各方案在其计算期结束时可按原方案重复实施。由于一个方案在其重复期内,等额净年值不变,故不管方案重复多少次,只需计算一个计算期的等额净年值就可以了。

【例 5-8】 建筑公司要购买一种用于施工的设备,现有两种设备供选择,设基准收益率为 12%,有关数据见表 5-5。试问应选择哪种设备。

表 5-5　　　　　　　两种设备的有关数据　　　　　　　　　万元

设备	总投资(第0时点)	寿命期/年	年营业收入	年经营成本	净残值
设备 1	16 000	6	11 000	5 200	1 500
设备 2	27 000	9	11 000	4 600	3 000

解:
$NAV_1 = -16\,000(A/P,12\%,6) + (11\,000 - 5\,200) + 1\,500(A/F,12\%,6)$
　　　$= -16\,000 \times 0.243\,2 + 5\,800 + 1\,500 \times 0.123\,2$
　　　$\approx 2\,094(万元)$
$NAV_2 = -27\,000(A/P,12\%,9) + (11\,000 - 4\,600) + 3\,000(A/F,12\%,9)$
　　　$= -27\,000 \times 0.187\,7 + 6\,400 + 3\,000 \times 0.067\,7$
　　　$\approx 1\,535(万元)$

由于 $NAV_1 > NAV_2$,应该选择设备 1。

(二) 最小公倍数法

最小公倍数法是以各备选方案计算期的最小公倍数为比较期,假定在比较期内各方案可重复实施,现金流量重复发生,直至比较期结束。以最小公倍数作为共同的计算期,使得各备选方案有相同的比较期,具备时间上的可比性,可采用净现值等指标进行方案的选择。

当相互比较的各方案最小公倍数不大,故考虑技术进步等因素的影响不大时,现金流量可以重复发生的假定可以认为基本符合事实,这是因为技术进步与通货膨胀具有一定的相互抵消作用。但当最小公倍数很大时(如两个相互比较的方案计算期分别为 10 年和 11 年,其最小公倍数为 110 年),假定在最小公倍数的比较期内各方案的现金流量可以重复实施就会脱离实际。另外,某些不可再生的矿产资源开发类项目,方案可重复实施的假设也不成立,因此也就无法用最小公倍数法进行方案的比选。最小公倍数法主要适用于方案确实可重复实施的、技术进步不快的产品及设备方案。

【例 5-9】 对【例 5-8】应用最小公倍数法进行设备的选择。

解：由于两种设备的寿命不同，它们的最小公倍数为 18 年，即设备 1 重复 2 次，设备 2 重复 1 次，最小公倍数 18 年为共同的计算期。

$$NPV_1 = -16\,000 - (16\,000 - 1\,500) \times (P/F,12\%,6) - (16\,000 - 1\,500)$$
$$\times (P/F,12\%,12) + 1\,500 \times (P/F,12\%,18) + (11\,000 - 5\,200)$$
$$\times (P/A,12\%,18)$$
$$= -16\,000 - 14\,500 \times 0.506\,6 - 14\,500 \times 0.256\,7 + 1\,500 \times 0.130\,0$$
$$+ 5\,800 \times 7.249\,7$$
$$\approx 15\,175(万元)$$

$$NPV_2 = -27\,000 - (27\,000 - 3\,000) \times (P/F,12\%,9) + 3\,000 \times (P/F,12\%,18)$$
$$+ (11\,000 - 4\,600) \times (P/A,12\%,18)$$
$$= -27\,000 - 24\,000 \times 0.360\,6 + 3\,000 \times 0.130\,0 + 6\,400 \times 7.249\,7$$
$$\approx 11\,134(万元)$$

由于 $NPV_1 > NPV_2$，应该选择设备 1。

（三）研究期法

研究期法是选择一个共同的研究期作为各个备选方案共同的计算期，在计算期内，直接采用方案本身的现金流量（或假定现金流量重复），在计算期末，计入计算期未结束方案的余值。通过研究期法的处理，计算期不同的方案有了共同的计算期，可以按照计算期相同的互斥型方案的比较方法进行方案的选择。

采用研究期法时，应尽可能利用方案原有的现金流量信息，把主观判断方案余值的影响减到最小。一般来说有以下三种做法：①取最长寿命作为共同分析的计算期；②取最短寿命作为共同分析的计算期；③取计划规定的年限作为共同分析的计算期。对于共同分析计算期末，对未结束方案的余值，可预测此时方案的市场价值作为现金流入量。

研究期法有效弥补了最小公倍数法的不足，适用于技术更新较快的产品和设备方案的比选，但在计算期末未结束方案余值的确定是否准确，应引起重视。

四、寿命无限长互斥型方案的经济评价

通常情况下，各备选方案的计算期都是有限的；但某些特殊工程项目的服务年限或工作状态是无限的，如果维修得足够好，可以认为能无限期延长，即其使用寿命无限长，如公路、铁路、桥梁、隧道等。对这种永久性设施的等额年费用可以计算其资本化成本。所谓资本化成本是指项目在无限长计算期内等额年费用的折现值，可用 CC 表示。设等额年费用（或年净收益）为 A，表达式为

$$CC = \lim_{n \to \infty}(P/A, i_c, n) = A \lim_{n \to \infty}\left[\frac{(1+i_c)^n - 1}{i_c(1+i_c)^n}\right]$$
$$= A\left[\lim_{n \to \infty}\frac{(1+i_c)^n}{i_c(1+i_c)^n} - \lim_{n \to \infty}\frac{1}{i_c(1+i_c)^n}\right] = \frac{A}{i_c} \tag{5-15}$$

【例 5-10】 有两个互斥型方案,有关数据见表 5-6,设基准收益率为 10%。试求方案可以无限重复下去时的最优方案。

表 5-6　　　　　　　　　　两个方案的有关数据　　　　　　　　　　万元

方案	总投资(第 0 时点)	寿命期/年	年净收益
方案 1	7 500	4	3 800
方案 2	12 000	6	4 000

解:计算方案 1、方案 2 寿命期为无限大时的净现值

$NPV_{\infty 1} = [-7\,500(A/P,10\%,4) + 3\,800](P/A,10\%,\infty)$
$\qquad = 14\,338(万元)$

$NPV_{\infty 2} = [-12\,000(A/P,10\%,6) + 4\,000](P/A,10\%,\infty)$
$\qquad = 12\,448(万元)$

因为 $NPV_{\infty 1} > NPV_{\infty 2}$,故方案 1 为最优方案。

第三节　独立型方案的经济评价

独立型方案经济评价的特点是:不需要进行方案比较,所有的方案都是独立的;各个方案之间不具有排他性,选用一个方案并不要求放弃另一个方案;在资金允许或资金无限制的条件下,几个方案或全部方案可以同时成立。

一、资金不受限制的独立型方案的经济评价

在资金不受限制的情况下,独立型方案的采纳与否,只取决于方案自身的经济效果。也就是说,资金不受限制的独立型方案的经济评价只需检验它们是否通过净现值 NPV 或内部收益率 IRR 等指标的评价标准($NPV \geqslant 0, IRR \geqslant i_c$)即可,凡是通过了方案自身的"绝对经济效果检验",即认为它们在经济效果上达到了基本要求,可以接受,否则,应予以拒绝。

【例 5-11】 两个独立型方案的投资和净收益等数据见表 5-7,基准收益率 i_c 为 15%。试进行评价和选择。

表 5-7　　　　　　　　两个独立型方案的有关数据　　　　　　　　万元

方案	总投资额(第 0 时点)	寿命期/年	年净收益
方案 1	150	5	75
方案 2	150	5	40

解:计算两个方案的净现值 NPV:

$NPV_1 = -150 + 75(P/A,15\%,5) = 101(万元)$

$NPV_2 = -150 + 40(P/A, 15\%, 5) = -16(万元)$

由于 $NPV_1 > 0$，$NPV_2 < 0$，所以方案 1 可以接受，方案 2 应予以拒绝。

【例 5-12】 有两个独立型方案 A 和 B，方案 A 期初投资 200 万元，每年净收益为 50 万元，寿命为 8 年；方案 B 期初投资 400 万元，每年净收益为 80 万元，寿命为 10 年。若基准收益率为 15%，试对两方案进行选择。

解：选择净年值指标进行评价：

$NAV_A = -200(A/P, 15\%, 8) + 50 = 5(万元)$

$NAV_B = -400(A/P, 15\%, 10) + 80 = 0.3(万元)$

由于方案 A 和 B 的净年值均大于 0，根据净年值的评判标准，可以得出 A、B 两方案均合理可行的结论。

二、资金受限制的独立型方案的经济评价

独立型方案经济评价中，如果资金受到限制，就不能像资金不受限制的方案那样，凡是通过了绝对经济效果检验的方案都可以被采用。因此，在通过了绝对经济效果检验的方案中，由于资金受限制，也必须放弃其中一个或一些方案。资金受限制的独立型方案经济评价的标准是：在满足资金限额的条件下，取得最好的经济效果。

（一）互斥方案组合法

互斥方案组合法是利用排列组合的方法，列出待选择方案的所有组合。保留投资额不超过限额且净现值大于零的方案组合，淘汰其余方案组合，保留的组合方案中，净现值最大的一组所包含的方案即为最优的方案组合。

互斥方案组合法进行方案选择的步骤如下：

① 列出独立方案的所有可能组合，形成若干个新的组合方案，则所有可能组合方案形成互斥组合方案（m 个独立方案则有 2^m 个组合方案）；

② 每个组合方案的现金流量为被组合的各独立方案的现金流量的叠加；

③ 将所有的组合方案按初始投资额从小到大的顺序排列；

④ 排除总投资额超过投资资金限额的组合方案；

⑤ 对所剩的所有组合方案按互斥方案的比较方法确定最优的组合方案；

⑥ 最优组合方案所包含的独立方案即为该组独立方案的最佳选择。

互斥方案组合法能够在各种情况下确保选择的方案组合是最优的可靠方法，是以净现值最大化作为评价目标，保证了最终所选出的方案组合的净现值最大。

【例 5-13】 现有三个独立型项目方案 A、B、C，其初始投资分别为 150 万元、450 万元和 375 万元，年净收益分别为 34.5 万元、87 万元和 73.5 万元。三个方案的计算期均为 10 年，基准收益率为 10%，若投资限额为 700 万元，试进行方案选择。

解：首先计算三个方案的净现值

$NPV_A = -150 + 34.5(P/A, 10\%, 10) = 62.0(万元)$

$NPV_B = -450 + 87(P/A, 10\%, 10) = 84.6(万元)$

$NPV_C = -375 + 73.5(P/A, 10\%, 10) = 76.6(万元)$

由于 A、B、C 三个方案的净现值均大于零，从单方案检验的角度来看三个方案均可行。

现在由于总投资要限制在 700 万元以内，而 A、B、C 三个方案加在一起的总投资额为 975 万元，超过了投资限额，因而不能同时实施。

按照互斥方案组合法，其计算结果见表 5-8。

表 5-8　　　　　　　　互斥方案组合法比选最佳方案组合　　　　　　　　万元

序号	组合方案 ABC	总投资额	年净收益	净现值	结论
1	000	0	0	0	
2	100	150	34.5	62.0	
3	010	450	87	84.6	
4	001	375	73.5	76.6	
5	110	600	121.5	146.6	最佳
6	101	525	108	138.6	
7	011	825			投资超限
8	111	975			投资超限

计算结果表明，方案 A 和方案 B 的组合为最佳投资组合方案，即最终应选择方案 A 和方案 B。

（二）净现值率排序法

净现值率排序法就是在计算各方案净现值率的基础上，将净现值率大于或等于 0 的方案按净现值率从大到小排序，并依次选取项目方案，直至所选项目方案的投资总额最大限度地接近或等于投资限额为止。净现值率排序法所要达到的目标是在一定的投资限额的约束下，使所选项目方案的投资效率最高。

【例 5-14】 有八个可供选择的独立型方案，见表 5-9 所示，各方案初始投资及各年净收益见表中数据。如投资限额为 1 400 万元，用净现值率排序法做出选择（$i_c = 12\%$）。

表 5-9　　　　　　　　八个方案的相关数据　　　　　　　　万元

方案	初始投资	1~10 年净收益
A	240	44
B	280	50
C	200	36
D	300	56
E	160	34
F	240	50
G	220	44
H	180	30

99

解：根据表 5-9，计算各方案的净现值、净现值率及按净现值率排序结果，见表 5-10。

根据表 5-10，首先选择排序第一的方案 E，所需资金为 160 万元，离 1 400 万元的资金约束还有 1 240 万元；选择排序第二的方案 F，所需资金为 240 万元，在选择了方案 E、F 后，还有 1 000 万元的剩余资金……，依此类推，直到选择方案所需要的资金总额小于或等于 1 400 万元为止，此时，所选择的方案组合为最优的方案。按照这样的思路，该题的最优组合为 E、F、G、D、A、C，所用资金总额为 1 360 万元。

表 5-10　　　　　　　　八个方案按净现值率排序结果

方案	净现值 NPV	净现值率 NPVR	按净现值率 NPVR 排序
A	8.6	0.036	5
B	2.5	0.009	7
C	3.4	0.017	6
D	16.4	0.055	4
E	32.1	0.201	1
F	42.5	0.177	2
G	28.6	0.130	3
H	−10.5	—	—

由于投资项目的不可分性，净现值率排序法不能保证现有资金的充分利用，不能达到净现值最大的目标。因此，只有在各方案投资占预算投资比例很低，或各方案投资额相差不大时，它才能达到或接近达到净现值最大的目标。

第四节　其他类型方案的经济评价

除上面提到的互斥型方案、独立型方案外，在工程建设的实践中，还有其他类型的方案，如混合型方案、互补型方案、现金流量相关型方案等，需要我们选择合适的经济评价方法，选择最优的方案或方案组合。

一、混合型方案的经济评价

（一）无资金约束条件下的选择

这种情况下由于各个项目相互独立，而且没有资金限制，因此，只要项目可行，就可以采纳。把各个独立型项目所属的互斥型方案进行比较然后择优，即只要从各个独立项目中选择净现值最大且不小于零的互斥型方案加以组合即可。

（二）有资金约束条件下的选择

这种情况下最优方案组合选择的思路与无资金约束条件下选择混合方案的方法基本相同。只是选择方案的时候应考虑到总投资额不能超过资金限额。其基本步骤如下：

①评价各方案的可行性，舍弃不可行的方案；

②在总投资额不超过资金限额的情况下，进行独立方案的组合，并且在每个项目之中只能选择一个方案；

③求每一组合方案的净现值或净年值；

④根据净现值最大或净年值最大选择最优的方案组合。

【例 5-15】 三个下属部门 A、B、C，每个部门提出了若干个方案，其有关数据见表 5-11。

表 5-11 三个部门有关投资方案的现金流量   万元

部门	方案	总投资额	年净收益
A	A_1	100	28
	A_2	200	50
B	B_1	100	14
	B_2	200	30
	B_3	300	45
C	C_1	100	51
	C_2	200	63
	C_3	300	87

假设三个部门之间的投资是相互独立的，但部门内部的投资方案是互斥的，寿命期为 8 年，基准收益率为 10%。(1)若无资金限制，应选择哪些方案？(2)若资金限额为 450 万元，应选择哪些方案？

解：用净现值法。

(1)若无资金限制，应在各个部门中选择一个净现值最大且大于 0 的方案加以组合。

先求各个方案的净现值并判断其可行性。各个方案的净现值见表 5-12，从该表可以看出，B 部门所有投资方案均不可行。因此，应在 A、C 部门中各选一个净现值最大的方案进行组合，最优方案组合为 A_2 和 C_1。

表 5-12 三个部门各个投资方案的净现值   万元

部门	方案	总投资额	净现值
A	A_1	100	49.40
	A_2	200	66.70
B	B_1	100	−25.30
	B_2	200	−35.95
	B_3	300	−59.93

(续表)

部门	方案	总投资额	净现值
C	C_1	100	172.08
	C_2	200	136.10
	C_3	300	164.14

(2)在资金限额为 450 万元的情况下,将可行的方案进行组合,求出每一组合的净现值,净现值最大的组合就是最优组合。各组合方案及其净现值见表 5-13。

表 5-13　　　　　　　　　各投资方案组合及其净现值　　　　　　　　　万元

序号	方案组合	总投资额	总净现值
1	A_1	100	49.40
2	A_2	200	66.70
3	C_1	100	172.08
4	C_2	200	136.10
5	C_3	300	164.14
6	A_1、C_1	200	221.48
7	A_1、C_2	300	185.50
8	A_1、C_3	400	213.54
9	A_2、C_1	300	238.78
10	A_2、C_2	400	202.80
11	A_2、C_3	500	投资超限

由表 5-13 可以看出,由 A_2 和 C_1 组成的方案组合净现值最大,为 238.78 万元,最优组合方案为 A_2 和 C_1。

  互补型方案的经济评价

对于对称型互补方案,如方案 A 和方案 B 互为前提条件,此时,应将两个方案作为一个综合项(A＋B)进行经济评价;对于不对称型互补方案,可以转化为互斥型方案进行经济评价和选择,如写字楼建设方案和空调安装方案,可以转化为有空调的写字楼和没有空调的写字楼两个互斥型方案的比较问题。

  现金流量相关型方案的经济评价

对现金流量相关型方案的经济评价,应首先确定方案之间的相关性,对其现金流量之间的相互影响做出准确的估计,然后根据方案之间的关系,把方案组合成互斥的组合方案。如实现跨江运输,可以考虑的方案有轮渡方案 L 或建桥方案 Q,则方案 L 和方案 Q 为现金流量相关型方案,可以考虑的方案组合有方案 L、方案 Q 和 LQ 组合方案。要注意的是,在 LQ 组合方案中,某一方案的现金流入量将因另一方案的存在而受到影响,方案 L 和方案 Q 同时建设时,对其现金流入量应重新进行预测。应按照互斥型方案的经济评价方法对组合方案进行比选。

【例 5-16】 为满足运输需要,可在两地间建一条公路或架一座桥梁,也可既建公路又架桥梁。若两个方案都上,由于运输量分流,两个项目的现金流量都将减少,有关数据见表 5-14。当 $i_c=10\%$ 时,请选择最佳方案。

表 5-14　　　　　　　　三个方案的现金流量数据　　　　　　　　万元

方案	第 0 时点投资	第 1 年年末投资	第 2～10 年净收益
建公路 A	200	100	120
架桥梁 B	100	50	60
建公路和架桥梁 C	300	150	150

解:求三个方案的净现值,净现值最大的为最优方案。

$NPV_A = -200 - 100(P/F,10\%,1) + 120(P/A,10\%,9)(P/F,10\%,1)$
$\quad\quad = 337.29(万元)$

$NPV_B = -100 - 50(P/F,10\%,1) + 60(P/A,10\%,9)(P/F,10\%,1)$
$\quad\quad = 168.65(万元)$

$NPV_C = -300 - 150(P/F,10\%,1) + 150(P/A,10\%,9)(P/F,10\%,1)$
$\quad\quad = 348.89(万元)$

根据净现值判断准则,应选择既建公路又架桥梁的方案 C。

本章小结

　　本章主要讲述了工程项目经济评价中多方案比较选优的方法。在进行多方案比较选优时,要分析各备选方案以及相互之间存在的多种关系,根据方案之间的关系选择合适的判断选优方法。一般将方案之间的关系分为互斥型方案、独立型方案、混合型方案、互补型方案和现金流量相关型方案。不同的方案类型,比较选优的方法是不同的。

本章习题

一、名词解释

独立型方案　互斥型方案　混合型方案　互补型方案　现金流量相关型方案
可比性原则　绝对经济效果检验　相对经济效果检验　增量分析法
增量静态投资回收期　增量动态投资回收期　增量内部收益率　费用现值
费用年值

二、简答题

1. 方案的可比性具体包括哪些内容？
2. 对互斥型方案进行经济评价包括哪些步骤？
3. 静态增量投资回收期评价准则是什么？
4. 增量内部收益率评价准则是什么？
5. 增量内部收益率评价的步骤是什么？
6. 试分析费用现值和费用年值的适用条件。
7. 试分析采用年值法进行经济评价所隐含的假设。
8. 试分析互斥方案组合法进行方案选择的步骤。
9. 试分析净现值率排序法适用的条件。

三、单项选择题

1. 在多方案决策中，如果各个投资方案的现金流量是独立的，其中任一方案的采用与否均不影响其他方案是否采用，则方案之间存在的关系为（   ）。

    A. 依赖　　　　B. 互补　　　　C. 独立　　　　D. 互斥

2. 已知 A、B、C 三方案独立，投资分别为 200 万元、300 万元、450 万元，且其净现值分别为 100 万元、150 万元、260 万元，寿命相同，若只有可用资金 650 万元，则应选择（   ）项目投资组合。

    A. A、B　　　　B. A、C　　　　C. B、C　　　　D. C

3. 增量内部收益率就是两方案（   ）时的内部收益率。

    A. 净现值变大　　B. 净现值变小　　C. 净现值相等　　D. 内部收益率相等

4. 若两方案的增量内部收益率小于基准收益率，则说明（   ）。

    A. 投资多的方案不可行　　　　　　B. 投资少的方案不可行
    C. 投资少的方案较优　　　　　　　D. 投资多的方案较优

5. 方案 1 与方案 2 比较，计算得 $\Delta IRR_{2-1}=16\%$，若基准收益率为 12%，则（   ）。

    A. $IRR_2-IRR_1=16\%$　　　　　　B. $\Delta NPV(12\%)_{2-1}=0$
    C. $NPV(16\%)_1=NPV(16\%)_2$　　D. $NPV(12\%)_1=NPV(12\%)_2$

6. 已知方案 1、方案 2、方案 3 三个可行方案，其投资额排序为：方案 1＜方案 2＜方案 3，设基准收益率为 i_c，若计算出的增量内部收益率为：$\Delta IRR_{2-1}<i_c$，$\Delta IRR_{2-3}>i_c$，$\Delta IRR_{1-3}>i_c$，则三方案由优到劣的排序为（   ）。

    A. 方案 2—方案 1—方案 3　　　　B. 方案 2—方案 3—方案 1
    C. 方案 3—方案 1—方案 2　　　　D. 方案 1—方案 2—方案 3

四、计算题

1. 已知两个项目建设方案，方案 A 投资额为 300 万元，年净收益为 60 万元；方案 B 投资额为 270 万元，年净收益为 54 万元。基准投资回收期为 6 年，请选出最优方案。

2.两个互斥型方案的数据见表5-15,寿命期均为10年,若基准收益率为15%,试用增量内部收益率判定方案的优劣。

表 5-15 两个互斥型方案的有关数据 万元

方案	投资	年经营费用	年营业收入
A	1 500	650	1 150
B	2 300	825	1 475

3.现有四个互斥型投资方案,有关数据见表5-16,假定各方案的寿命期均为8年,基准收益率为10%,试用增量内部收益率选出最优方案。

表 5-16 四个互斥型投资方案的有关数据 万元

方案	投资	年净收益
A	2 000	400
B	2 500	480
C	3 000	600
D	3 500	720

4.有两种可供选择的设备。A设备须投资1万元,使用寿命为5年,残值为1 000元,使用后年净收益为4 500元;B设备须投资3万元,使用寿命为10年,残值为零,使用后年净收益为1万元。设基准收益率为15%,试分别用净现值法、净年值法比较两个方案的经济效益。

5.某项目规划15年完成。开始投资6万元,5年后再投资5万元,10年后再投资4万元。每年的保养费用分别为:前5年每年1 500元,次5年每年2 500元,最后5年每年3 500元。15年年末的残值为8 000元。试用8%的基准折现率计算该项目的费用现值和费用年值。

6.设计部门提出了两种运动看台设计方案。方案一:钢筋混凝土建造,投资35万元,每年保养费2 000元;方案二:砖混结构,投资20万元,以后每三年油漆一次需1万元,每12年更换座位需4万元,36年全部木造部分拆除更新需10万元。设基准收益率为5%,在永久使用的情况下,哪个方案更经济?

7.现有三个独立型方案A、B、C,寿命期均为10年,初始投资和年净收益见表5-17,当投资额为800万元时,试用互斥方案组合法求最优方案组合(i_c=10%)。

表 5-17 三个独立型方案的有关数据 万元

方案	投资	年净收益
A	200	42
B	375	68
C	400	75

8.有六个可供选择的独立型方案,各方案初始投资及年净收益见表5-18,当资金限额分别为1 950万元、2 700万元时,按净现值率排序法,对方案做出选择($i_c=12\%$)。

表5-18　　　　　　　　　六个独立型方案的有关数据　　　　　　　　　　　万元

方案	A	B	C	D	E	F
投资	600	640	700	750	720	680
1～10年净收益	250	280	310	285	245	210

9.现有八个相互独立的投资方案,期初投资额和每年年末净收益见表5-19,各方案寿命期均为10年,基准收益率为10%,当资金限额分别为95万元、180万元时,用净现值率排序法进行方案选择。

表5-19　　　　　　　　　八个独立型方案的有关数据　　　　　　　　　　　万元

方案	A	B	C	D	E	F	G	H
投资	10	14	13	15	18	17	16	12
1～10年净收益	3.04	3.47	3.56	3.91	4.86	4.34	4.25	3.30

10.现有三个独立型方案A、B、C,寿命期均为10年,初始投资和年净收益见表5-20,当投资额为800万元时,试用互斥方案组合法求最优方案组合($i_c=10\%$)。

表5-20　　　　　　　　　三个独立型方案的有关数据　　　　　　　　　　　万元

方案	A	B	C
投资	200	375	400
年净收益	42	68	75

第六章 不确定性分析

学习内容

不确定性问题概述；盈亏平衡分析；敏感性分析；Excel 在不确定性分析中的应用。

学习目标

1. 知识目标
(1) 掌握不确定性分析的概念；
(2) 掌握主要的不确定因素；
(3) 掌握盈亏平衡分析的概念；
(4) 掌握线性盈亏平衡分析、互斥型方案盈亏平衡分析；
(5) 掌握敏感性分析的概念；
(6) 熟悉单因素敏感性分析和多因素敏感性分析；
(7) 熟悉 Excel 在不确定性分析中的应用；
(8) 了解不确定性问题产生的原因；
(9) 了解敏感性分析的步骤；
(10) 了解敏感性分析的局限性。

2. 能力目标
(1) 能够运用线性盈亏平衡分析法对项目进行分析；
(2) 能够运用互斥型方案盈亏平衡分析法对项目进行选优；
(3) 能够运用单因素敏感性分析法对项目进行分析；
(4) 能够运用 Excel 进行相关计算。

案例导入

某房地产开发公司拟投资开发一幢写字楼,假设地价为 100 万元,5 个月以后开工,建设工期为 18 个月。建成后的写字楼全部出租或出售。建设费为 600 万元,分 3 期支付,每期 6 个月,期末支付。据预测,建成后的写字楼租值为 66 万元/年,销售价格可望达到 1 100 万元。全部投资均为贷款,贷款利率为每 6 个月 7.5%。

各项支出及期望利润估算如下:

(1) 置地费用:

土地成本 100 万元,手续费 20 万元,合计 120 万元。

置地贷款本息为 $r=P(1+i)^n=120\times(1+0.075)^4\approx160.26$(万元)

这里假设土地成本及手续费在购地时一次付清,两年后(每 6 个月为 1 个计息期,24 个月为 4 个计息期)还本付息。

(2) 建设费用:

勘察设计费 15 万元,工程建设费 600 万元。

工程建设贷款本息为

$15\times(1+0.075)^3+600\div3\times(1.075^2+1.075+1)\approx18.634+646.125\approx664.76$(万元)

这里假设勘察设计费在工程建设初期支付,到工程完工为三个计息期。

工程建设费分三次支付,其计息期分别为:2,1,0。

(3) 其他费用:10 万元。

(4) 期望总支出:(1)+(2)+(3)=160.26+664.76+10≈835(万元)。

(5) 房地产期望售价:1 100 万元。

(6) 期望利润:$E(x)$=期望售价-期望总支出=1 100-835=265(万元)。

从上述期望利润估算中我们知道:工程建设费、开发期、贷款利率和房地产售价四个可变因素是影响期望利润的四大因素。置地费用一旦支付就不可变动,因此,不能指望它对期望利润再做贡献。讨论四大可变因素的变化对期望利润的影响,亦即讨论期望利润对各影响因素的敏感性。

思考:什么是敏感性分析?敏感性分析的步骤是什么?敏感性因素不同所采用的分析方法也不同。

进一步分析:敏感性分析的局限性,如何运用 Excel 进行敏感性分析。

在工程经济分析中,所考察的项目大多处在可行性研究阶段,所采用的数据大部分来自人们的估算和预测,与未来项目建设、经营中的实际值很有可能不一致,即具有一定程度的不确定性(uncertainty)。进行不确定性分析,主要是为了分析不确定因素对经济评价指标的影响。也就是说,通过分析其对投资方案经济效果的影响程度,了解项目可能存在的风险和财务的可靠性。不确定性分析主要包括敏感性分析和盈亏平衡分析。

第一节 不确定性分析概述

从理论上讲,不确定性是指对与项目有关的因素或未来的情况缺乏足够的信息因而无法做出正确的估计。

与不确定性相区别的是风险的概念。风险是指由于随机原因所引起的项目总体的实际价值与预期价值之间的差异。风险是与出现不利结果的概率相关联的,出现不利结果的概率(可能性)越大,风险也就越大。

不确定性分析是指在预测或估计一些主要因素发生变化的情况下,分析其对经济评价指标的影响。

 不确定性问题的产生

在未来情况不可能完全确定的情况下,工程项目的大部分数据是由人们估算、预测而来的,与项目上马后的实际数据可能会有一些偏差。这就给工程项目的投资带来潜在的风险,如对产销和需求的估计、对原材料或产品销售价格的估计等都存在着不确定性。项目评价必须对工程项目的准确性和可靠性加以严格审查,进行不确定性分析,以判断其承担风险的能力。导致估算和预测偏差的原因主要有以下几个方面:

(1)基本数据的误差,这一般是由原始统计数据的差错造成的;
(2)样本数据量不够,不足以反映客观的变动趋势或数据之间的关系;
(3)统计方法的局限性或数学模型过于简化,不能很好地反映实际情况;
(4)假设前提不准确;
(5)无法预见的经济或社会政治情况的变动;
(6)经济关系或经济结构的变化;
(7)存在不能以数量表示的因素;
(8)新产品或替代品的出现;
(9)技术或工艺的变化或重大突破。

除此之外,以下的一些不确定因素也可能存在,如国民收入和人均收入的增长率的变化;有力的竞争者的出现或消失;家庭消费结构的变化;需求弹性的变化;运费、税收因素的变化等。

 主要的不确定因素

在现实经济生活中,下列几种因素是要发生变化的,正是由于它们的变化,使得投资项目及其经济分析存在着不确定性。

(一) 价格的变动

在市场经济条件下,货币的价格随着时间的推移而降低,即物价总的趋势是上涨的。房地产单价(或租金水平)或建材等原材料价格,是影响经济效益的最基本因素。它通过投资费用、生产成本、销售价格反映到经济效益指标上来。房地产投资项目的经济寿命一般在10~20年,在这一时期内,租金水平必然变化;在建设期间,由于建设期较长,建材等价格将发生变化。所以,价格的变动成了投资分析中重要的不确定因素。

(二) 投资费用的变化

如果在投资估算时,项目的总投资没有打足,或者是由于其他原因而延长了建设期,都将引起项目投资费用的变化,导致项目的投资规模、总成本费用和利润总额等经济指标的变化。

(三) 经济形势的变化

投资项目的财务分析,是受政府现行的法规制约或影响的。其中,税收制度、财政制度、金融制度、价格体制和房改进程等对项目的经济效益起着决定性作用。随着经济形势的变化,相关的经济法规等必然发生变化。

(四) 其他因素

其他因素包括很广,诸如房地产建筑质量、物业管理水平、技术进步等。应根据具体项目特点及客观情况,抓住关键因素,正确判断。

不确定性问题的分析方法

不确定性问题的分析主要有盈亏平衡分析和敏感性分析。盈亏平衡分析是通过盈亏平衡点(BEP)分析项目成本与收益的平衡关系的一种方法。各种不确定因素(如投资、成本、销售量、产品价格、项目寿命期等)的变化会影响投资方案的经济效果,当这些因素的变化达到某一临界值时,就会影响方案的取舍。盈亏平衡分析的目的就是找出这种临界值,即盈亏平衡点,判断投资方案对不确定因素变化的承受能力,为决策提供依据。

盈亏平衡点的表达形式有多种。它可以用实物产量、单位产品售价、单位产品可变成本以及年固定成本总量表示,也可以用生产能力利用率(盈亏平衡点率)等相对量表示。其中产量与生产能力利用率,是进行项目不确定性分析中应用较广的。根据生产成本、营业收入与产量(销售量)之间是否呈线性关系,盈亏平衡分析可分为:线性盈亏平衡分析、非线性盈亏平衡分析。

敏感性分析是投资项目经济评价中常用的一种研究不确定性的方法。它在不确定性分析的基础上,进一步分析不确定因素对投资项目的最终经济效益指标的影响及影响程度。敏感性因素一般可选择主要参数(如营业收入、经营成本、生产能力、初始投资、寿命期、建设期、达产期等)进行分析。若某参数的小幅度变化能导致经济效益指标的较大变化,则称此参数为敏感性因素,反之则称其为非敏感性因素。

第二节 盈亏平衡分析

 一、盈亏平衡分析的概念

工程项目的盈亏平衡分析又称为损益平衡分析(Break Even Analysis)。它是根据项目正常生产年份的产品产量(或销售量)、固定成本、可变成本、产品价格和营业税金等因素确定项目的盈亏平衡点 BEP(Break Even Point),即营利为零时的临界值,然后通过盈亏平衡点分析项目的成本与收益的平衡关系及项目抗风险能力的一种方法。由于方案的盈亏平衡分析是研究产品产量、成本和营利之间的关系,所以又称量本利分析。

根据成本总额对产量的依存关系,全部成本可以分成固定成本和变动成本两部分。在一定期间把成本分解成固定成本和变动成本两部分后,再同时考虑收入和利润,建立关于成本、产销量和利润三者关系的数学模型。这个数学模型的表达形式为

$$利润＝营业收入－总成本－税金 \qquad (6-1)$$

工程项目的经济效果,会受到许多因素的影响,当这些因素发生变化时,可能会导致原来营利的项目变为亏损项目。盈亏平衡分析的目的就是找出这种由营利到亏损的临界点,根据此判断项目风险的大小以及项目对风险的承受能力,为投资决策提供科学的依据。由于项目的收入与成本都是产品产量的函数,按照变量之间的函数关系,将盈亏平衡分析分为两种:①当项目的收入与成本都是产量的线性函数时,称为线性盈亏平衡分析;②当项目的收入与成本都是产量的非线性函数时,称为非线性盈亏平衡分析。

通过盈亏平衡分析可以找出盈亏平衡点,考察企业(或项目)对产出品变化的适应能力和抗风险能力。用产量和生产能力利用率表示的盈亏平衡点越低,表明企业适应市场需求变化的能力越大,抗风险能力越强;用产品售价表示的盈亏平衡点越低,表明企业适应市场价格下降的能力越大,抗风险能力越强。盈亏平衡分析只适宜在财务分析中应用。

 二、线性盈亏平衡分析

(一) 营业收入、产品成本与产品产量的关系

1.营业收入与产品产量的关系

投资项目的营业收入与产品销量(假设以销定产)的关系有两种情况:

第一种情况是销售不会影响市场供需状况,则在其他市场条件不变时,产品的售价

111

不会随销售量而变,即

$$TR = PQ \quad (6-2)$$

式中　TR——营业收入;
　　　P——单位产品价格;
　　　Q——产品销售量亦即项目的产量。

第二种情况是该项目的生产销售将明显地影响市场的供求关系,或存在批量折扣时,这时 $P = P(Q)$,项目的营业收入为

$$TR = \int_0^Q P(Q)\mathrm{d}Q \quad (6-3)$$

2.产品成本与产品产量的关系

项目的成本由固定成本和变动成本两部分构成。固定成本是指在一定生产规模内不随产量的变动而变动的费用;变动成本是指随产品的产量变动而变动的费用。变动成本与产品产量接近为正比例关系。因此总成本费用与产品产量的关系可近似地认为是线性关系,即

$$TC = C_f + C_v Q \quad (6-4)$$

式中　TC——总成本费用;
　　　C_f——固定成本;
　　　C_v——单位产品变动成本。

(二) 线性盈亏平衡分析模型

线性盈亏平衡分析模型是假定产品营业收入与产品总成本都是产品产量的线性函数。对应的盈亏平衡点也相应地称为线性平衡点,或称之为保本点,即企业不赔不赚时的销售量所在之处。线性情况下,在盈亏平衡图(图6-1)上,BEP 点表示总成本与总营业收入线相交之点。

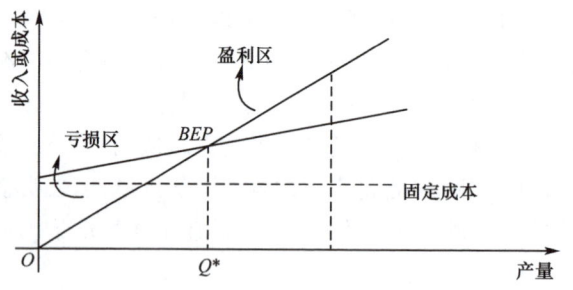

图6-1　线性盈亏平衡分析图

盈亏平衡点是重要的数量指标,进行可行性研究时,无论是预测利润还是分析项目的抗风险能力,都需要计算盈亏平衡点。根据盈亏平衡点的定义,当达到盈亏平衡状态时,总成本费用等于总营业收入,设 Q^* 为盈亏平衡点时的产量,TC 表示总成本,达到盈亏平衡时有

$$TR = TC, \quad PQ^* = C_f + C_v Q^*$$

即

$$Q^* = \frac{C_f}{P - C_v} \tag{6-5}$$

如果价格是含税的,则可用下式来计算盈亏平衡点产量,即

$$P(1-r)Q^* = C_f + C_v Q^*$$

则有

$$Q^* = \frac{C_f}{P(1-r) - C_v} \tag{6-6}$$

式中 r——产品销售税率。

对建设项目运用盈亏平衡点分析时应注意:盈亏平衡点要按项目投产后的正常年份计算,而不能按计算期内的平均值计算。若产量 $Q > Q^*$,则利润 $TR - TC > 0$;若产量 $Q < Q^*$,则利润 $TR - TC < 0$。从图 6-1 中可以看到,盈亏平衡点越低,达到此点的盈亏平衡产销量就越少,项目投产后营利的可能性就越大,适应市场变化的能力就越强,抗风险能力也就越强。

盈亏平衡点除可用产量表示外,还可用营业收入、生产能力利用率、单位产品价格以及单位产品变动成本等来表示。

如果按设计生产能力进行生产和销售,BEP 还可以由盈亏平衡点价格 $BEP(P)$ 来表示,即

$$P^* = \frac{C_f}{Q_c(1-r)} + \frac{C_v}{1-r} \tag{6-7}$$

式中 P^*——盈亏平衡点价格;

Q_c——设计生产能力的产量即达产的产量。

生产能力利用率的盈亏平衡点是指盈亏平衡点销售量占达产时产量的比例,即

$$q^* = \frac{Q^*}{Q_c} \times 100\% = \frac{C_f}{Q_c[P(1-r) - C_v]} \times 100\% \tag{6-8}$$

若按设计生产能力进行生产和销售,且销售价格已定,则盈亏平衡单位产品变动成本为

$$C_v = P(1-r) - \frac{C_f}{Q_c} \tag{6-9}$$

对于一些项目不知道产品的价格时,盈亏平衡点通常可采用生产能力利用率或产量表示,其计算公式为

$$BEP(q^*) = \frac{年固定成本}{年营业收入 - 年可变成本 - 年营业税金及附加} \times 100\% \tag{6-10}$$

$$BEP(Q^*) = BEP(q^*) \times 设计生产能力 \tag{6-11}$$

【例 6-1】 某项目生产某种产品年设计生产能力为 30 000 件,单位产品价格为 3 000 元,总成本费用为 7800 万元,其中固定成本为 3 000 万元,总变动成本与产品产量成正比,销售税率为 5%,求以产量、生产能力利用率、销售价格、营业收入、单位产品变动成本表示的盈亏平衡点。

解:单位产品变动成本

$$C_v = \frac{TC - C_f}{Q_c} = \frac{(7\,800 - 3\,000) \times 10^4}{3 \times 10^4} = 1\,600(元/件)$$

盈亏平衡点的产量

$$Q^* = \frac{C_f}{P(1-r) - C_v} = \frac{3\,000 \times 10^4}{3\,000 \times (1-5\%) - 1\,600} \approx 2.4(万件)$$

盈亏平衡点的生产能力利用率

$$q^* = \frac{Q^*}{Q_c} \times 100\% = \frac{2.4 \times 10^4}{3 \times 10^4} \times 100\% = 80\%$$

盈亏平衡点的销售价格

$$P^* = \frac{C_f}{Q_c(1-r)} + \frac{C_v}{1-r} = \frac{3\,000 \times 10^4}{3 \times 10^4 \times (1-5\%)} + \frac{1\,600}{1-5\%} \approx 2\,736.8(元/件)$$

盈亏平衡点的营业收入(税后)

$$TR = P(1-r)Q^* = 3\,000 \times (1-5\%) \times 2.4 \times 10^4 = 6\,840(万元)$$

盈亏平衡点的单位产品变动成本

$$C_v = P(1-r) - \frac{C_f}{Q_c} = 3\,000 \times (1-5\%) - \frac{3\,000 \times 10^4}{3 \times 10^4} = 1\,850(元/件)$$

线性盈亏平衡分析法简单明了,但这种方法在应用中有一定的局限性,主要表现在实际的生产经营过程中,收益和支出与产品产量之间往往呈现出一种非线性的关系,这时就需要用到非线性盈亏平衡分析法。

  三 **非线性盈亏平衡分析**

在实际生产中营业收入和生产总成本与产销量之间不一定都是线性变化的关系,而往往是非线性变化的。例如:在新产品研制中,变动成本与生产量之间就不是直线关系而是曲线变化。主要因素有研制阶段产量少而成本高;正式投产以后,大批量生产工效高,单位变动成本就会下降;又如变动成本中的原材料费,也可能由于购买量大而得到优惠;另外,营业收入也可能因为产品的批量出售而给客户优惠价格而减少。此外,垄断竞争下,随着项目产销量的增加,市场上产品的单位价格就要下降,因而营业收入与产销量之间是非线性关系;同时,企业增加产量时原材料价格可能上涨,同时要多支付一些加班费、奖金及设备维修费,使产品的单位可变成本增加,从而总成本与产销量之间也成非线性关系。这些因素综合影响的结果是营业收入和生产总成本与产销量之间可能成为非线性函数关系,归纳起来可能有三种情况:

(1)营业收入变化为直线,生产成本变化为曲线;

(2)营业收入变化为曲线,生产成本变化为直线;

(3)营业收入和生产成本变化均为曲线。

不论是上述哪一种情况,都不能采用前述的线性盈亏平衡分析法计算盈亏平衡点,而只能采用非线性盈亏平衡分析法进行计算。现以上述第三种情况为例,设

$$TR = a_1 Q + a_2 Q^2 \\ TC = b_0 + b_1 Q + b_2 Q^2 \Bigg\} \qquad (6\text{-}12)$$

式中　b_0——固定成本；

a_1、a_2、b_1、b_2——与产量有关的收益或成本系数。

对上述非线性的成本与收益曲线进行盈亏分析，一般说来，盈亏平衡点的产量满足下面的方程

$$TR = TC$$

即

$$a_1 Q + a_2 Q^2 = b_0 + b_1 Q + b_2 Q^2$$

可以转换成

$$(a_2 - b_2)Q^2 + (a_1 - b_1)Q - b_0 = 0 \qquad (6\text{-}13)$$

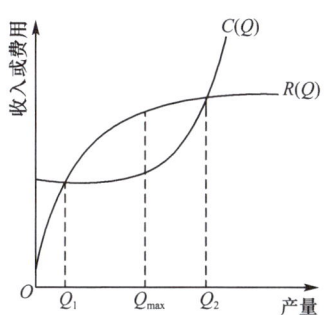

此方程是一个一元二次方程，可求得两个平衡点的临界产量 Q_1 和 Q_2，如图 6-2 所示。

(Q_1, Q_2) 区间称为营利区，$Q < Q_1$ 或 $Q > Q_2$ 的区间称为亏本区，使 $TR - TC$ 取极大值的 Q_{max} 就是企业的最优产量。

图 6-2　非线性盈亏平衡分析图

四　互斥型方案的盈亏平衡分析

对若干个互斥型方案进行比选的情况下，某个不确定因素可能影响每个方案的取舍，这时将各方案的经济效果指标作为因变量，建立各经济效果指标与不确定因素之间的函数关系。由于各方案经济效果函数的斜率不同，所以各函数曲线必然会发生交叉，即在不确定因素的不同取值区间内，各方案的经济效果指标高低的排序不同，可由此来确定方案的取舍。

【例 6-2】　某房地产开发商拟投资开发建设住宅项目，建筑面积为 5 000～10 000 平方米，现有 A、B、C 三种方案，各方案的技术经济数据见表 6-1。现假设资本利率为 5%，试确定各建设方案经济合理的建筑面积范围。

表 6-1　　　　　　　　　　三种方案的技术经济数据

方案	造价/(元/平方米)	运营费/万元	寿命期/年
A	1 200	35	50
B	1 450	25	50
C	1 750	15	50

解：设建筑面积为 x，则各方案的年度总成本分别为

$AC(x)_A = 1\ 200 x (A/P, 5\%, 50) + 350\ 000$

$AC(x)_B = 1\ 450 x (A/P, 5\%, 50) + 250\ 000$

$AC(x)_C = 1\ 750 x (A/P, 5\%, 50) + 150\ 000$

令 $AC(x)_A = AC(x)_B$，求得 $x_{AB} = 7\ 299$ 平方米；

令 $AC(x)_C = AC(x)_B$，求得 $x_{BC} = 6\,083$ 平方米；

令 $AC(x)_A = AC(x)_C$，求得 $x_{AC} = 6\,636$ 平方米。

以横轴表示建筑面积，纵轴表示年度总成本，绘出盈亏平衡分析图，如图6-3所示。从图6-3中可以看出，当建筑面积小于6 083平方米时，方案C为优；当建筑面积为6 083~7 299平方米时，方案B为优；当建筑面积大于7 299平方米时，方案A为优。

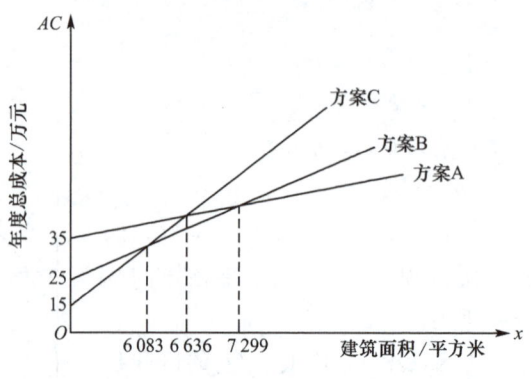

图6-3 三种方案的盈亏平衡分析图

第三节 敏感性分析

 相关概念

（一）敏感性分析的概念

敏感性分析是指通过测定一个或多个敏感性因素的变化所导致的决策评价指标变化的幅度，以判断各种因素的变化对实现项目预期经济目标的影响程度，从而对外部条件发生不利变化时投资建设方案的承受能力作出判断。不确定因素的变化会引起项目经济指标随之变化，各个不确定因素对经济指标的影响又是不一样的，有的因素可能对项目经济的影响较小，而有的因素可能会给项目经济带来大幅度的变动，我们就称这些对项目经济影响较大的因素为敏感性因素。敏感性分析就是要找出项目的敏感性因素，并确定其敏感程度，以预测项目承担的风险。

一般进行敏感性分析所涉及的不确定因素主要有：产量（生产负荷）、产品生产成本、主要原材料价格、燃料或动力价格、可变成本、固定资产投资、建设期、折现率、外汇汇率等。敏感性分析不仅能使决策者了解不确定因素对项目经济评价指标的影响，也能使决策者对最敏感的因素或可能产生最不利变化的因素提出相应的决策和预防措施，还可以启发评价者对那些较为敏感的因素重新收集资料进行分析研究，以提高预测的可靠性。

敏感性分析应注意三个方面的问题：
(1)敏感性分析是针对某一个(或几个)效益指标而言来找其对应的敏感性因素,即具有针对性;
(2)必须有一个定性(或定量)的指标来反映敏感性因素对效益指标的影响程度;
(3)做出因这些因素变动而对投资方案承受能力的判断。

敏感性分析不仅可以应用于拟建项目的经济评价中,以帮助投资人做出最后的决策,还可以用在项目规划阶段和方案选择中。敏感性分析一般分为两类:单因素敏感性分析和多因素敏感性分析。单因素敏感性分析是指在进行敏感性分析时,假定只有一个因素是变化的,其他的因素均保持不变,分析这个可变因素对经济评价指标的影响程度和敏感程度。多因素敏感性分析是指同时有两个或者两个以上的因素发生变化时,分析这些可变因素对经济评价指标的影响程度和敏感程度。

(二) 敏感性分析的步骤

1. 确定敏感性分析的指标

在进行敏感性分析时,首先要确定最能反映项目经济效益的分析指标,具有不同特点的项目,反映经济效益的指标也大不相同,一般为净现值 NPV 和内部收益率 IRR。

2. 确定分析的不确定因素

影响项目经济评价的不确定因素很多,通常有产品销量、产量、价格、经营成本、项目建设期和生产期等。在实际的敏感性分析中,没有必要也不可能对全部的不确定因素均进行分析,一般只选那些在费用效益构成中所占比重比较大,对项目经济指标影响较大的最敏感的几个因素进行分析。通常将营业收入、产品售价、产品产量、经营成本、计算期限和投资额等因素作为敏感性因素进行敏感性分析。

3. 确定不确定因素的变化范围

不确定因素的变化,一般都有一定的范围。如营业收入,将来会受市场影响,项目产量和售价,将在一定预测范围内变化,这个范围可通过市场调查或初步估计获得。我们假设其变化幅度和范围就应限制在这个范围之中。假设某产品价格近几年变化在 $-10\%\sim+10\%$ 内,这就可将价格变化范围定为 $-15\%\sim+15\%$ 来进行敏感性分析。

4. 计算评价指标,绘制敏感性分析图并进行分析

计算各种不确定因素在可能的变动幅度和范围内导致项目经济评价指标的变化结果,并以一一对应的数量关系,绘制出敏感性分析图。

在进行这种分析计算的过程中,先假设一个变量发生变化,其他因素变量不变,计算其不同变动幅度,如 $-5\%\sim+5\%$、$-10\%\sim+10\%$ 等所对应的经济评价指标值,这样一个一个地计算下去,直到把所有敏感性因素计算完为止。然后,利用计算出来的一一对应关系,在敏感性分析图上绘出相应因素的敏感性变化曲线。纵坐标表示敏感性分析指标,横坐标表示各敏感性因素的变化,零点为原来没变的情况;分析曲线的变化趋势,确定最大允许变化的幅度和最敏感性因素。敏感性分析作为一种风险分析,主要是为了表明项目承担风险的能力,如某个不确定因素变化引起项目经济评价指标的变化不大,则认为项目经济生命力强,承担风险能力大。显然,项目经济评价指标对不确定因素的敏

感度越低越好。所以,敏感性分析主要是寻找引起项目经济评价指标下降的最敏感性因素并对其进行综合评价,提出把风险降到最低限度的对策,为投资决策提供参考。

二 单因素敏感性分析

单因素敏感性分析是敏感性分析的基本方法,它的步骤和方法如下:

单因素敏感性分析

(一) 确定敏感性分析经济评价指标

敏感性分析的对象是具体的技术方案及其反映的经济效益。投资回收期、投资收益率、净现值、内部收益率等,都可作为敏感性分析的指标。需要注意的是选择进行敏感性分析的指标,必须与确定性分析的评价指标相一致。

(二) 选取不确定因素,并设定它们的变化范围

在进行敏感性分析时,并不需要对所有的不确定因素都考虑和计算,而应视方案的具体情况选取几个变化可能性较大,并对经济效益目标值影响作用较大的因素(指标)即可。如产品售价变动、产量规模变动、投资额变化等,或是建设期缩短、达产期延长等,一般都对方案的经济效益造成影响。

(三) 计算因素变动对分析指标的影响程度

假定其他因素不变,一次仅变动一个因素。重复计算各个敏感性分析的因素变化对评价指标影响的具体数值。然后采用敏感性分析计算表或分析图的形式,把不确定因素的变动与分析指标的对应数量关系反映出来,以便于测定敏感性因素。

(四) 确定敏感性因素

敏感性因素是指能引起评价指标产生较大变化的因素。确定某一因素敏感与否,有两种方法:一是相对测定法,即设定要分析的因素均从基准值开始变动,且各因素每次变动的幅度相同,比较在同一变动幅度下各因素的变动对评价指标的影响,即可判断出各因素的敏感程度;二是绝对测定法,即先设定有关经济效果评价指标的临界值,如净现值为零或内部收益率等于基准收益率,然后求出待分析因素允许的最大变动幅度,并与其可能出现的最大变动幅度相比较,如果某因素可能出现的变动幅度超过允许的最大变动幅度,则表明该因素是方案的敏感性因素。

(五) 结合确定性分析进行综合评价,判断方案的风险程度

在项目的各方案比较中,对主要因素变化不敏感的方案,其抵抗风险的能力比较强,获得满意经济效果的可能性比较大,优于敏感方案,应优先考虑接受。有时,还根据敏感性分析的结果,采取相应的对策。

【例6-3】 某一投资方案,其设计能力为年产某产品1 500台,预计产品售价1 800元/台,单位产品成本为700元/台,估算投资800万元,方案寿命期为8年,试对此方案的静态投资回收期作敏感性分析。

解:本例敏感性分析指标是静态投资回收期,先作确定性分析。

$$静态投资回收期 = \frac{800 \times 10^4}{1\,500 \times (1\,800 - 700)} \approx 4.8(年)$$

选择产品售价、产量和投资作为进行敏感性分析的因素,并计算这些因素变化时对静态投资回收期的影响程度,具体计算结果见表6-2。

表 6-2　　　　　　　　因素变化对静态投资回收期的影响程度

变化率 影响因素	+20%	+10%	0	-10%	-20%
产量/(台/年)	4	4.4	4.8	5.39	6.06
售价/(元/台)	3.65	4.17	4.8	5.8	7.21
投资方/万元	5.82	5.33	4.8	4.4	3.88

确定敏感性因素。根据表6-2绘制敏感性分析图6-4,由图6-4可以看出,方案的静态投资回收期对产品售价最敏感。在其他因素不变的情况下,如果售价降低幅度超过24%,则静态投资回收期将超过方案的寿命期8年,方案将无利可图。因此,产品售价是个敏感性因素,应注意采取有效措施,防止产品售价大幅下跌。

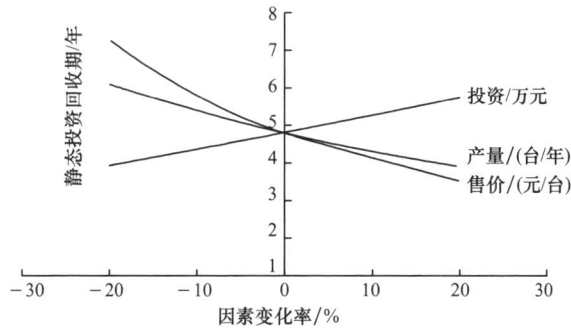

图 6-4　单因素变化敏感性分析图

【例6-4】 某企业拟投资生产一种新产品,计划一次性投资2 000万元,建设期为1年,第二年起每年预计可取得营业收入650万元,年经营成本预计为250万元,项目寿命期为10年,期末预计设备残值收入50万元,基准收益率为10%,试分析该项目净现值对投资、年营业收入、年经营成本、项目寿命期以及基准收益率等因素的敏感性。

解:首先计算该项目的净现值

$NPV = -2\,000 + (650-250)(P/A,10\%,9)(P/F,10\%,1) + 50(P/F,10\%,10)$
$\quad\quad = 113.48(万元)$

对于影响项目净现值的各参数,任何一个不同于预计值的变化都会使净现值发生变化。现假设在其他参数不变的前提下,分别计算各影响参数在其预测值的基础上变化

−20%、−10%、+10%、+20%的幅度时项目的净现值,计算结果列于表 6-3。

表 6-3 单因素变化对净现值的影响程度

影响因素 \ 变化率	+20%	+10%	0	−10%	−20%
总投资/万元	−286.52	−86.52	113.48	313.48	513.48
年营业收入/万元	796.48	455.88	113.48	−225.32	−567.13
年经营成本/万元	−146.72	−15.72	113.48	246.28	377.28
项目寿命期/年	377.77	251.73	113.48	−38.78	−206.48
基准收益率/%	−80.95	12.92	113.48	221.05	336.80

根据表中数据可以画出敏感性分析图 6-5。

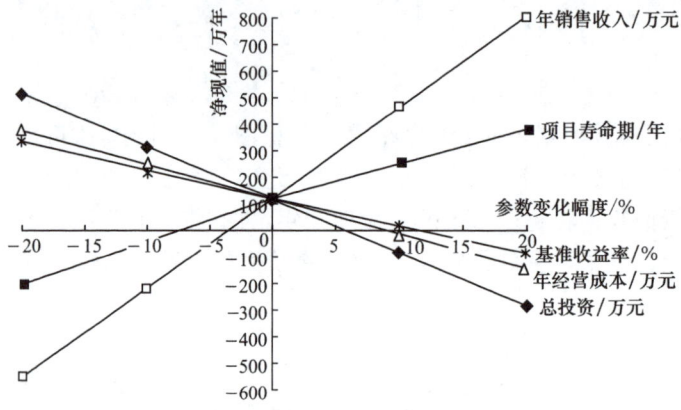

图 6-5 单因素变化敏感性分析图

从图 6-5 中可以看出,年营业收入、总投资、年经营成本、基准收益率、项目寿命期直线的陡度依次从高到低,在同一百分率变动的情况下,它们引起净现值变化的幅度也依次从高到低,即净现值对年营业收入、总投资、年经营成本、基准收益率、项目寿命期变化的敏感程度依次从高到低。因此在敏感性分析图上,直线的陡度越大,项目评价指标对该因素的变动越敏感;反之,直线越平缓,项目评价指标对该因素的变动越不敏感。

 多因素敏感性分析

单因素敏感性分析法适合于分析项目方案的最敏感性因素,但它忽略了各个变动因素综合作用的可能性。无论是哪种类型的技术项目方案,各种不确定因素对项目方案经济效益的影响,都是相互交叉综合发生的,而且各个因素的变化率及其发生的概率是随机的。因此,研究分析经济评价指标受多个因素同时变化的综合影响,研究多因素的敏感性分析,更具有实用价值。多因素敏感性分析要考虑可能发生的各种因素不同变动幅度的多种组合,计算起来要比单因素敏感性分析复杂得多。

(一) 双因素敏感性分析

单因素敏感性分析可得到一条敏感曲线,而分析两个因素同时变化的敏感性时,得到的是一个敏感曲面。

【例 6-5】 某项目基本方案的参数估算值见表 6-4,基准收益率 $i_c=9\%$,试进行双因素敏感性分析。

表 6-4　　　　　某项目基本方案参数估算值

因素	初期投资 I/万元	年营业收入 B/万元	年经营成本 C/万元	期末残值 L/万元	寿命期 n/年
估算值	1 500	600	250	200	6

解:设 x 表示初期投资额(或投资)变化的百分比,用 y 表示年营业收入(或价格)变化的百分比,则当折现率为 i 时,净现值为

$$NPV(i)=-I(1+x)+[B(1+y)-C](P/A,i,6)+L(P/F,i,6)$$
$$=-I+(B-C)(P/A,i,6)+L(P/F,i,6)-Ix+B(P/A,i,6)y$$

即 $NPV(i)=-1\,500+350\times(P/A,i,6)+200\times(P/F,i,6)-1\,500x+600$
$\qquad\times(P/A,i,6)y$

显然 $NPV(i)>0$,则 $IRR>i$。取 $i=i_c=9\%$(基准收益率),则

$$NPV(i_c)=189.36-1\,500x+2\,691.6y$$

此式为一平面方程。令 $NPV(i_c)=0$,可得该平面与 Oxy 坐标面的交线:

$$y=0.557x-0.070\,4$$

如图 6-6 所示,此交线将 Oxy 平面分为两个区域,Oxy 平面上任意一点 (x,y) 都代表投资和价格的一种变化组合,当这点在交线的左上方时,净现值 $NPV(i_c)>0$,即 $IRR>i_c$;若在交线的右下方时,则净现值 $NPV(i_c)<0$,因而 $IRR<i_c$。为了保证方案在经济上可以被接受,应该设法防止处于交线右下方区域的变化组合情况出现。

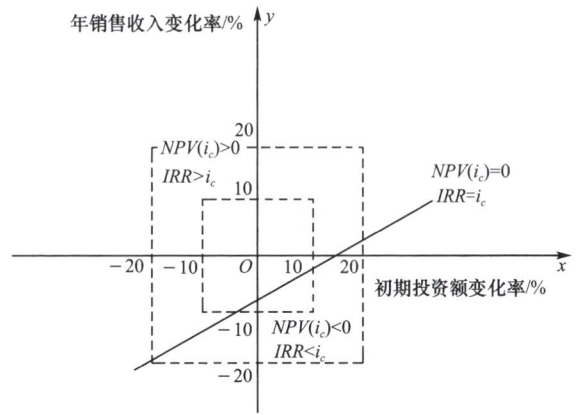

图 6-6　双因素敏感性分析图

(二) 三因素敏感性分析

对于三因素敏感性分析,一般需列出三维的数学表达式,但也可采取降维的方法处理。

【例 6-6】 对【例 6-5】中的方案作关于投资、价格和寿命期三因素同时变化时的敏感性分析。

解:设 x 和 y 的意义同【例 6-5】,n 表示寿命期。$NPV(n)$ 表示寿命期为 n 年,方案的折现率为基准收益率($i_c=9\%$),投资和价格分别具有变化率 x 和 y 时的净现值,则

$$NPV(n)=-I+(B-C)(P/A,9\%,n)+L(P/F,9\%,n)-Ix+B(P/A,9\%,n)y$$

同样,对给定的 x、y 和 n,$NPV(n)>0$,意味着内部收益率 $IRR>i_c$。依次取 $n=5$、6、7,并令 $NPV(n)=0$,按照【例 6-5】中对双因素变化时的敏感性分析过程,可得到下列临界线,如图 6-7 所示。

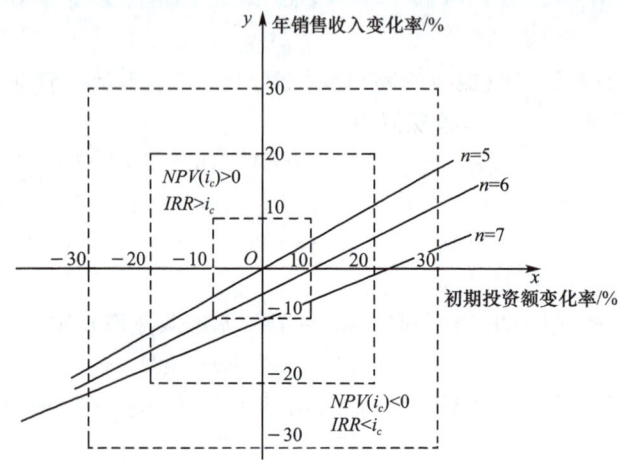

图 6-7 三因素敏感性分析图

$$NPV(5)=-8.654-1\,500x+2\,333.76y=0$$
$$y_5=0.642\,7x+0.003\,7$$
$$NPV(6)=189.36-1\,500x+2\,691.6y=0$$
$$y_6=0.557x-0.070\,4$$
$$NPV(7)=370.92-1\,500x+3\,019.74y=0$$
$$y_7=0.496\,7x-0.122\,8$$

这些临界线的意义如下:$n=5$,即寿命期为 5 年,由于 $y|_{x=0}=0.003\,7>0$,所以,若要项目的内部收益率达到基准收益率,必须增加营业收入或减少投资而使其他条件保持不变。$n=6$、7 时,$y|_{x=0}<0$,故项目在价格和投资方面都有一定的潜力,可承担一定的风险。另外,随着 n 的增大,即寿命期的延长,x 的系数逐渐减小,因此,投资的敏感度将越来越小。同样,如果取 $x=10\%$,可得到年营业收入关于寿命期的临界曲线。例如,$x=10\%$ 时,令 $NPV=0$,其临界曲线为

$$y=\frac{664-403\times 1.09^n}{1\,200\times(1.09^n-1)} \quad 或 \quad n=(\ln 1.09)^{-1}\ln\left(1+\frac{261}{403+1\,200y}\right)$$

同样可求出 $x=-20\%$、0、20% 时的临界曲线并作敏感性分析图。

总之,通过敏感性分析,可以找出影响项目经济效益的关键因素,使项目评价人员将注意力集中于这些关键因素,必要时可对某些最敏感的关键因素重新预测和估算,并在此基础上重新进行经济评价,以减少投资的风险。

四、敏感性分析的局限性

敏感性分析在一定程度上就各种不确定因素的变动对项目经济指标的影响作了定量的描述,这有助于决策者了解项目的风险情况,有助于确定在决策过程中及项目实施中需要重点研究与控制的因素。但是,敏感性分析没考虑各种不确定因素在未来发生一定幅度变动的概率。这可能会影响分析结论的实用性与准确性。在实际中,各种不确定因素在未来发生变动的概率往往有所差别。常常会出现这样的情况,通过敏感性分析找出的某个敏感性因素未来发生不利变动的概率很小,实际引起的风险并不大;而另一个不太敏感的因素未来发生不利变动的概率却很大,实际上所引起的风险反而比那个敏感性因素更大。这类问题是敏感性分析所无法解决的,为弥补这一不足,可借助于概率分析。

尽管敏感性分析在现实中很受欢迎——首要的原因是它所涉及的计算都十分简单——但是其中仍然存在许多问题,包括以下几个方面:

(1)它对各种变量的变动分开进行考虑,但往往会忽略变量之间存在的联系。例如,广告不仅会使产量发生变化,同时也会给价格带来影响,因为价格和产量通常是相关联的。更复杂的方法则试图模拟出多个变量在不同的经济状态或"情景"下同时发生变化所产生的影响。石油行业巨头壳牌集团公司作为这种技术的成功代表而众所周知。

(2)它认为,某些变动会在项目的持续期内不断发生,例如,每一年的经营计划中都提到销售量的变化率为10%。实际上,关键要素的变量往往是随机波动的,因而无法对其进行预测。

(3)它批判地指出了一些无法为管理者所控制,从而不能作为行动指导的要素,但这些要素对于明确项目所面临的风险仍然是有帮助的。

(4)没有提供任何决策原则——没有指出可以接受的最高的敏感性水平。这要取决于管理层的判断以及对待风险的态度。

(5)没有指出所分析的变量发生变异的可能性。要素发生变异是具有潜在破坏性的,但是其发生的概率很小,所以很少对其进行考虑。

第四节 Excel 在不确定性分析中的应用

Excel 在盈亏平衡分析中的应用

下面结合具体实例说明 Excel 在盈亏平衡分析中的应用。

【例 6-8】 假定用设备甲生产产品 A 时,年固定成本为 50 000 元,年产销量为 9 000

个，单位售价为 10.2 元/个，单位变动成本为 6 元/个。试对该产品就销售价格进行盈亏平衡分析。

解：运用 Excel 进行盈亏平衡分析结果如图 6-8、图 6-9 所示。其步骤如下：

用机器甲生产产品A	
固定成本	50000
年产销量	9000
单位售价	10.2
单位变动成本	6
销售收入	91800
总成本	104000
总利润	-12200
盈亏平衡时产量	11904.76
盈亏平衡时销售收入	121428.6
盈亏平衡时总成本	121428.6
盈亏平衡时利润	0

D5: 102

年产销量	销售收入	总成本	利润
	91800	104000	-12200
8000	81600	98000	-16400
9000	91800	104000	-12200
10000	102000	110000	-8000
11000	112200	116000	-3800
12000	122400	122000	400
13000	132600	128000	4600
14000	142800	134000	8800
15000	153000	140000	13000
16000	163200	146000	17200
17000	173400	152000	21400
18000	183600	158000	25600
19000	193800	164000	29800
20000	204000	170000	34000

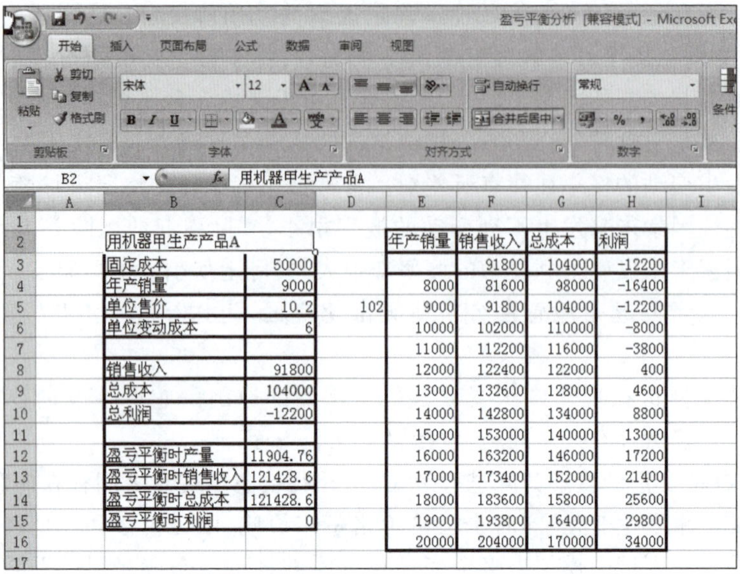

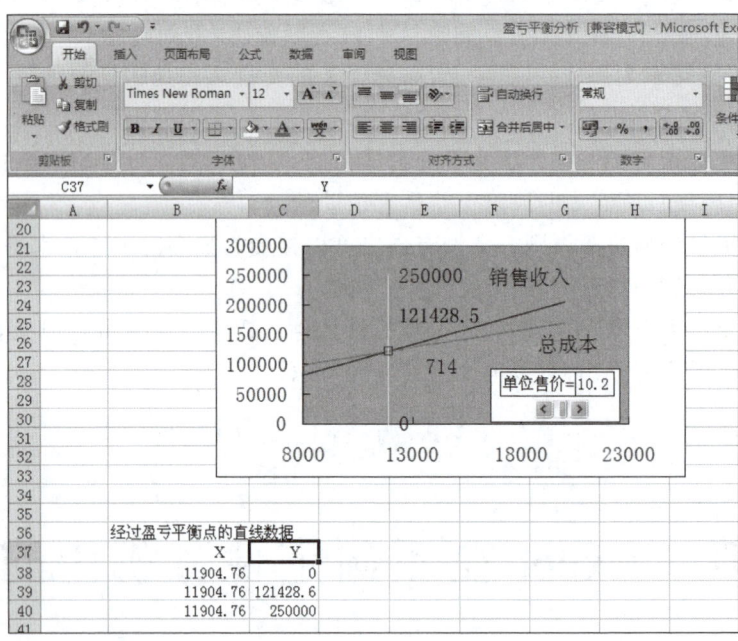

图 6-8 运用 Excel 进行盈亏平衡分析(1)

图 6-9 运用 Excel 进行盈亏平衡分析(2)

第一步，输入基本数据。

在 C3:C6 输入已知的固定成本、年产销量、单位售价、单位变动成本的数据。

输入下列公式：

C8:=C4×C5

C9：=C3+C4×C5
C10：=C8-C9
C12：=C3/(C5-C6)
C13：=C12×C5
C14：=C3+C12×C6
C15：=C13-C14

第二步，做模拟运算表。

E3：H16作一个一维的模拟运算表，分析在不同年产量条件下销售收入、总成本、利润的变化。在E4输入8 000，选定该单元格，选择"编辑"—"填充"—"序列"命令，完成序列填充设置；F3：=C8；G3：=C9；H3：=C10；完成公式设置。选定E3：H16，选择模拟运算表，完成有关设置，反映利润随产量变化情况。

第三步，用图形表示。

利用模拟运算表中的销售收入、总成本数据作散点图。首先不选任何数据，单击"图表向导"工具，在随后出现的对话框中选择"XY散点图"的"无数据点的平滑线散点图"子类。单击"下一步"按钮，在随后出现的对话框中选定"系列标签"，单击"添加"按钮加入第一个系列，指定X值为E4：E16，数值为F4：F16，再单击"添加"按钮加入第二个系列，指定X值为E4：E16，数值为G4：G16。在随后出现的对话框的"图例"选项卡中取消"显示图例"复选框，单击"下一步"按钮，在随后出现的对话框中单击"完成"按钮。对完成图形网格线格式、坐标轴格式等进行一定的调整，可得到图形。

为清楚表示每条线的含义，可以选定数据系列中的某个数据点，选择"数据点格式"命令，在随后出现的对话框中选定"数据标志"选项卡，选择"显示值"选项。然后单击所显示的数据标志，将具体的数值改为文字"销售收入"和"总成本"，这样在相应的线旁就显示了文字说明。

第四步，用一条垂直线来清楚反映盈亏平衡点。

在B38：C40位置给出画该直线所需要的X数据和Y数据，其中B列是X值，C列是Y值。在B38位置输入公式"=＄C＄12"，然后将B38复制到B39：B40。在C38输入Y轴的最小值0，在C40输入Y轴的最大值250 000，在C39输入销售收入和总成本交叉时的Y值，即"=C13"。选定B38：C40，单击"复制"工具，选定图后，选择"编辑"—"选择性粘贴"命令，有关设置为(新系列、列、首列为分类X值)，然后单击"确定"按钮，加上相应垂直线。

选择该垂直线，单击鼠标右键，选择"数据系列格式"—"图案"选项卡，设置数据标记为"无"。再选择经过交叉点的数据点(先单击选定垂直线所在系列，在单击所要的数据点)，单击鼠标右键，选择"数据点格式"—"图案"选项卡，设置"数据标记"的"样式"为方块，大小为6磅；在"数据标志"中设置"显示数据标志"。

第五步，通过可调图形进行盈亏平衡分析。

在图中先画一个矩形框，然后在矩形框中用"窗体"工具画一个滚动条，并要进行过渡单元格的设置。在矩形框的上半部分画两个文字框，左边输入文字"单位售价="，右边输入"="并单击C5单元格后按回车键。

二、Excel 在敏感性模拟分析中的应用

【例 6-9】 企业计划生产某种产品，项目寿命期为 10 年，初始投资 50 万元，建设期 1 年，第 2 年到第 10 年每年销售收入为 40 万元，年经营成本 25 万元，期末资产残值 5 万元。未来经营过程中，投资额、年经营成本、年销售收入均有可能在±20%的范围内变动。设基准折现率为 10%，以净现值作为评价指标对上述三个不确定因素作单因素敏感性分析。

解：运用 Excel 进行敏感性分析结果如图 6-10～图 6-12 所示。其步骤如下：

第一步，计算基本方案的净现值，如图 6-10 所示。

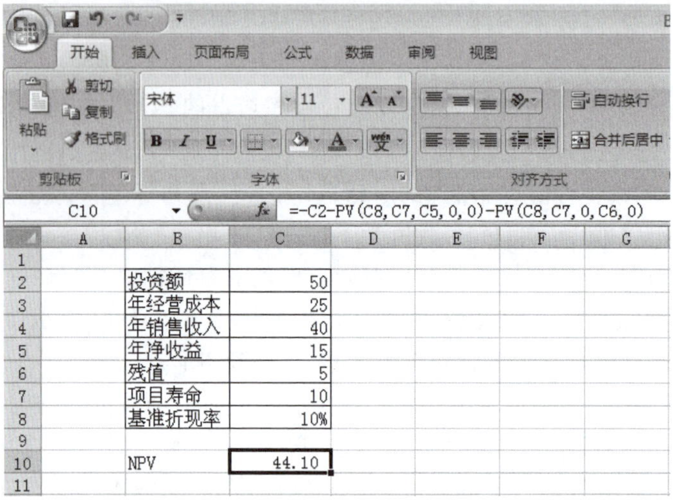

	A	B	C
1			
2		投资额	50
3		年经营成本	25
4		年销售收入	40
5		年净收益	15
6		残值	5
7		项目寿命	10
8		基准折现率	10%
9			
10		NPV	44.10
11			

图 6-10 运用 Excel 进行敏感性分析(1)

第二步，计算各敏感性因素变化以后的净现值，如图 6-11 所示。

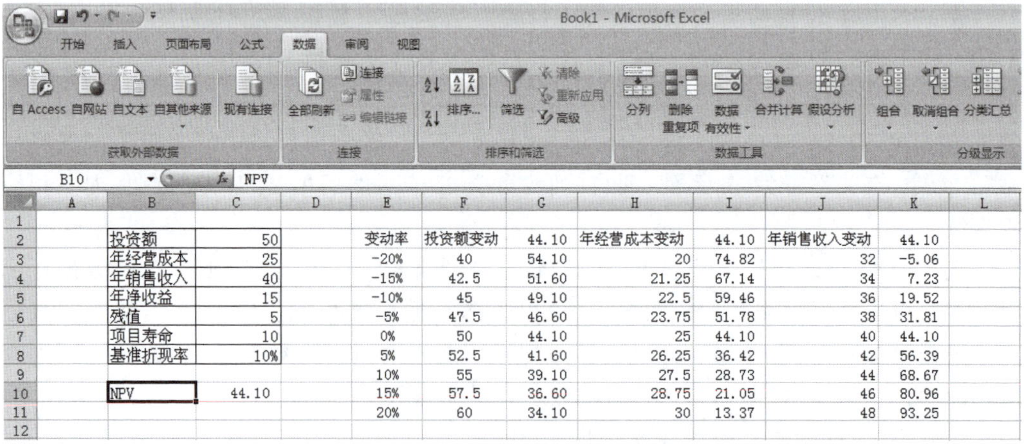

	A	B	C	D	E	F	G	H	I	J	K
1											
2		投资额	50		变动率	投资额变动	44.10	年经营成本变动	44.10	年销售收入变动	44.10
3		年经营成本	25		-20%	40	54.10	20	74.82	32	-5.06
4		年销售收入	40		-15%	42.5	51.60	21.25	67.14	34	7.23
5		年净收益	15		-10%	45	49.10	22.5	59.46	36	19.52
6		残值	5		-5%	47.5	46.60	23.75	51.78	38	31.81
7		项目寿命	10		0%	50	44.10	25	44.10	40	44.10
8		基准折现率	10%		5%	52.5	41.60	26.25	36.42	42	56.39
9					10%	55	39.10	27.5	28.73	44	68.67
10		NPV	44.10		15%	57.5	36.60	28.75	21.05	46	80.96
11					20%	60	34.10	30	13.37	48	93.25
12											

图 6-11 运用 Excel 进行敏感性分析(2)

第三步，绘制单因素敏感性分析图，如图 6-12 所示。

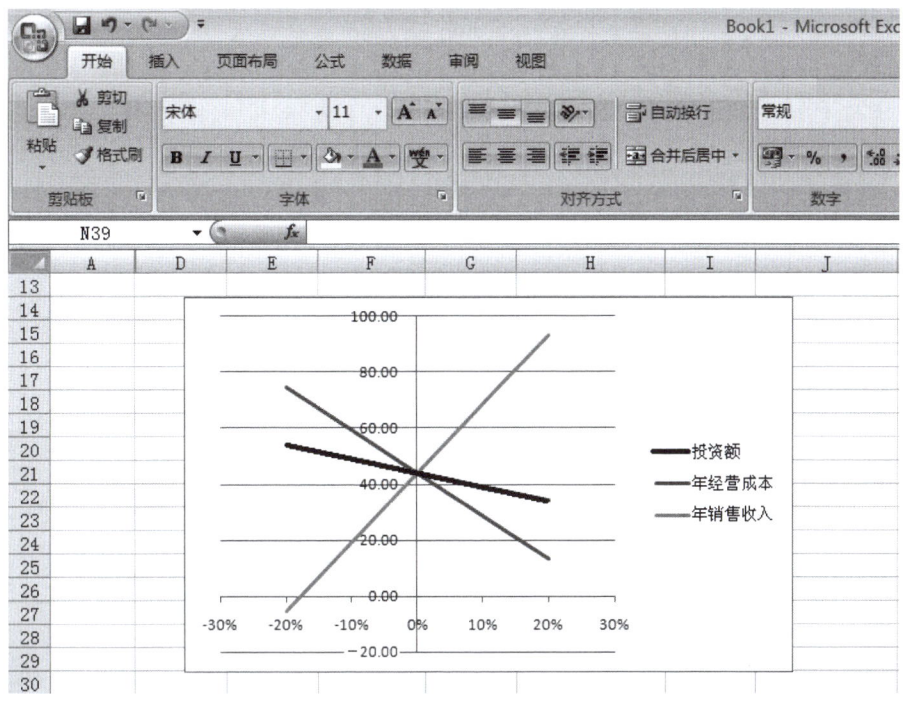

图 6-12　运用 Excel 进行敏感性分析(3)

从图 6-12 可以看出，年销售收入是最敏感的因素，投资额是最不敏感的因素。

本章小结

　　本章首先介绍了不确定因素的概念，不确定问题的产生以及主要的不确定因素有哪些；然后介绍了盈亏平衡分析的概念，线性盈亏平衡分析、非线性盈亏平衡分析和互斥型方案的盈亏平衡分析法，并通过例题帮助学生更好地学习和理解相应的盈亏平衡分析法；之后介绍了敏感性分析的概念和步骤以及单因素敏感性分析和多因素敏感性分析的内容，同时辅以例题以助于学生更好地熟悉敏感性分析的方法，并且分析了敏感性分析的局限性；最后将 Excel 运用于不确定性分析中，使学生能借助信息技术手段进行不确定性分析。

本章习题

1.简述什么是不确定性？什么是风险？主要的不确定因素有哪些？
2.简述盈亏平衡分析的概念、原理及作用。
3.简述线性盈亏平衡分析模型并画出盈亏平衡图。
4.简述敏感性分析的概念及进行敏感性分析的步骤。

5. 某企业投产后,它的年固定成本为 60 000 元,单位变动成本为 25 元,由于原材料整批购买,每多生产一件产品,单位变动成本可降低 0.001 元,单位销售价格为 55 元,销售量每增加一件,售价下降 0.003 5 元。试求盈亏平衡点及最大利润时的销售量。

6. 某项目的建设有三种备选方案。A 方案:从国外引进设备,固定成本 800 万元,单位可变成本 10 元。B 方案:采用一般的国产自动化装置,固定成本 500 万元,单位可变成本 12 元。C 方案:采用自动化程度较低的国产装置,固定成本 300 万元,单位可变成本 15 元。试分析不同方案适用的生产规模。

7. 企业加工一产品,有 A、B 两种设备供选择,有关数据见表 6-5。

表 6-5　　　　　　　　A、B 两种设备的相关数据

设备	初始投资/万元	加工费/(元/件)
A	2 000	800
B	3 000	600

(1) $i=12\%$,使用年限为 8 年,年产量多少时,使用 A 设备有利?

(2) $i=12\%$,年产量为 13 000 件,设备使用年限为多长时,选用 A 设备有利?

8. 设某项目基本方案的初期投资 $P_0=1\,500$ 万元,营业收入 $S=650$ 万元,经营成本 $C=280$ 万元,项目服务期为 8 年,估计预测误差不超过 $\pm 10\%$,基准收益率 $=12\%$。试进行敏感性分析。

第七章

工程建设项目资金筹措

学习内容

融资主体及其融资方式;项目资本金的融通;项目债务筹资;融资方案分析。

学习目标

1.知识目标

(1)掌握项目融资主体的概念;
(2)掌握既有法人融资的概念、适用条件、特点;
(3)掌握新设法人融资的概念、适用条件、特点和与既有法人融资的不同;
(4)掌握资金成本的含义、性质、作用及计算公式;
(5)掌握权益融资成本、负债融资成本、加权平均资金成本的计算公式;
(6)熟悉项目资本金的筹措方式、发行股票筹资的优缺点及筹措项目资本金应注意的问题;
(7)熟悉融资租赁的概念、方式、优缺点,债券的概念及债券筹资的优缺点;
(8)了解项目资本金来源、国内债务筹资来源、国外资金来源。

2.能力目标

(1)能够运用资金成本的计算公式计算资金成本;
(2)能够计算优先股成本和普通股成本;
(3)能够计算债券成本、银行借款成本、租赁成本;
(4)能够运用加权平均资金成本计算公式计算企业资金总成本。

案例导入

我国某重点水利枢纽工程项目,是肩负着发电、航运、防洪、电力调度等多功能、多目的的综合性大型水利项目。工程总量浩大,建设周期长,总投资超过2 000亿元。

一、项目背景

2009年,工程建设全面完成。鉴于项目建设的多功能性,主体工程建成投产只完成了整体项目战略的第一步。至此,整体项目由建设期向后续管理期转变。工程后续工作面临着移民安置致富、区域经济发展、库区生态建设与环境保护、地质灾害防治、水库综合效益拓展等问题。

为解决上述问题,发挥工程的综合效益,实现库区的长远发展,国家制定了该工程后续工作规划。后续规划所需资金投入量大,多数项目具有很高的公益性,社会收益远大于个人收益,投资经济回报率低甚至无回报,并且投资周期长,投资规模大。如何筹集资金,落实工程后续工作规划,全面实现工程建设的多重目标成为后续工作中的重点和难点。

二、项目目标及项目内容

鉴于某咨询公司在财政管理、资金管理和大型专题研究方面的特有优势,以及多年为政府部门、大型国有企业集团服务的经验,工程主管部门特请某咨询公司为此工程后续工作资金筹措方案进行研究。项目的核心目标是根据该工程后续工作规划,研究规划配套资金筹措方案,并提出资金管理建议。项目内容包括:

1.分析后续工作的重大意义和现实资金需求。分析后续工作对区域及全国经济发展的重要意义,分析库区经济社会基础和后续工作需求,并总结分析国家制定的多个后续工作规划的内容和资金需求。

2.筹资方案设计。鉴于庞大的资金需求量,资金筹措需要通过多级财政利用多种渠道,有效引导并调动市场资金参与。研究首先在区分受益范围、使用目的的基础上,划分筹资责任主体。进而在衡量各主体特点、资源优势的基础上设计筹资方案,包括中央财政、地方财政、市场资本三个层面的筹资方式、相关原则,引导市场资本的相关政策导向。

3.资金管理方案建议。首先,区别于前期移民建设开发,后续规划资金管理需要从分散管理向集中管理转变。其次,规划内容的广泛和项目间资金管理需求的差异,增加了资金管理的复杂性。最后,大规模资金的有效监管也对资金管理提出了更高的要求。针对某工程后续工作规划资金管理的特殊要求,研究将给出创新性的资金管理建议。试问这个项目应如何筹资?

思考:对于如何筹资这一问题,需要分析筹资的方式。方式不同,资金成本不同。

进一步分析:对于项目如何筹资的判断,需要通过计算资金成本来回答。不同的筹资来源,对应着不同的资金成本的计算方法。各种筹资方式、资金成本的计算是本章学习的主要内容。

第一节 融资主体及其融资方式

工程项目融资是以项目预期现金流量为其债务资金（如银行贷款）的偿还提供保证的，换言之，工程项目融资用来保证项目债务资金偿还的资金来源主要依赖于项目本身的经济强度，即项目未来的可用于偿还债务的净现金流量和项目本身的资产价值。是否采用工程项目融资方式融资取决于项目公司的能力，通常为一个项目单独成立的项目公司采用项目融资方式筹资。工程项目融资与传统的企业融资有如下具体区别：

(1) 工程项目融资以融资建设一个具体的项目或收购一个已有的项目为出发点，以项目为导向；企业融资则以一个企业的投资和资金运动需要为出发点。

(2) 在工程项目融资中，项目债务资金提供者主要关心项目本身的经济强度、效益前景、战略地位等，其偿还保证依赖于项目本身的预期净现金流量和营利性；而在企业融资中，项目债务资金提供者主要关心企业资信、偿债能力、获利能力和企业管理当局经营管理能力。

(3) 工程项目融资比一般的企业融资需要更大的、更集中的资金量，更长的占用周期。因此，工程项目的融资分析就可以分为资本金来源分析和债务资金来源分析两类，并且研究每一种融资方案的融资成本和融资风险，对拟订的融资方案进行比选，以优化融资方案。

 项目融资主体

项目的融资主体是指进行项目融资活动并承担融资责任和风险的经济实体。为建立投资责任约束机制，规范项目法人的行为，明确其责、权、利，提高投资效益，我国实行项目法人责任制，由项目法人对项目的策划、资金筹措、建设实施、生产经营、债务偿还和资产的保值增值，实行全过程负责。项目的融资主体应是项目法人。按是否依托于项目组建新的项目法人实体划分，项目的融资主体分为既有法人和新设法人。两类项目法人在融资方式上和项目的财务分析方面均有较大不同。

(一) 既有法人融资

1.既有法人融资主体的适用条件

(1) 既有法人为扩大生产能力而兴建的扩建项目或原有生产线的技术改造项目。

(2) 既有法人为新增生产经营所需水、电、气等动力供应及环境保护设施而兴建的项目。

(3) 项目与既有法人的资产以及经营活动联系密切。

(4) 既有法人具有为项目进行融资和承担全部融资责任的经济实力。

(5)项目营利能力较差,但项目对整个企业的持续发展具有重要作用,需要利用既有法人的整体资信获得债务资金。

2.既有法人融资的特点

既有法人融资是指依托现有法人进行的融资活动,其特点是:

(1)拟建项目不组建新的项目法人,由既有法人统一组织融资活动并承担融资责任和风险。

(2)拟建项目一般是在既有法人资产和信用的基础上进行的,并形成增量资产。

(3)从既有法人的财务整体状况考察融资后的偿债能力。

(二)新设法人融资

1.新设法人融资主体的适用条件

(1)项目发起人希望拟建项目的生产经营活动相对独立,且拟建项目与既有法人的经营活动联系不密切。

(2)拟建项目的投资规模较大,既有法人财务状况较差,不具有为项目进行融资和承担全部融资责任的经济实力,需要新设法人募集股本金。

(3)项目自身具有较强的营利能力,依靠项目自身未来的现金流量可以按期偿还债务。

2.新设法人融资的特点

新设法人融资是指新组建项目法人进行的融资活动,其特点是:

(1)项目投资由新设项目法人筹集的资本金和债务资金构成。

(2)由新设项目法人承担融资责任和风险。

(3)从项目投产后的经济效益情况考察偿债能力。

(三)项目法人与项目发起人及投资人的关系

投资活动有一个组织发起的过程,为投资活动投入财力、人力、物力或信息的叫作项目发起人或项目发起单位。项目发起人可以是项目的实际权益资金投资的出资人(项目投资人),也可以是项目产品或服务的用户或者提供者、项目业主等。项目发起人可以来自政府或民间。

项目投资人是作为项目权益投资的出资人定位的。比如按照公司法设立一家公司时公司注册资本的出资人,一家股份公司认购股份的出资人,对于投资项目来说,资本金的出资人也就是权益投资的投资人。投资人提供权益资金的目的就是获取项目投资所形成的权益。权益投资人取得对项目或企业产权的所有权、控制权和收益权。

投资活动的发起人和投资人可以只有一家(一家发起,发起人同时也是唯一的权益投资的出资人),也可以有多家。因此,项目投资主体也可以分为两种情况,一是单一投资主体,二是多元投资主体。单一投资主体不涉及投资项目责、权、利在各主体之间的分配关系,可以自主决定其投资产权结构和项目法人的组织形式。多元投资主体则必须围绕投资项目的责、权、利在各主体之间的分配关系,恰当地选择合适的投资产权结构和项目法人的组织形式。

既有法人融资方式

既有法人融资是指建设项目所需的资金来源于既有法人内部融资、新增资本金和新增债务资金。新增债务资金依靠既有法人整体的营利能力来偿还,并以既有法人整体的资产和信用承担债务担保。既有法人项目的总投资构成及资金来源如图7-1所示。

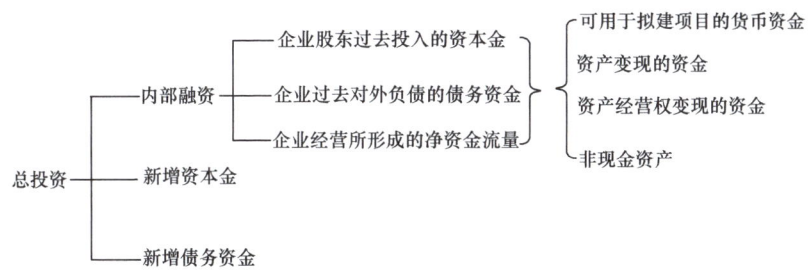

图7-1　既有法人项目的总投资构成及资金来源

新设法人融资方式

新设法人融资是指由项目发起人(企业或政府)发起组建新的具有独立法人资格的项目公司,由新组建的项目公司承担融资责任和风险,依靠项目自身的营利能力来偿还债务,以项目投资形成的资产、未来收益或权益作为融资担保的基础。建设项目所需资金的来源包括项目公司股东投资的资本金和项目公司承担的债务资金。

(一) 项目资本金

项目资本金是指在项目总投资中,由投资人认缴的出资额,这部分资金对项目的法人而言属非债务资金,投资人可以转让其出资,但不能以任何方式抽回。在我国,除了公益性项目等部分特殊项目主要由中央和地方政府用财政预算投资建设外,大部分投资项目都应实行资本金制度。

1996年《国务院关于固定资产投资项目试行资本金制度的通知》规定了各种经营性国内投资项目资本金占总投资的比例。作为计算资本金比例基数的总投资,是指投资项目的固定资产投资(建设投资和建设期利息之和)与铺底流动资金之和。其中,交通运输、煤炭项目,资本金比例为35%及以上;钢铁、邮电、化肥项目,资本金比例为25%及以上;电力、机电、建材、石油加工、有色金属、轻工、纺织、商贸及其他行业的项目,资本金比例为20%及以上。项目资本金的具体比例,由项目审批单位根据项目经济效益、银行贷款意愿与评估意见等情况,在审批可行性研究报告时核定。经国务院批准,对个别情况特殊的国家重点建设项目,可适当降低资本金比例。

外商投资项目包括外商独资、中外合资、中外合作经营项目,按我国现行规定,其注册资本与投资总额的比例为:投资总额在300万美元以下(含300万美元)的,其注册资本的比例不得低于70%;投资总额在300万美元以上至1 000万美元(含1 000万美元)的,其注册资本的比例不得低于50%;投资总额在1 000万美元以上至3 000万美元

(含3 000万美元)的,其注册资本的比例不得低于40%;投资总额在3 000万美元以上的,其注册资本的比例不得低于1/3。投资总额是指建设投资、建设期利息和流动资金之和。

按照我国现行规定,有些项目不允许国外资本控股,有些项目要求国有资本控股。

(二) 债务资金

新设法人项目公司债务资金的融资能力取决于股东能对项目公司借款提供多大程度的担保。实力雄厚的股东,能为项目公司借款提供完全的担保,可以使项目公司取得低成本资金,降低项目的融资风险;但担保额度过高会使项目公司承担过高的担保费,从而增加项目公司的费用支出。

(三) 无追索权与有限追索权的项目融资

狭义上讲,新设法人融资就是指具有无追索权或有限追索权形式的融资活动。彼得·内维特在其著作《项目融资》(1995年第六版)中,给出了项目融资的定义:"项目融资就是在向一个具体的经济实体提供贷款时,贷款方首先分析该经济实体的现金流量和收益,将此视为偿还债务的资金来源,并将该经济实体的资产视为这笔贷款的担保物,若这两点可作为贷款的安全保障则予以贷款。"根据这个定义,工程项目融资用以保证项目债务偿还的资金来源主要依赖于项目本身的资产与收益(项目未来可用于偿还债务的净现金流量和项目本身的资产价值),并将其项目资产作为抵押条件来处理,而该项目投资人的一般信用能力则通常不作为重要的分析因素。

根据有无追索权,项目融资可分为无追索权的项目融资和有限追索权的项目融资。

所谓有限追索权项目融资,是指项目发起人或股本投资人只对项目的借款承担有限的担保责任,即项目公司的债权人只能对项目公司的股东或发起人追索有限的责任。追索的有限性表现在时间及金额两个方面。时间方面的追索限制通常表现为:项目建设期内项目公司的股东提供担保,而项目建成后,这种担保则会解除,改为以项目公司的财产抵押。金额方面的限制可能是股东只对事先约定金额的项目公司借款提供担保,其余部分不提供担保,或者仅仅只是保证在项目投资建设及经营的最初一段时间内提供事先约定金额的追加资金支持。极端情况下,项目发起人与股东对项目公司借款提供完全的担保,即项目公司的贷款人对股东及发起人有完全的追索权。

所谓无追索权项目融资,是指项目公司的债权人对于发起人及项目公司股东完全无追索权的融资方式。换句话说,就是股东除了承担股本投资责任以外,不对新设立的公司提供融资担保。

由于在新设法人融资方式下,项目的权益投资人一般不对项目的借款提供担保或只提供部分担保,因此降低了项目对于投资人的风险。

(四) 既有法人融资方式和新设法人融资方式的比较

相对于既有法人融资(下称公司融资),新设法人融资(下称项目融资)具有显著不同的特点。

1. 以项目为导向安排融资

项目融资不是依赖于项目投资人或发起人的资信,而是依赖于项目的现金流和资产。债权人关心的是项目在贷款期间能够产生多少现金流量用于还款,贷款的数量、融资成本的高低都是与项目的预期现金流量和资产价值密切相关的。正因如此,有些投资人或发起人以自身的资信难以借到的资金,或难以得到的担保条件,可以通过项目融资来实现。

2. 有限追索权

债权人对项目借款人的追索形式和程度是区分项目融资和公司融资方式的重要标志。对于公司融资而言,债权人为项目借款人提供的是完全追索形式的债务资金,主要依赖的是借款人自身的资信状况,而不是项目的现金流量和资产价值。

而对于项目融资而言,债权人可在借款的某个特定时期(如项目的建设期)或特定的范围内对项目借款人实施追索。

3. 资产负债表外的会计处理

若项目资金采用公司融资方式获得,而项目发起人或投资人要直接从金融机构贷款,后果是其资产负债率会大大提高,增大了发起人或投资人的财务风险,也会限制其进一步举债的能力。特别是当一家公司在从事超过自身资产规模的项目,或者同时进行几个较大项目的开发时,这种融资方式会对公司造成极大的压力。

如果这种项目贷款安排全部体现在公司的资产负债表上,会造成公司的资产负债比例失衡,影响未来的发展能力。

项目融资则可以通过对其投资结构和融资结构的设计,将贷款安排为一种非公司负债型的融资。采用项目融资形式时,贷款人对项目的债务追索权主要被限制在项目公司的资产和现金流量中,项目发起人和投资人所承担的是有限责任,其资产负债表不会因此而受到影响。项目发起人或投资人向金融机构提供了一些担保,也不会直接影响到其资产负债表上的负债和权益比例,这些债务最多只是以报表说明的形式反映在公司资产负债表中。

4. 融资周期长,融资成本较高

与传统的公司融资方式相比,新设项目法人融资花费的时间要更长,通常从开始准备到完成整个融资计划需要3~6个月的时间,有些大型工程项目融资甚至要几年的时间才能完成。由于前期工作繁多,加之有限追索的性质,导致融资成本显著提高。项目融资成本包括:

(1)资金筹集成本。包括融资前期花费的咨询费、承诺费、手续费、律师费等。前期的资金筹集成本与融资规模有直接关系,一般占到贷款金额的0.5%~2%。融资规模越大,资金筹集成本所占比例就越小。

(2)利息成本。项目融资的利息一般要高于同等条件下的公司贷款利息。这也使融资成本明显增加。

项目融资与传统的公司融资方式主要不同之处见表7-1。

表 7-1　　　　　　　　　项目融资与公司融资方式比较

项目	项目融资	公司融资
融资基础	项目的资产和现金流量(放贷者最关注的是项目效益)	投资人/发起人的资信
追索程度	有限追索权(特定阶段或范围内)或无追索权	完全追索权(用抵押资产以外的其他资产偿还债务)
风险分担	所有参与者	投资/放贷/担保者
股权比例	投资人出资比例较低,杠杆比率高	投资人出资比例较高
会计处理	资产负债表外融资(债务不出现在发起人的资产负债表上,仅出现在项目公司的资产负债表上)	项目债务是投资人的债务的一部分,出现在其资产负债表上
融资成本	资金的筹集成本和使用费用一般均高于公司融资方式	融资成本一般低于项目融资方式

(五) 新设法人项目融资 (项目融资) 的主要方式

项目融资的方式是指对于某类具有共同特征的投资项目,项目发起人或投资者在进行投、融资设计时可以效仿并重复运用的操作方案。传统的项目融资主要包括直接融资、项目公司融资、杠杆租赁融资、设施使用协议融资、产品支付融资等。随着项目融资理论研究与实践应用的不断发展,出现了一系列新型融资方式,如 BOT、TOT、ABS、PFI、PPP 等。

1. BOT 方式

BOT(Build Operate Transfer,建设-运营-移交)是 20 世纪 80 年代中后期发展起来的一种项目融资方式,主要适用于竞争性不强的行业或有稳定收入的项目,如包括公路、桥梁、自来水厂、发电厂等在内的公共基础设施、市政设施等。其基本思路是,由项目所在国政府或其所属机构为项目地建设和经营提供一种特许权协议(Concession Agreement),作为项目融资的基础,由本国公司或者外国公司作为项目的投资者和经营者安排融资,承担风险,开发建设项目并在特许权协议期间经营项目获取商业利润。特许期满后,根据协议将该项目转让给相应的政府机构。

2. TOT 方式

TOT 方式(Transfer Operate Transfer,移交-运营-移交),是从 BOT 方式演变而来的一种新型方式,具体是指用民营资金购买某个项目资产(一般是公益性资产)的经营权,购买者在约定的时间内通过经营该资产收回全部投资和得到合理的回报后,再将项目无偿移交给原产权所有人(一般为政府或国有企业)。TOT 方式特别受投资者青睐,在发展中国家得到越来越多的应用。该模式为政府需要建设大型项目而又资金不足时提供了解决的途径,还为各类资本投资于基础设施开辟了新的渠道。

3. ABS 模式

ABS(Asset Backed Securitization,资产证券化),是 20 世纪 80 年代,首先在美国兴

起的一种新型的资产变现方式,它将缺乏流动性但能产生可预见的、稳定的现金流量的资产归集起来,通过一定的安排,对资产中的风险与收益要素进行分离与重组,进而转化为在金融市场上可以出售和流通的证券过程。

4.PFI 方式

PFI(Private Finance Initivative,私人主动融资),是指由私营企业进行项目的建设与运营,从政府或接受服务方收取费用与回收成本,在运营期结束时,私营企业应将所运营的项目完好、无债务地归还政府。PFI 融资方式具有使用领域广泛,缓解政府资金压力,提高建设效率等特点。利用这种融资方式可以弥补财政预算的不足,有效转移政府财政风险,提高公共项目的投资效率,增加私营部门的投资机会。

5.PPP 方式

PPP(Public Private Partnership,政府和社会资本合作),广义上泛指公共部门与私营部门为提供公共产品或服务而建立的长期合作关系。目前,国际学术界和企业界较为认同的是广义的 PPP,即将 PPP 认定为政府与企业长期合作的一系列方式的统称,包含 BOT、TOT、PFI 等多种方式,并特别强调合作过程中政企双方的平等、风险分担、利益共享、效率提高和保护公众利益。

第二节　项目资本金的融通

项目资本金主要强调的是作为项目实体而不是企业所注册的资金。注册资金是指企业实体在工商行政管理部门登记的注册资金,通常指营业执照登记的资金,即会计上的"实收资本"或"股本",是企业投资人按比例投入的资金。在我国注册资金又称为企业资本金。因此,项目资本金有别于注册资金。

一、项目资本金的来源

项目资本金可以用货币出资,也可以用实物、工业产权、非专利技术、土地使用权作价出资。对作为资本金的实物、工业产权、非专利技术、土地使用权,必须经过有资格的资产评估机构依照法律、法规评估作价,不得高估或低估。以工业产权、非专利技术作价出资的比例不得超过投资项目资本金总额的 20%,国家对采用高新技术成果有特别规定的除外。

投资人以货币方式缴纳的资本金,其资金来源有:

(1)各级人民政府的财政预算内资金、国家批准的各种专项建设基金、经营性基本建设基金回收的本息、土地批租收入、国有企业产权转让收入、地方人民政府按照国家有关规定收取的各种规费及其他预算外资金。

(2)国家授权的投资机构及企业法人的所有者权益、企业折旧资金以及投资人按照国家规定从资金市场上筹措的资金。

(3)社会个人合法所有的资金。

(4)国家规定的其他可以用作投资项目资本金的资金。

二、项目资本金的筹措

根据出资方的不同,项目资本金分为国家出资、法人出资和个人出资。根据国家法律、法规,建设项目可通过争取国家预算内投资、自筹投资、发行股票和吸收国外资本直接投资等多种方式来筹集资本金。

(一)国家预算内投资

国家预算内投资简称国家投资,是指以国家预算资金为来源并列入国家计划的固定资产投资。目前包括:国家预算、地方财政、主管部门和国家专业投资或委托银行贷给建设单位的基本建设拨款及中央基本建设基金,拨给企业单位的更新改造拨款,以及中央财政安排的专项拨款中用于基本建设的资金。国家预算内投资的资金一般来源于国家税收,也有一部分来源于国债收入。

国家预算内投资目前虽然占全社会固定资产总投资的比重较低,但它是能源、交通、原材料以及国防、科研、文教卫生、行政事业建设项目投资的主要来源,对于整个投资结构的调整起着主导性的作用。

(二)自筹投资

自筹投资是指建设单位报告期收到的用于进行固定资产投资的上级主管部门、地方和单位、城乡个人的自筹资金。目前,自筹投资占全社会固定资产投资总额的一半以上,已成为筹集建设项目资金的主要渠道。建设项目自筹资金来源必须正当,应上缴财政的各项资金和国家有指定用途的专款,以及银行贷款、信托投资、流动资金不可用于自筹投资;自筹资金必须纳入国家计划,并控制在国家确定的投资总规模以内;自筹投资要符合一定时期国家确定的投资使用方向,投资结构去向合理,以提高自筹投资的经济效益。

(三)发行股票

股票是股份有限公司发放给股东作为已投资入股的证书和索取股息的凭证,是可作为买卖对象或质押品的有价证券。

1.股票的种类

按股东承担风险和享有权益的大小,股票可分为优先股和普通股两大类。

(1)优先股

在公司利润分配方面较普通股有优先权的股份。优先股的股东按一定比例取得固定股息;企业清算时,能优先得到剩下的可分配给股东的股产。

（2）普通股

在公司利润分配方面享有普通权利的股份。普通股股东除能分得股息外,还可在公司放利较多时再分享红利。因此,普通股获利水平与公司盈亏息息相关。股票持有人不仅可据此分配股息和获得股票涨价时的利益,且有选举该公司董事、监事的机会,有参与公司管理的权利,股东大会的选举权根据普通股持有额计算。

2. 发行股票筹资的优缺点

（1）优点

①股票筹资是一种有弹性的融资方式。由于股息或红利不像利息那样必须按期付,当公司经营不佳或现金短缺时,董事会有权决定不发股息或红利,因而公司融资风险低。

②股票无到期日。其投资属永久性投资,公司不需为偿还资金而担心。

③发行股票筹集资金可降低公司负债比率,提高公司财务信用,增加公司今后的融资能力。

（2）缺点

①资金成本高。购买股票承担的风险比购买债券高,投资人只有在股票的投资报酬高于债券的利息收入时,才愿意投资于股票。此外,债券利息可在税前扣除,而股息和红利需在税后利润中支付,这样就使股票筹资的资金成本大大高于债券筹资的资金成本。

②增发普通股需给新股东投票权和控制权,从而降低原有股东的控制权。

（四）吸收国外资本直接投资

吸收国外资本直接投资主要包括与外商合资经营、合作经营、合作开发及外资独营等形式。国外资本直接投资方式的特点是:不发生债权债务关系,但要让出一部分管理权,并且要支付一部分利润。

1. 合资经营（股权式经营）

合资经营是外国公司、企业或个人经我国政府批准,同我国的公司、企业在我国境内举办合资经营企业。合资经营企业由合营各方出资认股组成,各方出资多寡,由双方协商确定,但外方出资不得低于一定比例。合资经营企业各方的出资方式可以是现金、实物,也可以是工业产权和专有技术,但不能超出其出资额的一定比例,合营各方按照其出资比例对企业实施控制权、分享收益和承担风险。

2. 合作经营（契约式经营）

这种经营方式是一种无股权的契约式经济组织,一般情况下是由中方提供土地、厂房、劳动力,由国外合作方提供资金、技术或设备而共同兴办的企业。合作经营企业的合作双方权利、责任、义务由双方协商并用协议或合同加以规定。

3. 合作开发

主要指对海上石油和其他资源的合作勘探开发,合作方式与合作经营类似。合作勘探开发,双方应按合同规定分享产品或利润。

4. 外资独营

外资独营是由外国投资人独立投资和经营的企业形式。按我国规定,外国投资人可以在经济特区、开发区及其他经我国政府批准的地区开办独资企业,企业的产、供、销由外国投资人自行规定。外资独营企业的一切活动应遵守我国的法律、法规和我国政府的有关规定,并照章纳税。纳税后的利润,可通过中国银行按外汇管理条例汇往国外。

(五) 筹集项目资本金应注意的问题

筹集项目资本金应注意以下问题:

1. 确定项目资本金的具体来源渠道

对于一个工程项目来说,资本金是否落实,或者说是否到位是非常重要的,因为资本金是否到位,不但决定项目能否开工,而且更重要的是,它是决定其他资金提供者(例如金融机构)的资金是否能够及时到位的重要因素。

2. 根据资本金的额度确定项目的投资额

不论是审批项目的政府职能部门,还是提供贷款的金融机构,都要求投资人投入一定比例的资本金,如果达不到要求,项目可能得不到审批,金融机构可能不会提供贷款。这就要求投资人根据自己所能筹集到的资本金确定一个工程项目的投资额。

3. 合理掌握资本金投入比例

无论从承担风险的角度看,还是从合理避税、提高投资回报率的角度看,投资人投入的资本金比例越低越好。所以,投资人在投入资本金时,除了满足政府有关职能部门和其他资金提供者的要求外,不宜过多地投入资本金。如果企业自有资金比较充足,可以在项目上多投一些,但不宜全部作为资本金。这样不但可以相应地减少企业的风险,而且可以提高投资收益水平。

4. 合理安排资本金的到位时间

实施一个工程项目,特别是大中型工程项目,往往需要比较长的时间,短则一到两年,长则两年以上甚至十多年。这就出现一个项目资本金什么时间到位的问题。一般情况下,一个工程项目的资本金供应根据其实施进度进行安排。如果资本金到位的时间与工程进度不符,要么会影响工程进度,要么会形成资金的积压,从而增加了筹资成本。作为投资人,投入的项目资本金不一定要一次到位,可以根据工程进度和其他相关因素,安排资本金的到位时间。

第三节　项目债务筹资

债务资金是项目法人依约筹措并使用、按期偿还本息的借入资金。债务资金体现了项目法人与债权人的债权债务关系,它属于项目的债务,是债权人的权利。债权人有权依约按期索取本息,但不参与企业的经营管理,对企业的经营状况不承担责任。项目法人对借入资金在约定的期限内享有使用权,承担按期付息还本的义务。

一、国内债务筹资

(一) 政策性银行贷款

政策性银行是指由政府创立、参股或保证的,专门为贯彻和配合政府特定的社会经济政策或意图,直接或间接地从事某种特殊政策性融资活动的金融机构。目前我国的政策性银行有国家开发银行、中国进出口银行和中国农业发展银行。政策性银行贷款的特点是:贷款期限长、利率低,但对申请贷款的企业或项目有比较严格的要求。

国家开发银行贷款主要用于支持国家批准的基础设施项目、基础产业项目、支柱产业项目,以及重大技术改造项目和高新技术产业化项目建设。基础设施项目主要包括:农业、水利、铁道、公路、民航、城市建设、电信等行业;基础产业项目主要包括:煤炭、石油、电力、钢铁、黄金、化工、建材、医药等行业;支柱产业项目主要包括:石化、汽车、机械(重大技术装备)、电子等行业中的政策性项目;其他行业项目主要包括:环保、高科技产业及轻工、纺织等行业中的政策性项目。

中国进出口银行通过办理出口信贷、出口信用保险及担保、对外担保、外国政府贷款转贷、对外援助优惠贷款以及国务院交办的其他业务,贯彻国家产业政策、外经贸政策和金融政策,为扩大我国机电产品、成套设备和高新技术产品出口和促进对外经济技术合作与交流,提供政策性金融支持。

中国农业发展银行按照国家的法律、法规和方针政策,以国家信用为基础,筹集农业政策性信贷资金,承担国家规定的农业政策性金融业务,代理财政性支农资金的拨付,为农业和农村经济发展服务。

(二) 商业银行贷款

1.商业银行贷款的特点

(1)筹资手续简单,速度较快。贷款的主要条款只需取得银行的同意,不必经过诸如国家金融管理机关、证券管理机构等部门的批准。

(2)筹资成本较低。借款人与银行可直接商定信贷条件,无须大量的文件制作,而且在经济发生变化的情况下,如果需要变更贷款协议的有关条款,借贷双方可采取灵活的方式进行协商处理。

2.商业银行贷款期限

商业银行和贷款人签订贷款合同时,一般应对贷款期、提款期、宽限期和还款期做出明确的规定。贷款期是从贷款合同生效之日起,到最后一笔贷款本金或利息还清之日止。一般可分为短期、中期和长期,其中一年或一年以内的为短期贷款,一年至三年的为中期贷款,三年以上的为长期贷款。提款期是从合同签订生效日起,到合同规定的最后一笔贷款本金的提取日止。宽限期是从合同签订生效日起,到合同规定的第一笔贷款本金归还日止。还款期是从合同规定的第一笔贷款本金归还日起,到贷款本金和利息全部还清日止。若不能按期归还贷款,借款人应在贷款到期日之前,向银行提出展期,至于是否展期,则由银行决定。

3.商业银行贷款金额

贷款金额是银行就每笔贷款向借款人提供的最高授信额度,贷款金额由借款人在申请贷款时提出,银行核定。借款人在决定贷款金额时应考虑三个因素:第一,贷款种类、贷款金额通常不能超过贷款政策所规定的该种贷款的最高限额;第二,客观需要,根据项目建设、生产和经营过程中对资金的需要来确定;第三,偿还能力,贷款金额应与自身的财务状况相适应,保证能按期还本付息。

(三)国内非银行金融机构贷款

非银行金融机构主要有信托投资公司、财务公司和保险公司等。

1.信托投资公司贷款

信托投资公司贷款(下称信托贷款)是信托投资公司运用吸收的信托存款、自有资金和筹集的其他资金对审定的贷款对象和项目发放的贷款。与银行贷款相比,信托贷款具有以下几个特点:

(1)银行贷款由于现行信贷制度的限制,无法对一些企业特殊但合理的资金需求予以满足,信托贷款恰好可以满足企业特殊的资金需求。

(2)银行贷款按贷款的对象、期限、用途不同,有不同的利率,但不能浮动。信托贷款的利率则相对比较灵活,可在一定范围内浮动。

信托贷款主要有技术改造信托贷款、补偿贸易信托贷款、单位住房信托贷款、联营投资信托贷款和专项信托贷款等。

2.财务公司贷款

财务公司是由企业集团成员单位组建又为集团成员单位提供中长期金融业务服务的非银行金融机构。财务公司贷款有短期贷款和中长期贷款两种。短期贷款一般为一年、六个月、三个月以及三个月以下不定期限的临时贷款;中长期贷款一般为1~3年、3~5年以及5年以上的贷款。

3.保险公司贷款

虽然我国目前不论是法律、法规的规定,还是现实的操作,保险公司尚不能对项目提供贷款,但从西方经济发达国家的实践来看,保险公司的资金,不但可以进入证券市场,用于购买各种股票和债券,而且可对项目提供贷款,特别是向有稳定收益的基础设施项目提供贷款。

国外资金来源

(一)外国政府贷款

外国政府贷款是指一国政府利用财政资金向另一国提供的援助性贷款。外国政府贷款的特点是期限长、利率低、指定用途、数量有限。

外国政府贷款的期限一般较长,如日本政府贷款的期限为15~30年(其中含宽限期5~10年);德国政府贷款的期限最长达50年(其中宽限期为10年)。

在政府贷款协议中除规定总的期限外,还要规定贷款的提取期、偿还期和宽限期。

外国政府贷款具有经济援助性质,其利率较低或为零。如日本政府贷款的年利率为1.25%～5.75%,从1984年起,增收0.1%的一次性手续费。德国对受石油涨价影响较大的发展中国家提供的政府贷款的年利率仅为0.75%。

外国政府贷款具有特定的使用范围,如日本政府贷款主要用于教育、能源、交通、邮电、工矿、农业、渔业等方面的建设项目以及基础设施建设。

政府间贷款是友好国家经济交往的重要形式,具有优惠的性质。目前,尽管政府贷款在国际投资中不占主导地位,但其独特的作用和优势是其他国际间投资形式所无法替代的。但同时也应当看到,投资国的政府贷款也是其实现对外政治经济目标的重要工具。政府贷款除要求贷以现汇(即可自由兑换外汇)外,有时还要附加一些其他条件。

(二) 国际金融机构贷款

国际金融机构包括世界性开发金融机构、区域性国际开发金融机构以及国际货币基金组织等覆盖全球的机构。其中世界性开发金融机构一般指世界银行集团五个成员机构中的三个金融机构,包括国际复兴开发银行(IBRD)、国际开发协会(IDA)和国际金融公司(IFC);区域性国际开发金融机构指亚洲开发银行(ADB)、欧洲复兴开发银行(EBRD)、美洲开发银行(IDB)等。在这些国际金融机构中,可以为中国提供项目贷款的包括世界银行集团的三个国际金融机构和亚洲开发银行。虽然国际金融机构筹资的数量有限,程序也较复杂,但这些机构所提供的项目贷款一般利率较低、期限较长。所以项目如果符合国际金融机构的贷款条件,应尽量争取从这些机构筹资。

1. 国际复兴开发银行

国际复兴开发银行主要通过组织和发放长期贷款,鼓励发展中国家经济增长和发展国际贸易,来维持国际经济的正常运行。贷款对象是会员国政府、国有企业、私营企业等,若借款人不是政府,则要由政府担保。贷款用途多为项目贷款,主要用于工业、农业、运输、能源和教育等领域。贷款期一般在20年左右,宽限期为5年左右。利率低于国际金融市场利率,贷款额为项目所需资金总额的30%～50%。

2. 国际开发协会

国际开发协会的贷款对象为人均国民生产总值在765美元以下的贫穷发展中国家会员国或国有和私营企业。贷款期限为50年,宽限期为10年,偿还贷款时可以全部或部分用本国货币。贷款为无息贷款,只收取少量的手续费和承诺费。

3. 国际金融公司

国际金融公司的宗旨是通过鼓励会员国,特别是欠发达地区会员国生产性私营企业的发展,来促进经济增长,并以此补充国际复兴开发银行的各项活动。

4. 亚洲开发银行

亚洲开发银行是亚洲、太平洋地区的区域性政府间国际金融机构。亚洲开发银行的项目贷款包括以下两类:

(1)普通贷款,即用成员国认缴的资本和在国际金融市场上借款及发行债券筹集的资金向成员国发放的贷款。此种贷款期限比较长,一般为10～30年,并有2～7年的宽限期。贷款利率按金融市场利率计算,借方每年还需交 0.75% 的承诺费,在确定贷款期后固定不变。此种贷款主要用于农业、林业、能源、交通运输及教育卫生等基础设施。

(2)特别基金,即用成员国的捐款为成员国发放的优惠贷款及技术援助,分为亚洲发展基金和技术援助特别基金。前者为偿债能力较差的低收入成员国提供长期无息贷款,贷款期长达 40 年,宽限期 10 年,不收利息,只收 1% 的手续费。技术援助特别基金资助经济与科技落后的成员国,为项目的筹备和建设提供技术援助和咨询等。

(三)外国银行贷款

外国银行贷款也称商业信贷,是指从国际金融市场上的外国银行借入的资金。外国政府贷款和国际金融机构贷款条件优惠,但不易争取,且数量有限。因此吸收外国银行贷款已成为各国利用国际间投资的主要形式。

外国商业信贷的利率水平取决于世界经济中的平均利润率和国际金融市场上的借贷供求关系,处于不断变化之中。从实际运行情况来看,国际间的银行贷款利率比政府贷款和国际金融机构贷款的利率要高,依据贷款国别、贷款币种、贷款期限的不同而又有所差异。

外国银行在提供中长期贷款时,除收取利息外,还要收取一些其他费用,主要有:

(1)管理费。管理费亦称经理费或手续费,是借款者向贷款银团的牵头银行所支付的费用。管理费取费标准一般为贷款总额的 0.5%～1%。

(2)代理费。代理费指借款者向贷款银团的代理行支付的费用。代理费多少根据贷款金额、事务的繁简程度,由借款者与贷款代理行双方商定。

(3)承担费。承担费是指借款者因未能按贷款协议商定的时间使用资金而向贷款银行支付的、带有赔偿性质的费用。

(4)杂费。杂费是指由借款者支付给贷款银团的牵头银行的、由于其与借款者联系贷款业务所发生的费用(如差旅费、律师费和宴请费等)。杂费根据双方认可的账单支付。

(四)出口信贷

出口信贷亦称长期贸易信贷,是指商品出口国的官方金融机构或商业银行以优惠利率向本国出口商、进口方银行或进口商提供的一种贴补性贷款,是争夺国际市场的一种筹资手段。出口信贷主要有卖方信贷和买方信贷。

卖方信贷是指在大型设备出口时,为便于出口商以延期付款的方式出口设备,由出口商本国的银行向出口商提供的信贷。买方信贷是由出口方银行直接向进口商或进口方银行所提供的信贷。

(五)混合贷款、联合贷款和银团贷款

混合贷款也称政府混合贷款,它是指政府贷款、出口信贷和商业银行贷款混合组成的一种优惠贷款形式。目前各国政府向发展中国家提供的贷款,大都采用这种形式。此种贷款的特点是:政府出资必须占有一定比重,目前一般应达到 50%;有指定用途,如必

须进口提供贷款的国家出口商的产品;利率比较优惠,一般为1.5%~2%;贷款期也比较长,最长可达30~50年(宽限期可达10年);贷款金额可达合同的100%,比出口信贷优惠;贷款手续比较复杂,对项目的选择和评估都有一套特定的程序和要求,较之出口信贷要复杂得多。

联合贷款是指商业银行与世界性、区域性国际金融组织以及各国的发展基金、对外援助机构共同联合起来,向某一国家提供资金的一种形式。此种贷款比一般贷款更具有灵活性和优惠性,其特点是:政府与商业金融机构共同经营;援助与筹资互相结合;利率比较低;贷款期比较长;有指定用途。

银团贷款也叫辛迪加贷款,它是指由一家或几家银行牵头,多家国际商业银行参加,共同向一国政府、企业的某个项目(一般是大型的基础设施项目)提供金额较大、期限较长的一种贷款。此种贷款的特点是:必须有一家牵头银行,该银行与借款者共同议定一切贷款的初步条件和相关文件,然后再由其安排参加银行,协商确定贷款额,达成正式协议后,即把下一步工作移交代理银行;必须有一家代理银行,代表银团严格按照贷款协议履行其权利和义务,并执行按各行出资份额比例提取、计息和分配收回的贷款等一系列事宜;贷款管理十分严密;贷款利率比较优惠,贷款期限也比较长,并且没有指定用途。

 融资租赁

融资租赁亦称金融租赁或资本租赁,是指不带维修条件的设备租赁业务。融资租赁与分期付款购入设备相类似,实质上是承租者通过设备租赁公司筹集设备投资的一种方式。

在融资租赁方式下,设备(即租赁物件)是由出租人完全按照承租人的要求选定的,所以出租人对设备的性能、物理性质、老化风险以及维修保养不负任何责任。在大多数情况下,出租人在租期内分期回收全部成本、利息和利润,租赁期满后,出租人通过收取名义贷价的形式,将租赁物件的所有权转移给承租人。

(一) 融资租赁的方式

1.自营租赁

自营租赁亦称直接租赁,其一般程序为:用户根据自己所需设备,先向制造厂家或经销商洽谈供货条件,然后向租赁公司申请租赁预约,经租赁公司审查合格后,双方签订租赁合同,由租赁公司支付全部设备款,并让供货者直接向承租人供货,货物经验收并开始使用后,租赁期即开始,承租人根据合同规定向租赁公司分期交付租金,并负责租赁设备的安装、维修和保养。

2.回租租赁

回租租赁亦称售出与回租,是先由租赁公司买下企业正在使用的设备,然后再将原设备租赁给该企业的租赁方式。

3.转租赁

转租赁是指国内租赁公司在国内用户与国外厂商签订设备买卖合同的基础上,选定一家国外租赁公司或厂商,以承租人身份与其签订租赁合同,然后再以出租人身份将该设备转租给国内用户,并收取租金转付给国外租赁公司的一种租赁方式。

(二) 融资租赁的优缺点

1.融资租赁的优点

(1)可迅速取得所需资产,满足项目运行对设备的需求。

(2)由于租金在很长的租赁期内分期支付,因而可以有效缓解短期筹集大量资金的压力。

(3)租金计入成本,在税前列支,可使企业获得税收上的利益。

2.融资租赁的缺点

(1)由于出租人面临承租人偿债和出租设备性能劣化的双重风险,因而融资租赁的租金通常较高。

(2)在技术进步较快时,承租人面临设备性能劣化而不能对设备性能进行改造的障碍。

四 发行债券

债券是债务人为筹集债务资金而向债券认购人(债权人)发行的,约定在一定期限以确定的利率向债权人还本付息的有价证券。发行债券是项目法人筹集借入资本的重要方式。

(一) 债券的种类

债券的主要分类见表 7-2。

表 7-2　　　　　　　　债券的划分标准与种类

划分标准	种类
按发行方式分类	记名债券、无记名债券
按还本期限分类	短期债券、中期债券、长期债券
按发行条件分类	抵押债券、信用债券
按可否转换为公司股票分类	可转换债券、不可转换债券
按偿还方式分类	定期偿还债券、随时偿还债券
按发行主体分类	国家债券、地方政府债券、企业债券、金融债券

(二) 债券筹资的优缺点

1.债券筹资的优点

(1)债券成本较低。与股票的股利相比较而言,债券的利息允许在所得税前支付,发行公司可享受税收上的利益,故公司实际负担的债券成本一般较低。

(2)可利用财务杠杆。无论发行公司营利多少,债券持有人一般只收取固定的利息,而更多的收益可用于分配给股东或用于公司经营,从而增加股东和公司的财富。

(3)保障股东控制权。债券持有人无权参与发行公司的管理决策,因此公司发行债券不会像增发新股那样可能会分散股东对公司的控制权。

(4)便于调整资本结构。在公司发行可转换债券以及可提前赎回债券的情况下,便于公司主动、合理地调整资本结构。

2.债券筹资的缺点

(1)财务风险较高。债券有固定的到期日,并需支付利息,发行公司必须承担按期付息偿本的义务。在公司经营不景气时,亦需向债券持有人付息偿本,这会给公司现金流量带来更大的困难,有时甚至导致破产。

(2)限制条件较多。发行债券的限制条件一般要比长期贷款、租赁筹资的限制条件多且严格,从而限制了对债券筹资方式的使用,甚至影响公司以后的筹资能力。

(3)筹资数量有限。公司利用债券筹资一般受一定额度的限制。多数国家对此都有严格限定。我国《公司法》规定,发行公司流通在外的债券累计总额不得超过公司净资产的 40%。

第四节　融资方案分析

一、资金成本的含义

(一) 资金成本的一般含义

资金成本是指企业为筹集和使用资金而付出的代价。广义地讲,企业筹集和使用任何资金,不论是短期的还是长期的,都要付出代价;狭义的资金成本仅指筹集和使用长期资金(包括自有资金和借入长期资金)的成本,由于长期资金也被称为资本,所以,长期资金的成本也可称为资本成本。在这里所说的资金成本主要是指资本成本。资金成本一般包括资金筹集成本和资金使用成本两部分。

1.资金筹集成本

资金筹集成本是指在资金筹集过程中所支付的各项费用,如发行股票或债券所支付的印刷费、发行手续费、律师费、资信评估费、公证费、担保费、广告费等。资金筹集成本一般属于一次性费用,筹资次数越多,资金筹集成本也就越大。

2.资金使用成本

资金使用成本又称资金占用费,是指为占用资金而支付的费用,主要包括支付给股东的各种股息和红利、向债权人支付的贷款利息以及支付给其他债权人的各种利息费用等。资金使用成本一般与所筹集的资金多少以及使用时间的长短有关,具有经常性、定期性的特征,是资金成本的主要内容。

资金筹集成本与资金使用成本是有区别的,前者是在筹集资金时一次支付的,在使用资金过程中不再发生,因此可作为筹集成本的一项扣除,而后者在资金使用过程中多次、定期发生。

(二) 资金成本的性质

资金成本是一个重要的经济范畴,它是在商品经济社会中由资金所有权与资金使用权相分离而产生的。

(1)资金成本是资金使用者向资金所有者和中介机构支付的筹集成本和占用费。作为资金的所有者,不会将资金无偿让渡给资金使用者去使用;而作为资金使用者,也不能无偿地占用他人的资金。因此,企业筹集资金以后,暂时地取得了这些资金的使用价值,就要为资金所有者暂时地丧失其使用价值而付出代价,即承担资金成本。

(2)资金成本与资金的时间价值既有联系,又有区别。资金的时间价值反映了资金随着其运动时间的不断延续而不断增值,是一种时间函数,而资金成本除可以看作是时间的函数外,还表现为资金占用额的函数。

(3)资金成本具有一般产品成本的基本属性。资金成本是企业的耗费,企业要为占用资金而付出代价、支付费用,而且这些代价或费用最终也要作为收益的扣除额来得到补偿。但是资金成本只有部分具有产品成本的性质,这一部分耗费计入产品成本,而另一部分则作为利润的分配,不能列入产品成本。

(三) 决定资金成本高低的因素

在市场经济环境下,多方面因素的综合作用决定着企业资金成本的高低,其中主要因素有:总体经济环境、证券市场条件、企业内部的经营和融资状况、项目融资规模。

1.总体经济环境

总体经济环境决定了整个经济中资本的供给和需求,以及预期通货膨胀的水平。总体经济环境变化的影响,反映在无风险报酬率上。显然,如果整个社会经济中的资金需求和供给发生变动,或者通货膨胀水平发生变化,投资人也会相应改变其所要求的收益率。具体地说,如果货币需求增加,而还要供给其要求的投资收益率,则会使资金成本下降。如果预期通货膨胀水平上升,货币购买力下降,投资人也会提出更高的收益率来补偿预期的投资损失,导致企业资金成本上升。

2.证券市场条件

证券市场条件影响证券投资的风险。证券市场条件包括证券的市场流动难易程度和价格波动程度。如果某种证券的市场流动性不好,投资人想买进或卖出证券相对困难,变现风险加大,要求的收益率就会提高;或者虽然存在对某证券的需求,但其价格波动较大,投资的风险大,要求的收益率也会提高。

3.企业内部的经营和融资状况

企业内部的经营和融资状况是指经营风险和财务风险的大小。经营风险是企业投资决策的结果,表现在资产收益率的变动上;财务风险是企业筹资决策的结果,表现在普通股收益率的变动上。如果企业的经营风险和财务风险大,投资人便会有较高的收益率要求。

4.项目融资规模

企业的融资规模大,资金成本较高。比如,企业发行的证券金额很大,资金筹集成本和资金占用费都会上升,而且证券发行规模的增大还会降低其发行价格,由此也会增加企业的资金成本。

(四) 资金成本的作用

资金成本是企业财务管理中的一个重要概念,国际上将其列为一项财务标准。企业都希望以最小的资金成本获取所需的资金数额。分析资金成本有助于企业选择最优筹资方案,确定最佳筹资结构以及最大限度地提高筹资的效益。资金成本的主要作用如下:

1.资金成本是选择资金来源、筹资方式的重要依据

企业筹集资金的方式多种多样,如发行股票、债券、银行借款等。不同的筹资方式,其资金成本也不尽相同。资金成本的高低可以作为比较各种筹资方式优缺点的一项依据,从而资金成本最小是选择筹资方式的重要依据。但是,不能把资金成本作为选择筹资方式的唯一依据。

2.资金成本是企业进行资金结构决策的基本依据

企业的资金结构一般是由借入资金与自有资金组合而成,这种组合有多种方案,如何寻求两者间的最佳组合,一般可将综合资金成本作为企业决策的依据。因此,综合资金成本的高低是评价各个筹资组合方案,以及资金结构决策的基本依据。

3.资金成本是比较追加筹资方案的重要依据

企业为了扩大生产经营规模,获得所需资金,往往以边际资金成本作为比较追加筹资方案的依据。

4.资金成本是评价各种投资项目是否可行的一个重要尺度

在评价投资方案是否可行时,一般是以项目本身的投资收益率与其资金成本进行比较,如果投资项目的预期投资收益率高于其资金成本,则是可行的;反之,如果预期投资收益率低于其资金成本,则是不可行的。因此,国际上通常将资金成本视为投资项目的"最低收益率"和是否采用投资项目的"取舍率",同时将其作为选择投资方案的主要标准。

5.资金成本是衡量企业整个经营业绩的一项重要标准

资金成本是企业从事生产经营活动必须挣得的最低收益率。企业无论以什么方式取得的资金,都要实现这一最低收益率,才能补偿企业因筹资而支付的所有费用。如果将企业的实际资金成本与相应的利润率进行比较,就可以评价企业的经营业绩。若利润率高于资金成本,则认为经营良好;反之,企业经营欠佳,应该加强和改善生产经营管理,进一步提高经济效益。

二、资金成本的计算

（一）资金成本计算的一般形式

资金成本可用绝对数表示，也可用相对数表示。为便于分析比较，资金成本一般用相对数表示，称之为资金成本率，其计算公式为

$$K = \frac{D}{P-F} \tag{7-1}$$

或

$$K = \frac{D}{P(1-f)} \tag{7-2}$$

式中 K——资金成本（率）；
P——筹集资金总额；
D——使用费；
F——筹集成本；
f——筹资费用率（即筹集成本占筹集资金总额的比率）。

资金成本是选择资金来源、拟订筹资方案的主要依据，也是评价投资项目可行性的主要经济指标。

（二）各种资金来源的资金成本

1. 权益融资资金成本

（1）优先股资金成本

公司发行优先股股票筹资，需支付的筹集成本有注册费、代销费等，其股息也要定期支付，但它是公司用税后利润来支付的，不会减少公司应上缴的所得税。

优先股资金成本率可按下式计算

$$K_p = \frac{D_p}{P_0(1-f)} \tag{7-3}$$

或

$$K_p = \frac{P_0 \cdot i}{P_0(1-f)} = \frac{i}{1-f} \tag{7-4}$$

式中 K_p——优先股资金成本率；
P_0——优先股票面值；
D_p——优先股每年股息；
i——股息率。

【例7-1】 某公司发行优先股股票，票面值按正常市价计算为200万元，筹资费用率为4%，股息率为14%，则优先股资金成本率为

$$K_p = \frac{200 \times 14\%}{200 \times (1-4\%)} = \frac{14\%}{1-4\%} \approx 14.58\%$$

（2）普通股资金成本

确定普通股资金成本的方法有股利增长模型法和资本资产定价模型法。

①股利增长模型法

普通股的股利往往不是固定的，因此，其资金成本率的计算通常采用股利增长模型法。一般假定收益以固定的年增长率递增，则普通股资金成本率的计算公式为

$$K_s = \frac{D_0}{P_0(1-f)} + g = \frac{i_0}{1-f} + g \tag{7-5}$$

式中　K_s——普通股资金成本率；

　　　P_0——普通股票面值；

　　　D_0——普通股预计年股利额；

　　　i_0——普通股预计年股息率；

　　　g——普通股利年增长率。

【例 7-2】 某公司发行普通股正常市价为 56 元，估计年增长率为 12%，第一年预计发放股利 2 元，筹资费用率为股票市价的 10%，则新发行普通股的资金成本率为

$$K_s = \frac{2}{56 \times (1-10\%)} + 12\% \approx 15.97\%$$

②资本资产定价模型法

这是一种根据投资人股票的期望收益来确定资金成本的方法。在这种前提下，普通股资金成本率的计算公式为

$$K_s = R_F + \beta(R_m - R_F) \tag{7-6}$$

式中　R_F——无风险报酬率；

　　　β——股票的系数；

　　　R_m——平均风险股票报酬率。

【例 7-3】 某期间市场无风险报酬率为 10%，平均风险股票报酬率为 14%，某公司普通股 β 值为 1.2，则普通股的成本率为

$$K_s = 10\% + 1.2 \times (14\% - 10\%) = 14.8\%$$

2.负债融资资金成本

（1）债券资金成本

企业发行债券后，所支付的债券利息列入企业的费用开支，因而使企业少缴一部分所得税，两者抵消后，实际上企业支付的债券利息仅为：债券利息×（1-所得税税率）。因此，债券资金成本率可以按下列公式计算

$$K_B = \frac{I(1-T)}{B(1-f)} \tag{7-7}$$

或

$$K_B = i_b \cdot \frac{1-T}{1-f} \tag{7-8}$$

式中　K_B——债券资金成本率；

　　　B——债券筹资额；

　　　I——债券年利息；

i_b——债券年利率;

T——所得税税率。

【例7-4】 某公司发行总面额为500万元的10年期债券,票面利率为12%,筹资费用率为5%,公司所得税税率为25%,则该债券的成本率为

$$K_B = \frac{500 \times 12\% \times (1-25\%)}{(1-5\%)} \approx 9.47\%$$

若债券溢价或折价发行,为更精确地计算资金成本,应以实际发行价格作为债券筹资额。

【例7-5】 假定上述公司发行面额为500万元的10年期债券,票面利率为12%,筹资费用率为5%,发行价格为600万元,公司所得税税率为25%,则该债券资金成本率为

$$K_B = \frac{500 \times 12\% \times (1-25\%)}{600 \times (1-5\%)} \approx 7.89\%$$

(2) 银行借款资金成本

向银行借款,企业所支付的利息和费用一般可作为企业的费用开支,相应减少部分利润,会使企业少缴一部分所得税,因而使企业的实际支出相应减少。

对每年年末支付利息、贷款期末一次全部还本的借款,其借款资金成本率为

$$K_g = \frac{I(1-T)}{G-F} = i_g \cdot \frac{1-T}{1-f} \tag{7-9}$$

式中 K_g——借款资金成本率;

G——贷款总额;

I——贷款年利息;

i_g——贷款年利率;

F——贷款费用。

(3) 租赁资金成本

企业租入某项资产,获得其使用权,要定期支付租金,并且租金列入企业成本,可以减少应付所得税。因此,其租赁资金成本率为

$$K_L = \frac{E}{P_L} \times (1-T) \tag{7-10}$$

式中 K_L——租赁资金成本率;

P_L——租赁资产价值;

E——年租金额。

(三) 加权平均资金成本

企业不可能只使用某种单一的筹资方式,往往需要通过多种方式筹集所需资金。为进行筹资决策,就要计算确定企业长期资金的总成本——加权平均资金成本。加权平均资金成本一般是以各种资金占全部资金的比重为权重,对个别资金成本进行加权平均确定的。其计算公式为

$$K = \sum_{i=1}^{n} \omega_i \cdot K_i \tag{7-11}$$

式中　K——加权平均资金成本率；

　　　ω_i——第 i 种资金来源占全部资金的比重；

　　　K_i——第 i 种资金来源的资金成本率。

【例 7-6】　某企业账面反映的长期资金共 500 万元，其中长期借款 100 万元，应付长期债券 50 万元，普通股 250 万元，保留盈余 100 万元；其资金成本率分别为 6.7％、9.17％、11.26％、11％，则该企业的加权平均资金成本率为

$$K=6.7\%\times\frac{100}{500}+9.17\%\times\frac{50}{500}+11.26\%\times\frac{250}{500}+11\%\times\frac{100}{500}\approx10.09\%$$

上述计算中的个别资本占全部资本的比重，是按账面价值确定的，其资料容易取得。但当资本的账面价值与市场价值差别较大，如股票、债券的市场价格发生较大变动时，按账面账值的计算结果会与实际有较大的差距，从而贻误筹资决策。为了克服这一缺陷，个别资本占全部资本的比重还可以按市场价值或目标价值确定。

本章小结

工程项目融资方案有多种渠道和方式，不同的融资方案组合对项目未来的现金流量影响也不同。本章首先介绍了融资主体的概念及其融资方式——既有法人融资方式和新设法人融资方式；然后分析了项目资本金的来源以及项目资本金筹措的多种方式，并介绍了筹集项目资本金应注意的问题；之后介绍了国内债务筹资和国外资金筹资的渠道和方式，并详细介绍了融资租赁和发行债券的方式、种类和优缺点；最后介绍了资金成本的定义、性质和作用以及资金成本的一般计算公式、各种融资方式资金成本的计算方法和加权平均资金成本的计算方法。

本章习题

1. 工程项目融资与传统企业融资相比，有哪些区别？
2. 既有法人融资与新设法人融资的特点分别是什么？
3. 股票的种类以及股票筹资的优缺点是什么？
4. 某公司发行总面额为 500 万元的 10 年期债券，票面利率为 9％，筹资费用率为 5％，公司所得税税率为 25％。该债券的资金成本率为多少？
5. 某公司发行优先股股票，票面价格为 100 元，实际发行价格为 98 元，股息率为 9％，筹资费用率为 1％。试计算该优先股的资金成本率。
6. 某项目从银行贷款 200 万元，年利率为 8％，在借贷期内每年支付利息 2 次，所得税税率为 25％，筹资费用率为 1％。试计算该借贷资金的借款资金成本率。

第八章 工程项目的财务评价

学习内容

可行性研究的含义、程序、阶段和内容；项目财务评价的含义、任务和步骤；财务报表的编制和评价指标的计算。

学习目标

1. 知识目标

(1) 掌握可行性研究报告的内容；
(2) 掌握主要财务评价基本报表的内容；
(3) 掌握各类财务评价指标的计算；
(4) 熟悉可行性研究的定义和程序；
(5) 了解项目寿命期的阶段划分和内容；
(6) 了解财务评价辅助报表的内容。

2. 能力目标

(1) 能够进行项目的可行性研究工作并撰写报告；
(2) 能够运用各种报表计算财务评价指标；
(3) 能够运用评价指标和标准参数评价项目的财务状况。

案例导入

某企业新建一个化肥厂,此项目计算期为10年。该项目建设期为2年,第三年投产,第四年达到设计生产能力,其他基础数据见本章第四节的案例分析。

思考:1.该项目在营利能力上是否可行?
2.该项目在偿债能力上是否可行?
3.该项目的经济性如何?

进一步分析:对于投资项目的财务评价,需要通过对营利能力、偿债能力和生存能力三个方面进行综合评价。营利能力、偿债能力和生存能力的评价指标的计算及其应用是本章学习的主要内容。

第一节 可行性研究概述

一、建设项目发展周期

(一) 项目的含义

首先,看看下面的几个例子:
- 白医生明天将给一个心脏病人做心脏移植手术
- 杨老师准备申请一项有关知识产权保护方面的基金项目
- 某电力公司准备实施陕北能源基地项目
- 某设计院准备申请世界银行贷款项目
- 某企业准备生产一种新产品
- 某电信准备开发新的手机

这些例子都包含以下四个基本要素:

1.项目的总体属性

项目实质上是一系列的工作。

2.项目的过程

任何一个项目都是必须完成的、临时的、一次性的、有限的任务。它们的完成都需要一定的时间和过程。

3.项目的结果
任何一个项目都有一个特定的目标(产品或服务)。

4.项目的共性
任何一个项目,在实施过程中都会受到资源、时间、资金等的约束,并在这些约束下进行。

所以,项目是一个组织为实现自己既定的目标,在一定的时间、人员和资源约束条件下,所开展的一种具有一定独特性的一次性工作。项目是指一个过程,而不是指过程终结后所形成的成果。常见的项目有:建设项目,如建造一座大楼、一座工厂或一座水库;举办各种类型的活动,如一次会议、一次晚宴、一次庆典等;开发项目,如新企业、新产品、新工程的开发;科研项目,如解决某个研究课题、开发一套软件等。

就广义的项目概念而言,凡是符合上述定义的一次性工作都可以看作项目,都适于采用项目管理的方法进行管理。例如,一项建设工程,不论是修建一座水电站、一座工厂,还是修建一个港口、码头或公路工程,一般均要求在限定的投资额、限定的工期和规定质量标准的条件下实现项目的目标。所以一项建设工程,不论是新建、扩建还是改建都可以说是典型的项目。此外,就狭义的项目概念而言,通常可以专指工程建设项目。本书主要讨论狭义的项目。

(二) 项目的特征

作为项目应具有两大基本特征:一是主观方面的特征,即项目是作为一定的管理主体的被管理对象和管理手段而存在的;二是客观方面的特征,即项目在客观上必须具备单次性任务的属性。

1.项目的一次性和单件性
所谓一次性是指一个项目完成后,不会再有与之具有完全相同条件、任务和最终成果的项目。也就是说,世界上没有任何条件完全相同的两个项目。例如,即使是两个采用同样型号标准图纸建设的通用化体系的民用住宅建设工程项目,也会因诸如地点、施工条件、季节、材料与设备供应状况等方面的不同,表现出较强的一次性特点。从管理角度而言也是不同的。

项目作为一次性的事业,其生产过程具有明显的单件性,它既不同于现代工业产品的大批量重复生产,也不同于企业或行政部门周而复始的管理过程。因此,作为项目的管理者必须正确认识项目的一次性和单件性的特点,及其所带来的较大的风险性和管理的特殊性,认真研究其管理的内在规律,才能有针对性地根据项目的具体情况和条件,采取科学的方法与手段进行管理,保证项目一次成功。

2.明确的项目目标
任何一个项目必须具有明确的实现目标。所谓项目目标包括成果性目标和约束性目标两类。

对工程项目而言,成果性目标通常是指提供或增加一定的生产能力,或者是形成具有一定使用价值的固定资产,即表现为对该建设项目的功能性及规模等方面的要求。例如发电厂的供电能力、钢厂的产品品种和年产量、住宅楼能够提供的各种户室类型的套数、医院病房楼能提供的床位数等要求,以及与之相应的一系列技术经济指标。

项目的约束性目标通常也称为约束条件或限制条件。就工程项目而言,约束性目标一般是指明确规定的建设期限(总期限或分项期限)、投资限额以及工程质量标准等。对于项目的实施者或管理者而言,它们也是约束条件。

项目的目标就是项目的管理主体在完成项目的任务时所要实现的目的。项目的最终目标是效益目标(或成果性目标),而我们通常提到的项目的工期、成本、质量目标应是服从于效益目标的项目的二级目标。

3. 项目的系统性和整体性

一般地,项目的各种要素之间都存在着某种联系,只有将它们有机地结合起来才能确保项目目标的有效实现,这在客观上就形成了一个系统。其内涵可以从如下几方面来理解。

(1) 项目本身具有完整的组织结构

工程项目应具有完整的组织结构,即工程各组成部分之间有明确的功能上及组织上的联系。例如,一项水电站工程,它的拦河坝、引水隧洞、调压井及压力管道、发电站、变电站等都是子项目,它们共同组成一个完整的组织结构。在项目完成后的工程运行中,这些组成部分应当各自以其良好的工程质量发挥其功能与作用,而且应能共同协调、有效地发挥工程的整体作用,实现整体的功能目标。

(2) 项目是由各生产要素组成的有机整体

在工程项目的建设过程中,一个项目由人、资源(资金、材料、设备)、技术、时间、空间和信息等各种生产要素组合在一起,为实现特定的系统目标而形成一个有机整体。这就要求项目管理者必须从保证项目总体效益和总体目标的最佳实现的原则出发,实施各子项目。根据需要,合理地配置与组织各生产要素,并使各子项目和各要素相互之间获得最好的配合与系统内部的协调,使整个系统达到整体最优的运作。

(3) 项目是一个开放的系统

所谓开放系统,是指能与外部环境发生相互作用,能进行能源、物质和信息交换的系统。项目建设除要受到系统内部的工艺逻辑、施工逻辑、工作组织逻辑的限制并要求系统内部必须协调有序外,更重要的是还要受到外部环境的影响和制约。首先是政府的主管部门的各种行政指令直接控制着项目的投资、竣工日期。其次是设计、施工和设备制造厂家所提供的设计图纸、产品、施工水平等对项目质量、造价、工期的影响。此外,项目的实施还要受到诸如材料和设备价格、水电供应、供热和铁路运输条件以及有关政策等多种外部因素的影响。显然,任何一个方面出了问题都可能会影响到项目达到预期的目标。这就要求在项目管理中,不仅要使项目系统内部协调有序,而且还要适应外部环境的变化,不断随着外部环境的变化做出适时反应,进行有效的调节和控制。

(4) 项目存在许多项目界面或结合部

由于项目是一个开放的系统,所以项目与外部环境之间、项目各子系统之间以及各子系统内部各构成要素之间,必然存在许多结合部即所谓的界面。例如,项目系统与政府有关部门、材料或设备供应厂商、运输部门等之间,项目内部的各部门之间,土建与安装之间、工种之间、工序与工序之间,以及项目进行的各阶段之间等,都存在着许多不同层次、不同部位、不同时间、关系复杂的界面。这些界面处理与协调的好坏,对项目的成败影响很大,项目管理中大多数问题常出在它们的失控上。诸如职责不清、配合不当、停工待料、人工或设备的窝工、资源消耗的忽多忽少等都与其管理不良有关。所以对项目界面的协调、管理常是项目管理中的难点和重点,应予以重视。要搞好界面管理和协调,应当注意尽量简化管理的层次,尽可能减少项目的结合部,并对不同时期的重要结合部采取有效的管理措施。

4.项目的寿命期性

项目任务的单次性决定了项目有一个确定的起始、实施和终结的过程,这就构成了项目的寿命期。项目的寿命期可分为三个阶段,第一阶段是项目的决策阶段,一般包括项目规划、部署,即要明确项目的任务、基本要求、所需投入要素、目标及成本效益分析论证。第二阶段是项目的实施阶段,即具体组织项目的实施以实现项目的目标。第三阶段是项目的运营阶段。

(三) 建设项目的组成

建设项目可分为单项工程、单位工程、分部工程和分项工程。

1.单项工程

单项工程一般是指具有独立设计文件,建成后可以独立发挥生产能力或效益的一组配套齐全的工程项目。单项工程的施工条件往往具有相对独立性,一般单独组织施工和竣工验收。建设项目有时包括多个互有内在联系的单项工程,也可能仅有一个单项工程。

2.单位(子单位)工程

单位工程是指具备独立施工条件并能形成独立使用功能的建筑物及构筑物。对于建筑规模较大的单位工程,可将其能形成独立使用功能的部分作为一个子单位工程。单位工程可以是一个建筑工程或者是一个设备与安装工程。

3.分部(子分部)工程

分部工程是按照单位工程的工程部位、专业性质和设备种类划分确定的,是单位工程的组成部分。

4.分项工程

分项工程一般是按照主要工种、材料、施工工艺、设备类别等进行划分的,是分部工程的组成部分。分项工程是工程项目施工安装活动的基础单元,是工程质量形成的直接过程。

(四) 建设项目发展周期

项目周期是指项目从开始到结束的全过程,是项目阶段的集合。

建设项目周期,也称为建设项目全寿命期,是指从建设意图产生到项目完成的各个工作阶段。这些阶段是相互联系并按照一定的程序进行的,它们按一定的工作程序进行的每一次循环,就构成了一个项目发展周期。通常建设项目的发展周期包括建设项目的设想、初选、准备、评估决策、实施、投产经营和评价总结等七个阶段,这些阶段有严格的先后顺序,不能任意颠倒,因此又称为建设程序。一般将建设项目发展周期的工作阶段划分为三个时期,即建设项目的投资前期、投资实施期和投资回收期。其中,建设项目投资前期(决策阶段)包括项目的设想、初选、准备、评估决策四个阶段,其主要工作是进行项目的可行性研究,对建设项目进行科学论证和决策,解决项目的成立与否、规模大小、使用功能、产品的市场前景、资金来源和利用方式、技术与设备选择等重大问题;建设项目投资实施期(又称实施阶段),是指项目决策后建设项目的实施与监督阶段,其主要任务是进行谈判及签订合同、建设项目设计、施工安装和试车投产,使项目成为现实,形成固定资产;建设项目投资回收期(又称运营阶段)包括项目的投产经营和评价总结。建设项目发展周期如图 8-1 所示。

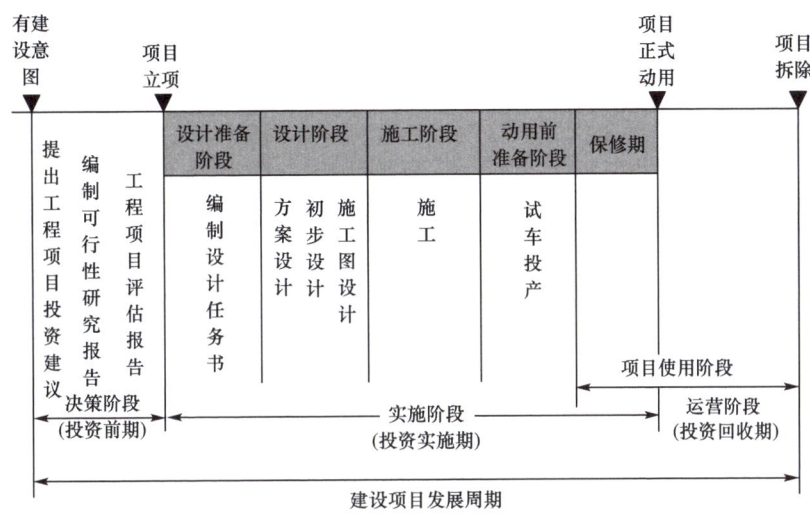

图 8-1　建设项目发展周期

下面对工程项目发展周期各阶段工作的主要内容进行简单说明。

1.工程项目设想阶段

工程项目设想阶段主要任务是提出工程项目的投资意向,制定工程项目应达到的目标,简单分析工程项目能获得的收益及其适用性和可取性,并根据市场需求情况,把握时机,及时提出工程项目投资的设想,进行机会研究,提出工程项目投资建议。

2.工程项目初选阶段

根据工程项目设想阶段提出的工程项目投资建议,对拟建工程项目的预选技术方案和建设方案进行筛选,选择较好的实施方案,编制初步可行性研究报告。

3.工程项目准备阶段

根据初步可行性研究报告,进行项目的详细可行性研究。这个阶段的主要任务就是明确工程项目应达到的目标和达到这些目标的手段。通过可行性研究,选出最符合要求的工程项目实施方案,进行工程项目的可行性和合理性论证,编制可行性研究报告。

4.工程项目评估决策阶段

对可行性研究报告进行全面、细致的审核和评价,并以书面的形式提出工程项目评估报告。工程项目评估报告是工程项目投资决策的最终依据。

5. 工程项目实施阶段
工程项目的实施阶段就是项目的建设期。

6. 工程项目投产运营阶段
该阶段是工程项目投资决策成功与否的体现,工程项目在投产运营期取得预期的经济效益、财务效益和社会效益,反映出建设前期和建设期的工作质量。

7. 工程项目评价总结阶段
工程项目投产运营一段时间后(一般为项目建成后 1～3 年),对其运行状况做出全面而具体的审核、总结和评价,分析项目建成后的实际情况与预测情况的差距及其原因,即工程项目的后评估。

 可行性研究的含义和作用

所谓可行性研究,也称技术经济论证,是指在工程项目投资之前进行深入细致的调查研究,运用多种科学手段(包括技术科学、社会学、经济学及系统工程学等)对一项工程项目的必要性、可行性、合理性进行技术经济论证。具体来说,工程项目可行性研究,是在工程投资决策之前,调查、研究与拟建工程项目有关的自然、社会、经济和技术资料,分析比较可能的工程项目建设方案,预测评价项目建成后的社会经济效益,并在此基础上结合项目建设的必要性、财务上的营利性、经济上的合理性、技术上的先进性和适用性以及建设条件上的可能性和可行性,为投资决策提供科学的依据。同时,可行性研究还能为银行贷款、合作者签约、工程设计等提供依据和基础资料,是决策科学化的必要步骤和手段。

建设前期是决定工程项目经济效果的关键时期,可行性研究是工程项目前期工作的重要内容,是工程项目建设程序的重要环节,也是工程项目投资决策必不可少的一个工作程序。如果在项目实施中才发现工程费过高,投资不足,或原材料不能保证等问题,将会给投资人造成巨大损失。因此,投资人为了排除盲目性,减少风险,在竞争中取得最大利润,宁可在投资前花费一定的代价也要进行投资项目的可行性研究,以提高投资获利的可靠程度。

从可行性研究的概念可以看出,一个完整的工程项目可行性研究至少应包括三方面的内容:一是分析论证工程项目建设的必要性。这主要是通过市场预测,分析工程项目所提供的产品或劳务的市场需求情况。二是分析论证工程项目建设的可行性。它主要是通过对工程项目的建设条件、技术等的论证来进行分析。三是分析论证工程项目建设的合理性,包括财务上的营利性和经济上的合理性。它主要是通过对工程项目的效益分析来完成的。其中,工程项目建设的合理性分析是工程项目可行性研究中最核心和最关键的内容。

 可行性研究的阶段划分

对于投资额较大、建设期较长、内外协作配套关系较多的建设工程,可行性研究的工作时间较长。为了节省投资,减少资源浪费,避免对早期就应淘汰的项目做无效研究,一般将可行性研究分为机会研究、初步可行性研究、可行性研究(有时也叫详细可行性研究)和项目评估决策四个阶段。机会研究证明效果不佳的项目,就不再进行初步可行性研究;同样,如果初步可行性研究结论为不可行,则不必再进行可行性研究。

可行性研究各阶段工作的内容及要求、估算精度与需要时间见表8-1。

表8-1　　　　　　　　可行性研究各阶段工作的目的和要求

研究阶段	机会研究	初步可行性研究	可行性研究	项目评估决策
研究性质	项目设想	项目初选	项目准备	项目评估
研究目的和内容	鉴别投资方向,寻求投资机会(含地区、行业、资源和项目的机会研究),选择项目,提出项目投资建议	对项目做初步评价,进行专题辅助研究,广泛分析、筛选方案,确定项目的初步可行性	对项目进行深入、细致的技术经济论证,重点对项目的技术方案和经济效益进行分析评价,进行多方案比选,提出结论性意见	综合分析各种效益,对可行性研究报告进行全面审核和评估,分析判断可行性研究的可靠性和真实性
研究要求	编制项目建议书	编制初步可行性研究报告	编制可行性研究报告	提出项目评估报告
研究作用	为初步选择投资项目提供依据,批准后列入建设前期工作计划,作为国家对投资项目的初步决策	判定是否有必要进行下一步详细可行性研究,进一步判明建设项目的生命力	作为项目投资决策的基础和重要依据	为投资决策者提供最后决策依据,决定项目取舍和选择最佳投资方案
估算精度	±30%	±20%	±10%	±10%
研究费用(占总投资的百分比)	0.1%～1%	0.25%～1.25%	大项目0.2%～1% 中小项目1%～3%	—
需要时间/月	1～3	4～6	8～12或更长	—

(一) 机会研究阶段

机会研究又称机会论证。这一阶段的主要任务是提出建设项目投资方向建议,即在一个确定的地区和部门内,根据自然资源、市场需求、国家产业政策和国际贸易情况,通过调查、预测和分析研究,选择建设项目,寻找投资的有利机会。机会研究要解决两个方面的问题:一是社会是否需要;二是有没有可以开展项目的基本条件。

机会研究一般从以下几个方面着手开展工作。

(1)以开发利用本地区的某一丰富资源为基础,谋求投资机会。

(2)以现有工业的拓展和产品深加工为基础,通过增加现有企业的生产能力与生产工序等途径创造投资机会。

(3)以优越的地理位置、便利的交通运输条件为基础,分析各种投资机会。

这一阶段的工作比较粗略,一般是根据条件和背景相类似的工程项目来估算投资额和生产成本,初步分析建设投资效果,提供一个或一个以上可能进行建设的投资项目或投资方案。这个阶段所估算的投资额和生产成本的精确程度大约控制在±30%,大中型项目的机会研究所需时间大约在1~3个月,所需费用约占投资总额的0.2%~1%。如果投资人对这个项目感兴趣,则可再进行下一步的可行性研究工作。

(二) 初步可行性研究阶段

项目建议书经国家有关部门(如计划部门)审定同意后,对于投资规模较大、工艺技术较复杂的大中型骨干建设项目,仅靠机会研究还不能决定其取舍,在开展全面研究工作之前,往往需要先进行初步可行性研究,进一步判明建设项目的生命力。这一阶段的主要工作目标有以下几点:

(1)分析机会研究的结论,并在现有详细资料的基础上做出初步投资估算。该阶段工作需要深入弄清项目的规模、原材料来源、工艺技术、厂址、组织机构和建设进度等情况,进行经济效果评价,以判定是否有可能和必要进行下一步的详细可行性研究。

(2)确定对某些关键性问题进行专题辅助研究。例如,市场需求预测和竞争能力研究,原材料辅助材料和燃料动力等供应和价格预测研究,工厂中间试验、厂址选择、合理经济规模,以及主要设备选型等研究。在广泛的方案分析比较论证后,对各类技术方案进行筛选,选择效益最佳的方案,排除一些不利方案,缩小下一阶段的工作范围和工作量,尽量节省时间和费用。

(3)鉴定项目的选择依据和标准,确定项目的初步可行性。根据初步可行性研究结果编制初步可行性研究报告,决定是否有必要继续进行研究,如通过对所获资料的研究确定该项目设想不可行,则应立即停止工作。该阶段是项目的初选阶段,研究结果应做出是否投资的初步决定。

初步可行性研究与详细可行性研究相比,除研究的深度与准确度有差异外,其内容大致相同。初步可行性研究得出的投资额误差一般约为±20%,研究费用一般约占总投资额的0.25%~1.5%,时间一般为4~6个月。

(三) 详细可行性研究阶段

详细可行性研究又称技术经济可行性研究,是可行性研究的主要阶段,是建设项目投资决策的基础。它为项目决策提供技术、经济、社会、商业方面的评价依据,为项目的具体实施提供科学依据。这一阶段的主要工作目标有以下几点:

(1)深入研究有关产品方案、生产流程、资源供应、厂址选择、工艺技术、设备选型、工程实施进度计划、资金筹措计划,以及组织管理机构和定员等各种可能选择的技术方案,进行全面深入的技术经济分析和比较选择工作,并推荐一个可行的投资建设方案。

(2)着重对投资总体建设方案进行企业财务效益、国民经济效益和社会效益的分析与评价,对投资方案进行多方案比较选择,确定一个能使项目投资费用和生产成本降到最低限度以取得最佳经济效益和社会效益的建设方案。

(3)确定项目投资的最终可行性和选择依据标准。对拟建投资项目提出结论性意见。对于可行性研究的结论,可以推荐一个认为最好的建设方案;也可以提出可供选择的几个方案,说明各个方案的利弊和可能采取的措施,或者也可以提出"不可行"的结论。按照可行性研究结论编制出可行性研究报告,作为项目投资决策的基础和重要依据。

这一阶段的内容比较详尽,所花费的时间和精力都比较大。而且本阶段还为下一步工程设计提供基础资料和决策依据。因此,在此阶段,建设投资和生产成本计算精度控制在±10%以内;大型项目研究工作所花费的时间为8～12个月,所需费用约占投资总额的0.2%～1%;中小型项目研究工作所花费的时间为4～6个月,所需费用约占投资总额的1%～3%。

(四) 项目评估决策阶段

项目评估是由投资决策部门组织和授权给诸如国家开发银行、投资银行、工程咨询公司或有关专家,代表国家或投资方(主体)对上报的建设项目可行性研究报告所进行的全面审核和再评估。其主要任务是对拟建项目的可行性研究报告提出评价意见,对该项目投资的可行与否做出最终决策(取舍),确定出最佳的投资方案。项目评估决策应在可行性研究报告的基础上进行。其内容包括：

(1) 全面审核可行性研究报告中所反映的各项情况是否属实;

(2) 分析项目可行性研究报告中各项指标计算是否正确,包括各种参数、基础数据、定额费率的选择;

(3) 从企业、国家和社会等方面综合分析和判断工程项目的经济效益和社会效益;

(4) 分析判断项目可行性研究的可靠性、真实性和客观性,对项目做出最终的投资决策;

(5) 最后写出项目评估报告。

四 可行性研究的基本工作程序

可行性研究的基本工作程序大致可以概括为:①签订委托协议;②组建工作小组;③制订工作计划;④市场调查与预测;⑤方案研制与优化;⑥项目评价;⑦编写可行性研究报告,与委托单位交换意见,并提交可行性研究报告。

(一) 签订委托协议

可行性研究报告编制单位与委托单位,应就项目可行性研究工作范围、内容、重点、深度要求、完成时间、经费预算和质量要求交换意见,并签订委托协议,据以开展可行性研究各阶段的工作。具备条件和能力的建设单位也可以在机构内部委托职能部门开展可行性研究工作。

(二) 组建工作小组

根据委托项目可行性研究的范围、内容、技术难度、工作量、时间要求等组建项目可行性研究工作小组。一般工业项目和交通运输项目可分为市场组、工艺技术组、设备组、工程组、总图运输及公用工程组、环保组、技术经济组等专业组。各专业组的工作一般应由项目负责人统筹协调。

(三) 制订工作计划

内容包括各项研究工作开展的步骤、方式、进度安排、人员配备、工作保证条件、工作质量评定标准和费用预算,并与委托单位交换意见。

(四) 市场调查与预测

市场调查的范围包括地区及国内外市场,有关企事业单位和行业主管部门等,主要收集项目建设、生产运营等各方面所必需的信息资料和数据。市场预测主要是利用市场调查所获得的信息资料,对项目产品未来市场供应和需求信息进行定性与定量分析。

(五) 方案研制与优化

在调查研究、收集资料的基础上,针对项目的建设规模、产品规格、厂址、工艺、设备、总图、运输、原材料供应、环境保护、公用工程和辅助工程、组织机构设置、实施进度等,提出备选方案。进行方案论证比选优化后,提出推荐方案。

(六) 项目评价

对推荐方案进行财务评价、费用效益分析、环境评价及风险分析等,以判别项目的环境可行性,经济合理性和抗风险能力。当有关评价指标结论不足以支持项目方案成立时,应重新构想方案或对原方案进行调整,有时甚至完全否定该项目。

(七) 编写并提交可行性研究报告

项目可行性研究各专业方案,经过技术经济论证和优化以后,由各专业组分工编写。经项目负责人衔接协调综合汇总,提出可行性研究报告初稿。与委托单位交换意见,修改完善后,向委托方提交正式的可行性研究报告。

五、可行性研究报告

可行性研究过程形成的工作成果一般通过可行性研究报告固定下来,构成下一步工作的基础。可行性研究不必将所有工作过程都展示出来,只需详细说明最优方案,而简述其他备选方案的情况即可。

(一) 可行性研究报告的作用

1. 作为经济主体投资决策的依据

可行性研究对与建设项目有关的各个方面都进行了调查研究和分析,并以大量数据论证了项目的必要性、可实现性以及实现后的结果,项目投资人或政府主管部门正是根据项目可行性研究的评价结果,并结合国家财政经济条件和国民经济长远发展的需要,才能做出是否应该投资和如何进行投资的决定。

2.作为筹集资金和向银行申请贷款的依据

银行通过审查项目可行性研究报告,确认项目的经济效益水平、偿债能力和风险状况,才能做出是否同意贷款的决定。

3.作为科研实验计划和新技术、新设备需用计划以及大型专用设备生产与安排的依据

项目拟采用的重大新技术、新设备必须经过周密慎重的技术经济论证,确认可行的,方能拟订研究和制造计划。

4.作为从国外引进技术、设备以及与国外厂商谈判签约的依据

利用外资项目,不论是申请国外银行贷款,还是与合资、合作方进行技术谈判和商务谈判、编制可行性研究报告都是一项至关重要的基础工作,甚至决定了谈判的成功与否。

5.作为与项目协作单位签订经济合同的依据

根据批准的可行性研究报告,项目法人可以与有关协作单位签订原材料、燃料、动力、运输、土建工程、安装工程、设备购置等方面的合同或协议。

6.作为向当地政府、规划部门、环境保护部门申请有关建设许可文件的依据

可行性研究报告经审查,符合市政府当局的规定或经济立法,对污染处理得当,不造成环境污染时,方能取得有关部门的许可。

7.作为该项目工程建设的基础资料

建设项目的可行性研究报告,是项目工程建设的重要基础资料。项目建设过程中的任何技术性和经济性更改,都可以在原可行性研究报告的基础上通过认真分析得出项目经济效益指标变动程度的信息。

8.作为项目科研试验、机构设置、职工培训、生产组织的依据

根据批准的可行性研究报告,可以进行与建设项目有关的生产组织工作,包括设置相宜的组织机构,进行职工培训,合理地组织生产等工作安排。

9.作为对项目考核和后评价的依据

工程项目竣工、正式投产后的生产考核,应以可行性研究所制定的生产纲领、技术标准以及经济效益指标作为考核标准。

(二)可行性研究报告的编制依据

1.国民经济中长期发展规划和产业政策

国家和地方国民经济和社会发展规划是一个时期国民经济发展的纲领性文件,对项目建设具有指导作用,另外,产业发展规划也可同样作为项目建设的依据,例如,国家关于一定时期内优先发展产业的相关政策、国家为缩小地区差别确立的地区开发战略,以及国家为加强民族团结而确定的地区发展规划。

2.项目建议书

项目建议书是工程项目投资决策前的总体设想,主要论证项目的必要性,同时初步分析项目建设的可能性,它是进行各项投资准备工作的主要依据。基础性项目和公益性项目只有经国家主管部门核准,并列入建设前期工作计划后,方可开展可行性研究的各

项工作。可行性研究确定的项目规模和标准原则上不应突破项目建议书相应的指标。

3. 委托方的意图

可行性研究的承担单位应充分了解委托方建设项目的背景、意图、设想,认真听取委托方对市场行情、资金来源、协作单位、建设工期以及工作范围等情况的说明。

4. 有关的基础资料

进行厂址选择、工程设计、技术经济分析需要可靠的自然、地理、气象、水文、地质、经济、社会等基础资料和数据。对于基础资料不全的,还应进行地形勘测、地质勘探、工业试验等补充工作。

5. 有关的技术经济规范、标准、定额等指标

例如,钢铁联合企业单位生产能力投资指标、饭店单位客房投资指标等,都是进行技术经济分析的重要依据。

6. 有关经济评价的基本参数和指标

例如,基准收益率、社会折现率、基准投资回收期、汇率等,这些参数和指标都是对工程项目经济评价结果进行衡量的重要依据。

(三) 可行性研究报告的内容

工程项目的重要特点之一是它的不重复性,因此,每个工程项目应根据自身的技术经济特点确定可行性研究的工作要点,以及相应可行性研究报告的内容。根据国家发展和改革委员会的有关规定,一般工业项目可行性研究报告可按以下内容编写:

1. 总论

主要内容为:项目提出的背景、项目概况以及主要问题与建议。

2. 市场预测

主要内容为:市场现状调查;产品供需预测;价格预测;竞争力分析;市场风险分析。

3. 资源条件评价

主要内容为:资源可利用量;资源品质情况;资源赋存条件;资源开发价值。

4. 建设规模与产品方案

主要内容为:建设规模与产品方案构成;建设规模与产品方案比选;推荐的建设项目与产品方案;技术改造项目与原有设施利用情况等。

5. 厂址选择

主要内容为:厂址现状;厂址方案比选;推荐的厂址方案;技术改造项目当前厂址的利用情况。

6. 技术方案、设备方案和工程方案

主要内容为:技术方案选择;主要设备方案选择;工程方案选择;技术改造项目改造前后的比较。

7. 主要原材料、燃料供应及节能、节水措施

主要内容为:主要原材料供应方案;燃料供应方案;节能措施;节水措施。

8. 总图、运输与公用辅助工程

主要内容为:总图布置方案;场内外运输方案;公用工程与辅助工程方案;技术改造

项目现有公用辅助设施利用情况。

9.环境影响评价
主要内容为:环境条件调查;影响环境因素分析;环境保护措施。

10.劳动安全、卫生与消防
主要内容为:危险因素和危害程度分析;安全防范措施;卫生保健措施;消防措施。

11.组织机构与人力资源配置
主要内容为:组织机构设置及其适应性分析;人力资源配置;员工培训。

12.项目实施进度
主要内容为:建设工期;实施进度安排;技术改造项目建设与生产的衔接。

13.投资估算与融资方案
主要内容为:建设投资和流动资金估算;资本金和债务资金筹措;融资方案分析。

14.财务评价
主要内容为:财务评价基础数据与参数选取;营业收入与成本费用估算;财务评价报表;营利能力分析;偿债能力分析;风险与不确定性分析;财务评价结论。

15.国民经济评价
主要内容为:影子价格及评价参数选取;效益费用范围与数值调整;国民经济评价报表;国民经济评价指标;国民经济评价结论。

16.社会评价
主要内容为:项目对社会的影响分析;项目与所在地互适性分析;社会风险分析。

17.风险与不确定性分析
主要内容为:项目盈亏平衡分析、敏感性分析;项目主要风险识别;风险程度分析;防范风险对策。

18.研究结论与建议
主要内容为:推荐方案总体描述;推荐方案优缺点描述;主要对比方案;结论与建议。

(四) 可行性研究报告的深度要求

可行性研究报告应在以下方面达到使用要求:

(1)可行性研究报告应能充分反映项目可行性研究工作的成果,内容齐全,结论明显,数据准确,论据充分,满足决策者确定方案和项目决策的要求。

(2)可行性研究报告涉及的主要设备的规格、参数应能满足预定货的要求。引进技术设备的资料应能满足合同谈判的要求。

(3)可行性研究报告中的重大技术、经济方案,应有两个以上方案的比选。

(4)可行性研究报告中确定的主要工程技术数据,应能满足项目初步设计的要求。

(5)可行性研究报告中构造的融资方案,应能满足银行等金融部门信贷决策的需求。

(6)可行性研究报告应反映可行性研究过程中出现的某些方案的重大分歧及未被采纳的理由,以供委托单位或投资人权衡利弊进行决策。

(7)可行性研究报告应附有评估、决策(审批)所必需的合同、协议、意向书、政府批件等。

总之,可行性研究报告的基本内容可概括为三大部分:市场研究、技术研究、效益研究。这三部分构成了可行性研究的三大支柱。首先是市场研究,包括产品的市场调查与预测研究,这是建设项目成立的重要前提,其主要任务是要解决工程项目建设的"可行性"问题。第二是技术研究,即技术方案和建设条件研究,从资源投入、厂址、技术、设备和生产组织等问题入手,对工程项目的技术方案和建设条件进行研究,这是可行性研究的技术基础,它要解决建设项目在技术上的"可行性"问题。第三是效益研究,即经济评价,这是决策项目投资命运的关键,是项目可行性研究的核心部分,它要解决工程项目在经济上的"合理性"问题。

第二节 财务评价概述

 财务评价的概念

建设项目的财务评价又称企业经济评价,财务评价是从企业角度,根据国家现行财税制度、市场价格体系和项目评价的有关规定,从项目的财务角度分析计算项目直接发生的财务效益和费用,编制财务报表,计算财务评价指标,对可行性研究报告中有关项目的基本生存能力、营利能力、偿债能力和抗风险能力等财务状况进行分析评价,据以判断项目的财务可行性,明确项目对投资主体的价值贡献,为项目投资决策提供科学依据。

建设项目的财务评价,主要是通过对各个技术方案的财务活动的分析,凭借一系列评价指标的测算和分析来论证建设项目财务上的可行性,并以此来判别建设项目在财务上是否有利可图。

从财务上分析建设项目经济效益时,不仅要测算、分析正常经营条件下的项目经济效益,同时还应测算、分析在不利条件下,不利因素对建设项目经济效益的影响,进行建设项目经济效益的不确定性分析,以估计项目可能承担的风险,确定项目在经济上的可靠性。

 财务评价的任务

项目财务评价的基本任务是分析评价项目的基本生存能力、营利能力、偿债能力和抗风险能力,主要包括下列内容。

(一) 项目的基本生存能力分析

根据财务计划现金流量表,考察项目计算期内各年的投资活动、融资活动和经营活动所产生的各项现金流入和流出,计算净现金流量和累计盈余资金,分析项目是否有足够的净现金流量(净收益)来维持正常运营。各年累计盈余资金不应出现负值,出现负值时应进行短期融资。项目生产(运营)期间的短期融资应体现在财务计划现金流量表中。

(二) 项目的营利能力分析

项目的营利能力分析就是分析项目投资的营利水平。应从以下两方面对其进行评价。

(1)评价项目达到设计生产能力的正常生产年份可能获得的营利水平,即按静态方法计算项目正常生产年份的企业利润及其占总投资的比率大小,如采用总投资收益率和权益投资收益率分析评价项目年度投资的营利能力。

(2)评价项目整个寿命期内的总营利水平。运用动态方法考虑资金时间价值,计算项目整个寿命期内企业的财务收益和总收益率,如采用财务净现值和财务内部收益率等指标分析评价项目寿命期内所能达到的实际财务总收益。

(三) 项目的偿债能力分析

项目的偿债能力分析就是分析项目按期偿还到期债务的能力。通常表现为借款偿还期,对于已约定借款偿还期限的投资项目,还应采用利息备付率和偿债备付率指标分析项目的偿债能力。它们都是银行进行项目贷款决策的重要依据,也是分析评价项目偿债能力的重要指标。

(四) 项目投资的抗风险能力分析

通过不确定性分析(如盈亏平衡分析、敏感性分析)和风险分析(如概率分析),预测分析客观因素变动对项目营利能力的影响,检验不确定因素的变动对项目收益、收益率和投资借款偿还期等评价指标的影响程度,分析评价投资项目承受各种投资风险的能力,提高项目投资的可靠性和营利水平。

财务评价的内容和步骤

(一) 财务评价的内容

项目财务评价是在对项目建设方案、产品方案和建设条件、投资估算和融资方案等进行详尽的分析论证、优选和评价的基础上,再对项目财务效益进行的可行性研究分析评价工作。

根据财务评价与资金筹措的关系,财务评价可分为融资前分析评价和融资后分析评价。

融资前分析评价应以营业收入、建设投资、经营成本和流动资金(净营运资金)的估算为基础,考察项目整个计算期内的现金流入和现金流出,编制项目投资财务现金流量表，根据资金时间价值原理，计算项目投资财务内部收益率和财务净现值等指标，从项目投资获利能力角度，考察评价项目的基本面和项目方案设计的合理性。融资前分析计算的相关指标可选择计算所得税前指标和（或）所得税后指标，以此作为初步投资决策与融资方案研究的依据。

融资后分析评价应以融资前分析和初步的融资方案为基础，考察评估项目的基本生存能力、营利能力（可采用静态分析和融资后动态分析）及偿债能力，判断项目方案在既定融资方案下的合理性。融资后营利能力分析应计算静态和动态分析指标，要进行权益投资和投资各方财务效益分析。

（二）财务效益评价的步骤

1. 确定项目财务基础数据，选用财务评价的参数

通过项目的市场预测和技术方案分析，确定项目产品方案、合理生产规模；根据优选的生产工艺方案、设备选型、工程设计方案、建设地点和投资方案，拟订项目实施进度计划，组织机构与人力资源配置，选用财务评价的参数。其包括主要投入物和产出物的财务价格、税率、利率、汇率、计算期、固定资产折旧率、无形资产和其他资产摊销年限、生产负荷和基准收益率等基础数据和参数，据此进行项目财务预测，获得项目总资金、生产成本费用、营业收入、税金及项目利润等一系列直接财务费用和效益数据，并对这些财务基础数据和参数进行分析。

2. 编制财务评价基本报表

将上述财务基础数据和参数进行汇总，编制出财务评价基本报表。基本报表主要有项目投资现金流量表、项目资本金现金流量表、投资各方现金流量表、利润及利润分配表、财务计划现金流量表、资产负债表和借款还本付息计划表等。

3. 分析评价财务效益评价指标

通过编制上述财务评价基本报表，可以直接计算出一系列财务效益评价指标，包括反映项目营利能力、偿债能力等的静态和动态评价指标，并将这些指标值分别与国家有关部门规定所对应的指标评价基准值进行对比，对项目的各种财务状况做出分析评价，并从财务角度提出项目在财务上是否可行的评价结论。

4. 进行不确定性分析评价和风险分析评价

采用敏感性分析、盈亏平衡分析和概率分析等方法，对上述项目财务效益评价指标进行不确定性分析评价和风险分析评价。计算出各类抗风险能力指标，分析评价项目可能面临的风险及项目在不确定情况下承受风险的能力，得出项目在不确定情况下财务评价的结论与建议。

5. 编写财务评价报告，做出项目财务评价最终结论

根据项目财务效益评价和不确定性与风险分析评价的结果，对投资项目的财务可行性做出最终的判断，并编写项目财务评价报告。

第三节　财务评价报表与财务评价指标

财务评价主要是通过计算财务评价指标,通过评价指标分析评价项目的基本生存能力、营利能力、偿债能力和抗风险能力等财务状况;评价指标的计算在会计中一般是通过编制财务报表实现的。

财务报表是对企业财务状况、经营成果和现金流量的结构性描述,是反映企业每一特定时期财务状况和某一会计期间经营成果和现金流量的书面文件。

一、财务评价报表的种类

在投资项目财务评价中把财务报表分为基本报表和辅助报表。

(一) 基本报表

主要包括以下报表:
◎ 项目投资现金流量表
◎ 项目资本金现金流量表
◎ 投资各方现金流量表
◎ 利润及利润分配表
◎ 财务计划现金流量表
◎ 资产负债表
◎ 借款还本付息计划表

(二) 辅助报表

主要包括以下报表:
◎ 投资使用计划与资金筹措表
◎ 固定资产投资估算表
◎ 流动资金估算表
◎ 总成本费用估算表
◎ 外购材料、燃料动力估算表
◎ 固定资产折旧费估算表
◎ 无形资产与递延资产摊销费估算表
◎ 营业收入及营业税金估算表

主要财务评价基本报表的内容

（一）现金流量表的编制

1.现金流量表的概念

工程项目的现金流量系统将项目计算期内各年的现金流入与现金流出按照各自发生的时点序列排列，表达为具有确定时间概念的现金流量系统。现金流量表是反映企业现金流入和流出的报表，是对建设项目现金流量系统的表格式反映，用以计算各项静态和动态评价指标，进行项目财务营利能力分析。

现金流量表的编制基础是会计上的收付实现制原则。它是以现金是否收到或付出，作为该时期收入和费用是否发生的依据。只有收到现金的收入才能记作收入，同样，只有付出现金的费用才能记作费用。因此，现金流量表中的成本是经营成本。按投资计算基础的不同，现金流量表分为项目投资现金流量表、项目资本金现金流量表和投资各方现金流量表。

2.项目投资现金流量表

项目投资现金流量表是以项目为一独立系统，从融资前的角度进行设置的。它将项目建设所需的总投资作为计算基础，反映项目在整个计算期（包括建设期和生产经营期）内现金的流入和流出，其现金流量构成见表 8-2。通过项目投资现金流量表可计算项目财务内部收益率、财务净现值和投资回收期等评价指标，并可考察项目的营利能力，为各个方案进行比较建立共同的基础。

根据需要，可从所得税前（即息税前）和（或）所得税后（即息税后）两个角度进行考察，选择计算所得税前和（或）所得税后指标。但要注意，这里所指的"所得税"是根据息税前利润（计算时其原则上不受融资方案变动的影响，即不受利息多少的影响）乘以所得税率计算的，称为"调整所得税"。这区别于"项目资本金现金流量表"、"利润及利润分配表"和"财务计划现金流量表"中的所得税。

表 8-2　　　　　　　　　　项目投资现金流量表　　　　　　　　　　万元

项目	计算期							
	1	2	3	4	5	6	…	n
1 现金流入								
1.1 营业收入								
1.2 补贴收入								
1.3 回收固定资产余值								
1.4 回收流动资产								
2 现金流出								
2.1 建设投资								
2.2 流动资金								
2.3 经营成本								

172

(续表)

项目	计算期							
	1	2	3	4	5	6	⋯	n
2.4 营业税金及附加								
2.5 维持运营投资								
3 所得税前净现金流量(1－2)								
4 累计税前净现金流量								
5 调整所得税								
6 所得税后净现金流量(3－5)								
7 累计税后净现金流量								
计算指标：	所得税前				所得税后			
财务净现值($i_c=$ %)：								
财务内部收益率/%：								
投资回收期：								

3. 项目资本金现金流量表

项目资本金现金流量表是从项目法人(或投资人整体)角度出发，以项目资本金作为计算的基础，把借款本金偿还和利息支付作为现金流出，用以计算资本金内部收益率，反映投资人权益投资的获利能力。项目资本金现金流量表见表 8-3。

表 8-3   项目资本金现金流量表   万元

项目	计算期							
	1	2	3	4	5	6	⋯	n
1 现金流入								
1.1 营业收入								
1.2 补贴收入								
1.3 回收固定资产余值								
1.4 回收流动资产								
2 现金流出								
2.1 项目资本金								
2.2 借款本金偿还								
2.3 借款利息支付								
2.4 经营成本								
2.5 营业税金及附加								
2.6 所得税								
2.7 维持运营投资								
3 净现金流量(1－2)								
计算指标：								
资本金内部收益率/%：								

项目资本金包括用于建设投资、建设期利息和流动资金。

4.投资各方现金流量表

投资各方现金流量表是分别从各个投资人的角度出发,以投资人的出资额作为计算的基础,用以计算投资各方的收益率。投资各方现金流量表见表 8-4。

表 8-4　　　　　　　　　　　投资各方现金流量表　　　　　　　　　　　万元

项目	计算期						
	1	2	3	4	5	6	⋯	n
1 现金流入								
1.1 实分利润								
1.2 资产处置收益分配								
1.3 租赁费收入								
1.4 技术转让或使用收入								
1.5 其他现金流入								
2 现金流出								
2.1 实缴资本								
2.2 租赁资产支出								
2.3 其他现金流出								
3 净现金流量(1-2)								

计算指标:

　投资各方内部收益率/%:

(二) 利润及利润分配表

利润及利润分配表是反映企业在一定会计期间的经营成果的报表。此表编制的基础是会计上的权责发生制原则。根据该原则,收入或费用的确认,应当以收入或费用的实际发生作为确认计量的标准,凡是当期已经实现的收入和已经发生或应当负担的费用,不论款项是否收付,都应当作为当期的收入和费用处理;凡是不属于当期的收入和费用,即使款项已经在当期收付,也不应当作为当期的收入和费用处理。因此,利润及利润分配表使用的是总成本费用。利润及利润分配表见表 8-5。

利润及利润分配表的编制分为三个步骤:

第一步,以营业收入为基础,减去营业成本、营业税金及附加、销售费用、管理费用、财务费用、资产减值损失,加上公允价值变动收益(减去公允价值变动损失)和投资收益(减去投资损失),计算出营业利润。

第二步,以营业利润为基础,加上营业外收入,减去营业外支出,计算出利润总额。

第三步,以利润总额为基础,减去所得税费用,计算出净利润(或净亏损)。

表 8-5　　　　　　　　　　　利润及利润分配表　　　　　　　　　　　　万元

项目	投产期	达产期		
	1	2	…	n
1 营业收入				
2 营业税金及附加				
3 总成本费用				
4 利润总额				
5 所得税(25%)				
6 税后利润				
7 期初未分配利润				
8 可供分配利润				
9 盈余公积金(10%)				
10 可供投资人分配的利润				
11 分配投资人股利				
12 未分配利润				
13 息税前利润				
14 利息备付率/%				
15 偿债备付率/%				

（三）财务计划现金流量表

财务计划现金流量表反映项目计算期各年的投资、融资及经营活动的现金流入和流出，用于计算累计盈余资金，分析项目的财务生存能力。财务计划现金流量表见表 8-6。

表 8-6　　　　　　　　　　　财务计划现金流量表　　　　　　　　　　　　万元

项目	合计	计算期					
		1	2	3	4	…	n
1 经营活动净现金流量							
1.1 现金流入							
1.1.1 营业收入							
1.1.2 增值税销项税							
1.1.3 补贴收入							
1.1.4 其他现金流入							

(续表)

项目	合计	计算期					
		1	2	3	4	...	n
1.2 现金流出							
1.2.1 经营成本							
1.2.2 增值税进项税							
1.2.3 营业税金及附加							
1.2.4 增值税							
1.2.5 所得税							
1.2.6 其他现金流出							
2 投资活动净现金流量							
2.1 现金流入							
2.2 现金流出							
2.2.1 建设投资							
2.2.2 维持运营投资							
2.2.3 流动资金							
2.2.4 其他现金流出							
3 筹资活动净现金流量							
3.1 现金流入							
3.1.1 资本金投入							
3.1.2 建设资金借款							
3.1.3 流动资金借款							
3.1.4 债券							
3.1.5 短期借款							
3.1.6 其他现金流入							
3.2 现金流出							
3.2.1 各种利息支出							
3.2.2 偿还债务本金							
3.2.3 应付利润							
3.2.4 其他现金流出							
4 净现金流量(1+2+3)							
5 累计盈余资金							

（四）资产负债表

资产负债表综合反映项目计算期内各年末资产、负债和投资人权益的增减变化及对应关系，用以考察项目资产、负债、投资人权益的结构是否合理，进行偿债能力分析。资产负债表的编制依据是：资产＝负债＋投资人权益，报表格式见表 8-7。

表 8-7　　　　　　　　　　　　　　　资产负债表　　　　　　　　　　　　　　　万元

项目	计算期			
	1	2	…	n
1 资产				
1.1 流动资产总额				
1.1.1 货币资金				
1.1.2 应收账款				
1.1.3 预付账款				
1.1.4 存货				
1.2 在建工程				
1.3 固定资产净值				
1.4 无形及其他资产净值				
2 负债及投资人权益				
2.1 流动负债总额				
2.1.1 应付账款				
2.1.2 流动资金借款				
2.2 长期借款				
2.3 负债小计				
2.4 投资人权益				
2.4.1 资本金				
2.4.2 资本公积金				
2.4.3 累计盈余公积金				
2.4.4 累计未分配利润				
资产负债率/%				
流动比率/%				
速动比率/%				

（五）借款还本付息计划表

借款还本付息计划表反映项目计算期内各年借款本金偿还和利息支付情况，用于计算偿债备付率和利息备付率指标。借款还本付息计划表见表 8-8。

表 8-8　　　　　　　　　　借款还本付息计划表　　　　　　　　　　万元

项目	合计	计算期 1	2	3	4	…	n
1 借款 1							
1.1 期初借款余额							
1.2 当期还本付息							
其中：还本							
付息							
1.3 期末借款余额							
2 借款 2							
2.1 期初借款余额							
2.2 当期还本付息							
其中：还本							
付息							
2.3 期末借款余额							
3 债券							
3.1 期初债务余额							
3.2 当期还本付息							
其中：还本							
付息							
3.3 期末债务余额							
4 借款和债券合计							
4.1 期初余额							
4.2 当期还本付息							
其中：还本							
付息							
4.3 期末余额							
计算指标　偿债备付率/%							
利息备付率/%							

财务评价基本报表与评价指标的关系

财务评价基本报表与评价指标的关系见表 8-9。

表 8-9　　　　　财务评价基本报表与评价指标的关系表

评价内容	基本报表	评价指标 静态指标	评价指标 动态指标
营利能力分析	项目投资现金流量表	全部投资回收期	财务内部收益率 财务净现值
营利能力分析	项目资本金现金流量表		资本金财务内部收益率
营利能力分析	投资各方现金流量表		投资各方财务内部收益率
营利能力分析	利润及利润分配表	总投资收益率	
偿债能力分析	利润及利润分配表	偿债备付率 利息备付率	
偿债能力分析	资产负债表	资产负债率 流动比率 速动比率	
偿债能力分析	借款还本付息计划表	借款偿还期	
生存能力分析	财务计划现金流量表	净现金流量 累计盈余资金	

第四节　新设法人财务评价实例

某企业新建一个化肥厂,此项目计算期为 10 年,该项目建设期为两年,第三年投产,第四年达到设计生产能力。

 财务评价基础数据

(1)固定资产投资 4 000 万元,其中项目资本金投资为 2 000 万元。不足部分向银行贷款。贷款年利率 i 为 3%,建设期只计息不还款,第三年投产后开始还贷,每年付清利息并分 6 年等额偿还本金。

(2)流动资金投资 2 400 万元,全部用银行贷款,年利率 4%,第三年年初开始贷款并投入,项目分年投资及贷款情况见表 8-10。

表 8-10　　　　　　　　　　项目分年投资及贷款情况　　　　　　　　　　万元

项目	计算期		
	1	2	3
固定资产投资	1 500	2 500	
流动资金投资	0	0	2 400
自有资金	500	1 500	

(3)营业收入、营业税金及附加和经营成本见表 8-11。

表 8-11　　　　　　　营业收入、营业税金及附加和经营成本　　　　　　　万元

项目	计算期	
	3	4～10
营业收入	3 920	5 600
营业税金及附加	117.6	168
经营成本	2 450	3 500

(4)按平均年限法计算固定资产折旧。折旧年限为 10 年,净残值率为 5%。
(5)假设每年可分配利润扣除公积金后全部向投资人分配。
(6)假设基准折现率 $i_c=10\%$。

二、财务评价报表编制及指标计算

(一)投资计划与资金筹措表

投资计划与资金筹措表见表 8-12。

表 8-12　　　　　　　　　　投资计划与资金筹措表　　　　　　　　　　万元

项目	计算期				合计
	1	2	3	4～10	
1 项目总投资	1 515	2 545.45	2 400	0	6 460.45
1.1 固定资产投资	1 500	2 500			4 000
1.2 建设期利息	15	45.45	0	0	60.45
1.3 流动资金			2 400		2 400
2 资金筹措	1 515	2 545.45	2 400	0	6 460.45
2.1 自有资金	500	1 500			2 000
2.2 借款	1 015	1 045.45	2 400	0	4 460.45
2.2.1 长期借款	1 015	1 045.45			2 060.45
2.2.2 流动资金借款			2 400		2 400
2.3 其他					0

(二) 固定资产折旧费估算表

$$折旧率 = \frac{1-净残值率}{折旧年限} \times 100\%$$

$$年折旧额 = 原值 \times 折旧率$$

第三年的折旧额为

$$4\,060.45 \times (1-0.05)/10 \approx 385.74(万元)$$

固定资产折旧费估算表见表8-13。

表8-13　　　　　　　　　固定资产折旧费估算表　　　　　　　　　万元

项目	计算期							
	3	4	5	6	7	8	9	10
固定资产原值	4 060.45	4 060.45	4 060.45	4 060.45	4 060.45	4 060.45	4 060.45	4 060.45
折旧费	385.74	385.74	385.74	385.74	385.74	385.74	385.74	385.74
固定资产净值	3 674.71	3 288.97	2 903.23	2 517.49	2 131.75	1 746.01	1 360.27	974.53

(三) 借款还本付息计划表

借款还本付息计划表见表8-14。

表8-14　　　　　　　　　借款还本付息计划表　　　　　　　　　万元

项目		计算期									
		1	2	3	4	5	6	7	8	9	10
年初欠款累计	长期借款		1 015	2 060.45	1 717.04	1 373.63	1 030.23	686.82	343.41		
	流动资金借款										
本年借款	长期借款	1 000	1 000								
	流动资金借款			2 400	2 400	2 400	2 400	2 400	2 400	2 400	2 400
建设期利息		15	45.45								
付息合计				157.81	147.51	137.21	126.91	116.6	106.3	96	96
年初欠款利息累计	长期借款利息			61.81	51.51	41.21	30.91	20.6	10.3		
	流动资金借款利息			96	96	96	96	96	96	96	96
本年还本	长期借款			343.41	343.41	343.41	343.41	343.41	343.41		
	流动资金借款										

(续表)

项目	计算期									
	1	2	3	4	5	6	7	8	9	10
还贷本金来源			932	1 330	1 337	1 344	1 351	1 358	0	2 400
利润			545.97	944.16	951.11	958.06	965.02	971.97		
折旧与摊销			385.74	385.74	385.74	385.74	385.74	385.74		
自有资金										
资产回收										2 400

(四) 总成本费用估算表

总成本费用估算表见表 8-15。

表 8-15　　　　　　　　　总成本费用估算表　　　　　　　　　万元

项目	计算期							
	3	4	5	6	7	8	9	10
经营成本	2 450	3 500	3 500	3 500	3 500	3 500	3 500	3 500
折旧与摊销	385.74	385.74	385.74	385.74	385.74	385.74	385.74	385.74
利息支出	157.81	147.51	137.21	126.91	116.6	106.3	96	96
总成本费用	2 993.55	4 033.25	4 022.95	4 012.65	4 002.34	3 992.04	3 981.74	3 981.74

(五) 利润及利润分配表

利润及利润分配表见表 8-16。

表 8-16　　　　　　　　　利润及利润分配表　　　　　　　　　万元

	项目	计算期							
		3	4	5	6	7	8	9	10
1	营业收入	3 920	5 600	5 600	5 600	5 600	5 600	5 600	5 600
2	营业税金及附加	117.6	168	168	168	168	168	168	168
3	总成本费用	2 993.55	4 033.25	4 022.95	4 012.65	4 002.34	3 992.04	3 981.74	3 981.74
4	利润总额	808.85	1 398.75	1 409.05	1 419.35	1 429.66	1 439.96	1 450.26	1 450.26
5	所得税(25%)	202.21	349.69	352.26	354.84	357.41	359.99	362.57	362.57
6	税后利润	606.64	1 049.06	1 056.79	1 064.51	1 072.25	1 079.97	1 087.69	1 087.69
7	期初未分配利润	0	0	0	0	0	0	0	0

(续表)

项目		计算期							
		3	4	5	6	7	8	9	10
8	可供分配利润	606.63	1 049.06	1 056.79	1 064.51	1 072.24	1 079.97	1 087.7	1 087.7
9	盈余公积金(10%)	60.66	104.91	105.68	106.45	107.22	108	108.77	108.77
10	可供投资人分配的利润	545.97	944.16	951.11	958.06	965.02	971.97	978.93	978.93
11	分配投资人股利	545.97	944.16	951.11	958.06	965.02	971.97	978.93	978.93
12	未分配利润	0	0	0	0	0	0	0	0
13	息税前利润	966.66	1 546.26	1 546.26	1 546.26	1 546.26	1 546.26	1 546.26	1 546.26
14	EBITDA	1 352.4	1 932	1 932	1 932	1 932	1 932	1 932	1 932
15	利息备付率/%	6.13	10.48	11.27	12.18	13.26	14.55	16.11	16.11
16	偿债备付率/%	2.29	3.22	3.29	3.35	3.42	3.5	16.35	16.35

（六）项目投资现金流量表

项目投资现金流量表见表 8-17。

表 8-17　　　　　　　　　项目投资现金流量表　　　　　　　　　　万元

项目	建设期		投产期	达产期						
	1	2	3	4	5	6	7	8	9	10
生产负荷%			70	100	100	100	100	100	100	100
1 现金流入	0	0	3 920	5 600	5 600	5 600	5 600	5 600	5 600	8 974.53
1.1 产品营业收入			3 920	5 600	5 600	5 600	5 600	5 600	5 600	5 600
1.2 固定资产回收										974.53
1.3 流动资金回收										2 400
2 现金流出	1 500	2 500	4 967.6	3 668	3 668	3 668	3 668	3 668	3 668	3 668
2.1 建设投资	1 500	2 500								
2.2 流动资金			2 400							
2.3 经营成本			2 450	3 500	3 500	3 500	3 500	3 500	3 500	3 500
2.4 营业税金			117.6	168	168	168	168	168	168	168
2.5 维持运营投资										
3 税前净现金流量	−1 500	−2 500	−1 047.6	1 932	1 932	1 932	1 932	1 932	1 932	5 306.53
4 累计税前净现金流量	−1 500	−4 000	−5 047.6	−3 115.6	−1 183.6	748.4	2 680.4	4 612.4	6 544.4	11 850.93
调整所得税(25%)			241.67	386.57	386.57	386.57	386.57	386.57	386.57	386.57
5 税后净现金流量	−1 500	−2 500	−1 289.27	1 545.43	1 545.43	1 545.43	1 545.43	1 545.43	1 545.43	4 919.96
6 累计税后净现金流量	−1 500	−4 000	−5 289.27	−3 743.84	−2 198.41	−652.98	892.45	2 437.88	3 983.31	8 903.27
7 折现系数	0.909 1	0.826 4	0.751 3	0.683	0.620 9	0.564 5	0.513 2	0.466 5	0.424 1	0.385 5
8 税前净现金流量现值	−1 363.64	−2 066.12	−787.08	1 319.58	1 199.62	1 090.56	991.42	901.29	819.36	2 045.9
9 累计税前现金流量现值	−1 363.64	−3 429.75	−4 216.83	−2 897.25	−1 697.63	−607.06	384.36	1 285.65	2 105.01	4 150.9
10 税后净现金流量现值	−1 363.64	−2 066.12	−968.64	1 055.55	959.59	872.36	793.05	720.96	655.42	1 896.86
11 累计税后现金流量现值	−1 363.64	−3 429.75	−4 398.4	−3 342.84	−2 383.25	−1 510.89	−717.84	3.12	658.53	2 555.39

税后各评价指标为：$NPV=2\ 555.39$　　$P_t=7-1+0.42=6.42$　　$P_t'=8-1+1=8$　　$IRR=20.3\%$

（七）项目资本金现金流量表

项目资本金现金流量表见表8-18。

表8-18　　　　　　　　　　项目资本金现金流量表　　　　　　　　　　万元

项目	建设期		投产期	达产期						
	1	2	3	4	5	6	7	8	9	10
1 现金流入			3 920	5 600	5 600	5 600	5 600	5 600	5 600	8 974.53
1.1 产品营业收入			3 920	5 600	5 600	5 600	5 600	5 600	5 600	5 600
1.2 固定资产回收										974.53
1.3 流动资金回收										2 400
2 现金流出	500	1 500	3 271.03	4 508.61	4 500.88	4 493.15	4 485.43	4 477.7	4 126.57	6 526.57
2.1 项目资本金	500	1 500								
2.2 借款本金偿还			343.41	343.41	343.41	343.41	343.41	343.41		2 400
2.3 借款利息支付			157.81	147.51	137.21	126.91	116.6	106.3	96	96
2.4 经营成本			2 450	3 500	3 500	3 500	3 500	3 500	3 500	3 500
2.5 营业税金			117.6	168	168	168	168	168	168	168
2.6 所得税			202.21	349.69	352.26	354.84	357.41	359.99	362.57	362.57
2.7 维持运营投资										
3 净现金流量（税后）	−500	−1 500	648.97	1 091.39	1 099.12	1 106.85	1 114.57	1 122.3	1 473.44	2 447.97
4 累计净现金流量（税后）	−500	−2 000	−1 351.03	−259.64	839.48	1 946.33	3 060.9	4 183.2	5 656.63	8 104.6
5 折现系数	0.909 1	0.826 4	0.751 3	0.683	0.620 9	0.564 5	0.513 2	0.466 5	0.424 1	0.385 5
6 净现金流量现值（税后）	−454.55	−1 239.67	487.58	745.44	682.47	624.79	571.95	523.56	624.88	943.8
7 累计净现金流量现值（税后）	−454.55	−1 694.21	−1 206.64	−461.2	221.27	846.05	1 418	1 941.57	2 566.45	3 510.24

税后各评价指标为：$NPV = 3\ 510.24$　　$P_t = 5 - 1 + 0.24 = 4.24$　　$P_t' = 5 - 1 + 0.68 = 4.68$　　$IRR = 42.9\%$

（八）财务计划现金流量表

财务计划现金流量表见表8-19。

表8-19　　　　　　　　　　财务计划现金流量表　　　　　　　　　　万元

项目	合计	计算期									
		1	2	3	4	5	6	7	8	9	10
1 经营活动净现金流量				1 150.19	1 582.31	1 579.74	1 577.16	1 574.59	1 572.01	1 569.43	1 569.43
1.1 现金流入				3 920	5 600	5 600	5 600	5 600	5 600	5 600	5 600
1.1.1 营业收入				3 920	5 600	5 600	5 600	5 600	5 600	5 600	5 600
1.1.2 增值税销项税											
1.1.3 补贴收入											
1.1.4 其他现金流入											
1.2 现金流出				2 769.81	4 017.69	4 020.26	4 022.84	4 025.41	4 027.99	4 030.57	4 030.57
1.2.1 经营成本				2 450	3 500	3 500	3 500	3 500	3 500	3 500	3 500
1.2.2 增值税进项税											
1.2.3 营业税金及附加				117.6	168	168	168	168	168	168	168

（续表）

项目	合计	计算期								
		1	2	3	4	5	6	7	8	9	10
1.2.4增值税											
1.2.5所得税				202.21	349.69	352.26	354.84	357.41	359.99	362.57	362.57
1.2.6其他现金流出											
2 投资活动净现金流量		−1 515	−2 545.45	−2 400							
2.1现金流入		0	0	0							
2.2现金流出		1 515	2 545.45	2 400							
2.2.1建设投资		1 515	2 545.45								
2.2.2维持运营投资											
2.2.3流动资金		0	0	2 400							
2.2.4其他现金流出											
3 筹资活动净现金流量		1 515	2 545.45	1 352.81	−1 435.07	−1 431.73	−1 428.38	−1 425.03	−1 421.68	−1 074.93	−1 074.93
3.1现金流入		1 515	2 545.45	2 400							
3.1.1资本金投入		500	1 500	0							
3.1.2建设资金借款		1 015	1 045.45	0							
3.1.3流动资金借款		0	0	2 400							
3.1.4债券											
3.1.5短期借款											
3.1.6其他现金流入											
3.2现金流出				1 047.19	1 435.08	1 431.73	1 428.38	1 425.03	1 421.68	1 074.93	1 074.93
3.2.1各种利息支出				157.81	147.51	137.21	126.91	116.6	106.3	96	96
3.2.2偿还债务本金				343.41	343.41	343.41	343.41	343.41	343.41		
3.2.3应付利润				545.97	944.16	951.11	958.06	965.02	971.97	978.93	978.93
3.2.4其他现金流出											
4 净现金流量(1+2+3)		0	0	103	147.23	148.01	148.78	149.56	150.33	494.50	494.50
5 累计盈余资金				103	250.23	398.24	547.02	696.58	846.91	1 341.41	1 835.91

（九）资产负债表

资产负债表见表 8-20。

表 8-20　　　　　　　　　　　　　资产负债表　　　　　　　　　　　　　　万元

项目	建设期		投产期	达产期						
	1	2	3	4	5	6	7	8	9	10
1 资产	1 515	4 060.45	6 177.71	5 939.20	5 701.47	5 464.52	5 228.33	4 992.92	5 101.69	5 210.46
1.1流动资产总额	0	0	2 503	2 650.23	2 798.24	2 947.03	3 096.58	3 246.91	3 741.42	4 235.93
1.1.1货币资金			2 503	2 650.23	2 798.24	2 947.03	3 096.58	3 246.91	3 741.42	4 235.93
1.1.2应收账款										
1.1.3预付账款										
1.1.4存货										

(续表)

项目	建设期		投产期	达产期						
	1	2	3	4	5	6	7	8	9	10
1.2在建工程	1 515	4 060.45								
1.3固定资产净值			3 674.71	3 288.97	2 903.23	2 517.49	2 131.75	1 746.01	1 360.27	974.53
1.4无形及递延资产净值										
2 负债及投资人权益	1 515	4 060.45	4 460.66	4 565.57	4 671.25	4 777.7	4 884.92	4 992.92	5 101.69	5 210.46
2.1流动负债总额	0	0	2 400	2 400	2 400	2 400	2 400	2 400	2 400	2 400
2.1.1应付账款										
2.1.2流动资金借款			2 400	2 400	2 400	2 400	2 400	2 400	2 400	2 400
2.2长期借款	1 015	2 060.45								
2.3负债小计	1 015	2 060.45	2 400	2 400	2 400	2 400	2 400	2 400	2 400	2 400
2.4投资人权益	500	2 000	2 060.66	2 165.57	2 271.25	2 377.7	2 484.92	2 592.92	2 701.69	2 810.46
2.4.1资本金	500	2 000	2 000	2 000	2 000	2 000	2 000	2 000	2 000	2 000
2.4.2资本公积金										
2.4.3累计盈余公积金			60.66	165.57	271.25	377.7	484.92	592.92	701.69	810.46
2.4.4累计未分配利润										
资产负债率/%	67	50.74	38.85	40.41	42.09	43.92	45.9	48.07	47.04	46.06
流动比率/%			1.04	1.10	1.17	1.23	1.29	1.35	1.56	1.76
速动比率/%			1.04	1.10	1.17	1.23	1.29	1.35	1.56	1.76

财务评价结论

(一) 项目营利能力分析

通过表8-17"项目投资现金流量表"可知税后各评价指标为：$NPV = 2\,555.39 > 0$，$IRR = 20.3\% > 10\%$，表明方案本身的经济效果好于投资人的最低预期，方案可行。通过表8-18"项目资本金现金流量表"可知税后各评价指标为：$NPV = 3\,510.24$，$IRR = 42.9\%$，均大于项目本身的相应指标，表明在总投资中采用借款可以使企业获得更好的经济效果。

(二) 项目偿债能力分析

通过表8-16"利润及利润分配表"可知项目各年的利息备付率和偿债备付率均大于2，说明本项目具有很强的还本付息能力。由表8-20"资产负债表"中项目各年的资产负债率、流动比率和速动比率三项指标可以看出，均在70%以下，符合国际上的最高负债安全要求。因此，该项目具有很强的偿债能力。

(三) 项目生存能力分析

从表8-19"财务计划现金流量表"可以看出，项目各年的净现金流量和累计盈余资金均不小于零,说明项目筹措的资金和净收益完全满足项目的各种资金支出需求,不需要额外进行短期借款。因此,该项目具有较好的生存能力。

本章小结

本章主要介绍了可行性研究和项目财务评价两个问题。可行性研究是我国建设程序中要求项目投资方或业主必须要做的工作,否则项目就不可能立项,由此可以看出项目可行性研究对于项目的重要性。可行性研究的内容包括技术、经济、安全、环境和管理等几个大类,而项目财务评价是其中的一个组成部分,通过项目财务评价可以获知项目在经济上是否有利可图。项目的经济性是衡量项目是否可行的重要标准之一。项目财务评价主要从项目的营利能力、项目的偿债能力和项目的生存能力三个方面进行评价,每一个方面都需要依靠编制相应的财务报表,并计算评价指标来实现。

本章习题

1. 什么是建设项目发展周期?
2. 可行性研究及其作用是什么?
3. 可行性研究分几个阶段进行?
4. 财务评价的概念是什么?内容包括哪些?
5. 项目财务评价时,需要编制哪些主要辅助报表和基本报表?
6. 项目投资现金流量表和项目资本金现金流量表的主要差别有哪些?

第九章

经济费用效益分析

学习内容

经济费用效益分析的必要性,经济费用效益分析的对象;经济费用效益分析与财务评价的关系;经济费用效益分析的程序;经济效益与经济费用的识别;经济费用效益分析参数;经济费用效益分析的评价指标及报表。

学习目标

1.知识目标

(1)掌握经济效益与经济费用的识别原则,掌握项目直接效益与直接费用、项目间接效益与间接费用的识别方法;
(2)掌握经济费用效益分析参数的确定方法;
(3)掌握经济费用效益分析的评价指标和计算方法;
(4)掌握经济费用效益分析基本及辅助报表的编制方法;
(5)熟悉经济费用效益分析与财务评价的关系以及经济费用效益分析的程序;
(6)了解经济费用效益分析的必要性以及经济费用效益分析的对象。

2.能力目标

(1)能够正确识别项目直接效益与直接费用、间接效益与间接费用;
(2)能够对项目进行经济费用效益分析,进而判断项目的可行性。

案例导入

我国水电项目与煤电项目相比,虽然初始投资较大,但具有经营成本低、规模大、调节性强的特征,最关键的是水电可以节省资源,减少碳化排放量,符合我国优化能源结构,发展低碳经济的趋势。近年来水电项目放缓,在水电项目的决策问题上,应该综合考虑其全部费用和全部效益,其中全部费用包括:建设费用、经营成本、移民费用、环境污染等;全部效益包括:发电、防洪、灌溉、航运、旅游等。

思考:1.水电项目和煤电项目相比具有哪些优势?
2.在水电项目决策问题上需要考虑的费用和效益。

第一节 经济费用效益分析概述

经济费用效益分析应从资源合理配置的角度,分析项目投资的经济效率和对社会福利所做出的贡献,评价项目的经济合理性。对于财务现金流量不能全面、真实地反映其经济价值而需要进行经济费用效益分析的项目,应将经济费用效益分析的结论作为项目决策的主要依据之一。

一、经济费用效益分析的必要性

正常运作的市场是将稀缺资源在不同用途和不同时间上合理配置的有效机制。然而,市场的正常运作要求具备若干条件,包括:资源的产权清晰、完全竞争、公共产品数量不多、短期行为不存在等。如果这些条件不能满足,市场就不能有效地配置资源,即市场失灵。市场失灵的原因有:

(1)无市场、薄市场(thin market)。首先,很多资源的市场还根本没有发育起来,或根本不存在。这些资源的价格为零,因而被过度使用,日益稀缺。其次,有些资源的市场虽然存在,但价格偏低,只反映了劳动和资本成本,没有反映生产中资源耗费的机会成本。毫不奇怪,价格为零或偏低时,资源会被浪费。例如,我国一些地区的地下水和灌溉用水价格偏低,因而被大量浪费。

(2)外部效果(externalities)。外部效果是企业或个人的行为对活动以外的企业或个人造成的影响。外部效果造成私人成本(内部成本或直接成本)和社会成本不一致,导致实际价格不同于最优价格。外部效果可以是积极的也可以是消极的。河流上游农民种树,保持水土,使下游农民旱涝保收,这是积极的外部效果;河流上游乱砍滥伐,造成下游洪水泛滥和水土流失,这是消极的外部效果。

(3)公共物品(public goods)。公共物品的显著特点是,一个人对公共物品的消费不影响其他消费者对同一公共物品的消费。在许多情况下,个人不管付钱与否都不能被从公共物品的消费中排除出去,所以消费者就不愿为消费公共物品而付钱。消费者不愿付钱,私人企业赚不了钱,就不愿意提供公共物品。因此,自由市场很难提供充足的公共物品。

(4)短视计划(myopia planning)。自然资源的保护和可持续发展意味着为了未来利益而牺牲当前消费。因为人们偏好当前消费,未来利益被打折扣,因而造成应留给未来人的资源被提前使用。资源使用中的高贴现率和可再生资源的低增长率,有可能使某种自然资源提早耗尽。

市场失灵的存在使得财务评价的结果往往不能真实反映项目的全部利弊得失,必须通过经济费用效益分析对财务评价中失真的结果进行修正。

在加强和完善宏观调控,建立社会主义市场经济体制的过程中,应重视建设项目的经济费用效益分析,主要理由如下:

(1)经济费用效益分析是项目评价方法体系的重要组成部分,市场分析、技术方案分析、财务分析、环境影响分析、组织机构分析和社会评价都不能代替经济费用效益分析的功能和作用。

(2)经济费用效益分析是市场经济体制下政府对公共项目进行分析评价的重要方法,是市场经济国家政府部门干预投资活动的重要手段。

(3)在新的投资体制下,国家对项目的审批和核准重点放在项目的外部效果、公共性方面,经济费用效益分析强调从资源配置经济效率的角度分析项目的外部效果,通过费用效益分析及费用效果分析判断建设项目的经济合理性,是政府审批或核准项目的重要依据。

经济费用效益分析主要是识别国民经济效益、效果与费用,计算和选取影子价格,编制费用效益分析报表,计算费用效益分析指标和费用效果分析指标,并进行方案比选。

 经济费用效益分析的对象

对于财务价格扭曲不能真实反映项目产出的经济价值、财务成本不能包含项目对资源的全部消耗及财务效益不能包含项目产出的全部经济效果的项目,需要进行经济费用效益分析。

在现实经济中,由于市场本身的原因及政府不恰当的干预,都可能导致市场配置资源的失灵,市场价格难以反映建设项目的真实经济价值,客观上需要通过经济费用效益分析来反映建设项目的真实经济价值,判断投资的经济合理性,为投资决策提供依据。

需要进行经济费用效益分析的项目:

(1)自然垄断项目。对于电力、电信、交通运输等行业的项目,存在着规模效益递增的产业特征,企业一般不会按照帕累托最优规则进行运作,从而导致市场不能有效配置资源。

(2)公共产品项目。即项目提供的产品或服务在同一时间内可以被共同消费,具有"消费的非排他性"(未花钱购买公共产品的人不能被排除在此产品或服务的消费之外)和"消费的非竞争性"(一人消费一种公共产品并不以牺牲其他人的消费为代价)特征。由于市场价格机制只有通过将那些不愿意付费的消费者排除在该物品的消费之外才能得以有效运作,因此市场机制对公共产品项目的资源配置失灵。

(3)具有明显外部效果的项目。外部效果是指一个个体或厂商的行为对另一个个体或厂商产生了影响,而该影响的行为主体又没有负相应责任或没有获得应有报酬的现象。产生外部效果的行为主体由于不受预算约束,因此常常不考虑外部效果结果承受者的损益情况。这样,这类行为主体在其行为过程中常常会低效率甚至无效率地使用资源,造成消费者剩余与生产者剩余的损失及市场失灵。

(4)涉及国家控制的战略性资源开发及涉及国家经济安全的项目。该种项目往往具有公共性、外部效果等综合特征,不能完全依靠市场配置资源。

(5)政府对经济活动不正当干预的项目,如果干扰了正常的经济活动效率,这种干预也是导致市场失灵的重要因素。

随着我国社会主义市场经济体制的逐步建立和完善以及经济结构的调整,许多竞争性项目的大部分外部效果(如环境污染)可以通过国家立法内部化,但是由于国家法制不健全等原因而产生的外部效果就要通过经济费用效益分析进行内部化。

对于一些外部成本过高而不宜通过企业内部化的市政工程和基础设施项目,往往是通过国家的基础性项目和公益性项目来解决。需要强调的是,在许多情况下,很可能多数情况下,营利性并不是评价基础性和公益性项目的合适指标,因为对自然垄断性强的项目而言,不论企业经营得如何好,政府补贴可能都将无法避免,对这类企业的效率要求只能是尽可能地减少补贴,如果仅强调营利性,就可能导致垄断性涨价,从而损害消费者的社会利益。正是由于基础性项目和公益性项目关系到国民经济结构布局的合理与否,同时,这类项目的外部效果和溢出效果比较明显,从项目局部利益出发的财务分析不能确保结论的正确性,因此,应重点对这类项目进行经济费用效益分析。

基础性项目主要包括具有自然垄断性、建设期长、投资量大而收益较低的基础设施项目,例如铁路、公路、港口、民航机场、邮电通信、农业水利设施和城市公用设施的建设项目;需要政府进行重点扶植的一部分基础工业项目,例如,发电站、煤矿等能源工业项目;直接增强国力的支柱产业项目以及重大高新技术在经济领域应用的项目等。

公益性项目主要包括科技、教育、文化、卫生、体育、环保等事业的建设项目,公、检、法、司等政权机关的建设项目,以及政府机关、社会团体办公设施、国防设施等的建设项目。

从投资管理的角度,我国现阶段需要进行经济费用效益分析的项目可以分为以下几类:

(1)政府预算内投资(包括国债资金)的用于关系国家安全、国土开发和市场不能有效配置资源的公益性项目和公共基础设施建设项目、保护和改善生态环境项目、重大战略性资源开发项目;

(2)政府各类专项建设基金投资的用于交通运输、农林水利等基础设施、基础产业建设的项目;

(3)利用国际金融组织和外国政府贷款,需要政府主权信用担保的建设项目;

(4)法律、法规规定的其他政府性资金投资的建设项目;

(5)企业投资建设的涉及国家经济安全、影响环境资源、公共利益、可能出现垄断、涉及整体布局等公共性问题,需要政府核准的建设项目。

经济费用效益分析与财务评价的关系

(一) 经济费用效益分析与财务评价的共同之处

(1)评价方法相同。它们都是经济效果评价,都要寻求以最小的投入获取最大的产出,都使用基本的经济评价理论,即效益与费用比较的理论方法,都要考虑资金的时间价值,采用内部收益率、净现值等营利性指标评价项目的经济效果。

(2)评价的基础工作相同。两种分析都要在完成产品需求预测、工艺技术选择、投资估算、资金筹措方案等可行性研究内容的基础上进行。

(3)评价的计算期相同。两种分析的计算期均包括项目的建设期、试生产期和生产期。

(二) 经济费用效益分析与财务评价的区别

(1)两种评价所站的层次不同。财务评价是站在项目的层次上,从项目经营者、投资人、未来债权人的角度,分析项目在财务上能够生存的可能性。经济费用效益分析则是站在政府部门的层次上,从全社会资源配置经济效率的角度分析项目的外部效果、公共性,从而判断项目的经济合理性。

(2)费用和效益的含义和划分范围不同。财务评价只根据项目直接发生的财务收支,计算项目的直接费用和直接效益。经济费用效益分析则从全社会的角度考察项目的费用和效益,不仅包括直接效益和直接费用,还包括间接效益和间接费用。同时应将项目费用中的转移支付剔除,例如税金和补贴、银行贷款利息等。

(3)财务评价与经济费用效益分析所使用的价格体系不同。财务评价使用实际的财务价格,经济费用效益分析则使用一套专用的影子价格体系。

(4)两种评价使用的参数不同。如衡量营利性指标内部收益率的判据,财务评价中用财务基准收益率,经济费用效益分析中则用社会折现率。财务基准收益率依行业的不同而不同,而社会折现率则是全国各行业各地区都一致的,目前为8%。

(5)评价内容不同。财务评价主要有两个方面,营利能力分析和清偿能力分析。而经济费用效益分析则只做营利能力分析,不做清偿能力分析。

第九章　经济费用效益分析

四　经济费用效益分析的程序

经济费用效益分析可以按照经济费用效益流量识别和计算的原则和方法直接进行，也可以在财务分析的基础上将财务现金流量转换为反映真正资源变动状况的经济费用效益流量。

（一）直接进行经济费用效益流量的识别和计算

其基本步骤如下：

(1)对于项目的各种投入物，应按照机会成本的原则计算其经济价值。

(2)识别项目产出物可能带来的各种影响效果。

(3)对于具有市场价格的产出物，以市场价格为基础计算其经济价值。

(4)对于没有市场价格的产出效果，应按照支付意愿及接受补偿意愿的原则计算其经济价值。

(5)对于难以进行货币量化的产出效果，应尽可能地采用其他量纲进行量化。难以量化的，进行定性描述，以全面反映项目的产出效果。

(6)编制经济费用效益分析报表，计算经济费用效益分析评价指标。

（二）在财务分析基础上进行经济费用效益流量的识别和计算

投资项目的经济费用效益分析在财务评价基础上进行，主要是将财务评价中的财务费用和财务效益调整为经济费用和经济效益，即调整不属于经济效益和费用的内容；剔除国民经济内部的转移支付；计算和分析项目的间接费用和效益；按投入物和产出物的影子价格及其他经济参数（如影子汇率、影子工资、社会折现率等）对有关经济数据进行调整。基本步骤如下：

(1)剔除财务现金流量中的通货膨胀因素，得到以实价表示的财务现金流量。

(2)剔除运营期财务现金流量中不反映真实资源流量变动状况的转移支付因素。

(3)用影子价格和影子汇率调整建设投资各项组成，并剔除其费用中的转移支付项目。

(4)调整流动资金，将流动资产和流动负债中不反映实际资源耗费的有关现金、应收、应付、预收、预付款项，从流动资金中剔除。

(5)调整经营费用，用影子价格调整主要原材料、燃料及动力费用、工资及福利费等。

(6)调整营业收入，对于具有市场价格的产出物，以市场价格为基础计算其影子价格；对于没有市场价格的产出效果，以支付意愿或接受补偿意愿的原则计算其影子价格。

(7)对于可货币化的外部效果，应将货币化的外部效果计入经济效益费用流量；对于难以进行货币化的外部效果，应尽可能地采用其他量纲进行量化。难以量化的，进行定性描述，以全面反映项目的产出效果。

(8)编制经济费用效益分析报表，计算经济费用效益分析评价指标。

第二节 经济效益与经济费用的识别

 经济效益与经济费用的识别原则

凡是项目对国民经济所做的贡献，均计为项目的效益。凡是国民经济为项目所付出的代价均计为项目的费用。经济效益和费用的识别应遵循以下原则：

(1)增量分析的原则。项目经济费用效益分析应建立在增量效益和增量费用识别和计算的基础之上，不应考虑沉没成本和已实现的效益。应按照"有无对比"增量分析的原则，通过项目的实施效果与无项目情况下可能发生的情况进行对比分析，作为计算机会成本或增量效益的依据。

(2)考虑关联效果原则。应考虑项目投资可能产生的其他关联效应。财务分析从项目自身的利益出发，其系统分析的边界是项目。凡是流入项目的资金，就是财务效益，如营业收入；凡是流出项目的资金，就是财务费用，如投资支出、经营成本和税金。经济费用效益分析则从国民经济的整体利益出发，其系统分析的边界是整个国民经济，对项目所涉及的所有成员及群体的费用和效益做全面分析，不仅要识别项目自身的内部效果，而且需要识别项目对国民经济其他部门和单位产生的外部效果。

(3)以本国居民作为分析对象的原则。对于跨越国界，对本国之外的其他社会成员产生影响的项目，应重点分析对本国公民新增的效益和费用。项目对本国以外的社会群体所产生的效果，应进行单独陈述。

(4)剔除转移支付的原则。转移支付代表购买力的转移行为，接受转移支付的一方所获得的效益与付出方所产生的费用相等，转移支付行为本身没有导致新增资源的发生。在经济费用效益分析中，税赋、补贴、借款和利息都属于转移支付。一般在进行经济费用效益分析时，不得再计算转移支付的影响。

 经济效益与经济费用

项目的经济效益是指项目对国民经济所做的贡献，包括项目的直接效益和间接效益；项目的经济费用是指国民经济为项目付出的代价，包括直接费用和间接费用。

(一)直接效益与直接费用

直接效益是指由项目产出物产生并在项目范围内以影子价格计算的经济效益。它是项目产生的主要经济效益。一般表现为增加项目产出物或者服务的数量已满足国内需求的效益、替代效益较低的相同或类似企业的产出物或者服务使被替代企业减产(停产)而减少国家有用资源耗费或者损失的效益、增加出口或者减少进口而增加或者节支的外汇等。

直接费用是指项目使用投入物所产生并在项目范围内以影子价格计算的经济费用。它是费用的主要内容。一般表现为其他部门为本项目提供投入物而需要扩大生产规模所耗用的资源费用、减少对其他项目或者最终消费投入物的供应而放弃的效益、增加进口或者减少出口而耗用或者减少的外汇等。

(二) 间接效益与间接费用

间接效益(亦称外部效益)是指由项目引起的而在直接效益中未得到反映的那部分效益。例如项目使用劳动力,使得劳动力熟练化,由没有特别技术的非熟练劳动力经训练而转变为熟练劳动力;再比如技术扩散的效益;节能灯的节能效益等。

间接费用(亦称外部费用)是指由项目引起的,而在项目的直接费用中未得到反映的那部分费用。例如,工业项目产生的废水、废气和废渣引起的环境污染及对生态平衡的破坏,项目并不支付任何费用,而国民经济为此付出了代价。

通常把与项目相关的间接效益(外部效益)和间接费用(外部费用)统称为外部效果。为防止外部效果计算扩大化,项目的外部效果一般只计算一次相关效果,不应连续计算。外部效果的计算范围应考虑环境及生态影响效果、技术扩散效果和产业关联效果。外部效果通常要考察以下几个方面。

1.环境影响

某些项目对自然环境和生态环境造成的污染和破坏主要包括排放污水造成的水污染;排放有害气体和粉尘造成的大气污染;噪声污染;放射性污染;临时性的或永久性的交通阻塞;对自然生态造成的破坏。

为了对建设项目进行全面的经济费用效益分析,应重视对环境影响外部效果的经济费用效益分析,尽可能地对环境成本与效益进行量化,在可行的情况下赋予经济价值,并纳入整个项目经济费用效益分析的框架体系之中。

对于建设项目环境影响的量化分析,应从社会整体角度对建设项目环境影响的经济费用和效益进行识别和计算。

(1)如果项目对环境的影响可能导致受影响的区域生产能力发生变化,可以根据项目所造成的相关产出物的产出量变化,对环境影响效果进行量化。如果产出物具有完全竞争的市场价格,应直接采用市场价格计算其经济价值;如果存在市场扭曲现象,应对其市场价格进行相应调整。

(2)如果不能直接估算拟建项目环境影响对相关产出量的影响,可以通过有关成本费用信息来间接估算环境影响的费用或效益。其主要方法有替代成本法、预防性支出法、置换成本法、机会成本法、意愿调查评估法等。

(3)对于无法通过产出物市场价格或成本变化测算其影响的环境价值,应采用各种间接评估的方法进行量化。其主要方法有隐含价值分析法、产品替代法、成果参照法等。

2.技术扩散效果

一个技术先进的项目的实施,会由于技术人员的流动,使先进的技术在社会上扩散和推广，整个社会都将受益。但这种技术扩散的外部效果很难定量计算，一般只做定性说明。

3. 产业关联效果

项目的"上游"企业是指为该项目提供原材料或半成品的企业，项目的实施可能会刺激这些"上游"企业得到发展，增加新的生产能力或是使原有生产能力得到更充分的利用。例如，房地产行业的快速发展会刺激钢材、水泥等建筑材料的生产企业加大生产能力或更充分利用现有的生产能力。项目的"下游"企业是指使用项目的产出物作为原材料或半成品的企业，项目的产品可能会对"下游"企业的经济效益产生影响，使其闲置的生产能力得到充分利用，或使其在生产上节约成本。例如，如果在国内已经有了很大的电视机生产能力而显像管生产能力不足时，兴建显像管生产厂会对电视机厂的生产产生刺激。显像管产量增加，价格下降，可以刺激电视机的生产和消费。

通常，项目的产业关联效果可以在项目的投入和产出物的影子价格中得到反映，不应再计算间接效果。但也有些间接影响难以反映在影子价格中，需要作为项目的外部效果计算。

第三节 经济费用效益分析的参数

经济费用效益分析参数是经济费用效益分析的基本判据，对比选优化方案具有重要作用。经济费用效益分析参数主要包括：社会折现率、影子汇率、影子工资和影子价格等，这些参数由有关专门机构组织测算和发布。

一、社会折现率

社会折现率系指建设项目国民经济评价中衡量经济内部收益率的基准值，也是计算项目经济净现值的折现率，代表社会资金被占用应获得的最低收益率，是项目经济可行性和方案比选的主要判据。

社会折现率应根据国家的社会经济发展目标、发展战略、发展优先顺序、发展水平、宏观调控意图、社会成员的费用效益时间偏好、社会投资收益水平、资金供给状况、资金机会成本等因素综合测定。

根据上述需考虑的主要因素，结合当前的实际情况，测定社会折现率为8％；对于受益期长的建设项目，如果远期效益较大，效益实现的风险较小，社会折现率可适当降低，但不应低于6％。

二、影子汇率

汇率是指两个国家不同货币之间的比价或交换比率。

影子汇率系指能正确反映国家外汇经济价值的汇率。影子汇率主要依据一个国家或地区一段时期内进出口的结构和水平、外汇的机会成本及发展趋势、外汇供需状况等因素确定。一旦上述因素发生较大变化时,影子汇率需做相应的调整。

影子汇率可通过影子汇率换算系数得出。影子汇率换算系数是指影子汇率与外汇牌价之间的比值。影子汇率应按下式计算

$$影子汇率=外汇牌价×影子汇率换算系数 \quad (9\text{-}1)$$

建设项目国民经济评价中,项目的进口投入物和出口产出物,应采用影子汇率换算系数调整计算进出口外汇收支的价值。目前根据我国外汇收支、外汇供求、进出口结构、进出口关税、进出口增值税及出口退税补贴等情况,影子汇率换算系数为1.08。

三、影子工资

影子工资系指建设项目使用劳动力资源而使社会付出的代价。影子工资由劳动力的机会成本和新增资源消耗两部分构成。劳动力机会成本系指劳动力在本项目被使用,而不能在其他项目中使用而被迫放弃的劳动收益;新增资源消耗指劳动力在本项目新就业或由其他就业岗位转移来本项目而发生的社会资源消耗,这些资源的消耗并没有提高劳动力的生活水平。建设项目国民经济评价中以影子工资计算劳动力费用。

影子工资可通过影子工资换算系数得到。影子工资换算系数是指影子工资与项目财务分析中的劳动力工资之间的比值。影子工资可按下式计算

$$影子工资=财务工资×影子工资换算系数 \quad (9\text{-}2)$$

影子工资的确定,应符合下列规定:

(1)影子工资应根据项目所在地劳动力就业状况、劳动力就业或转移成本测定。

(2)技术劳动力的工资报酬一般可由市场供求决定,即影子工资一般可以用财务实际支付工资计算。

(3)对于非技术劳动力,根据我国非技术劳动力就业状况,其影子工资换算系数一般取 0.25~0.8;具体可根据当地的非技术劳动力供求状况确定,非技术劳动力较为富余的地区可取较低值,不太富余的地区可取较高值,中间状况可取 0.5。

四、影子价格

影子价格理论最初来源于求解数学规划,在求解一个"目标"最大化数学规划的过程中,发现每种"资源"对于"目标"都有着边际贡献,即这种"资源"每增加一个单位,"目标"就会增加一定的单位,不同的"资源"有着不同的边际贡献。这种"资源"对于目标的边际贡献被定义为"资源"的影子价格。国民经济评价中采用了这种影子价格的基本思想,采取不同于财务价格的一种理论上的影子价格来衡量项目耗用资源及产出贡献的真实价值。理论上,如果有办法将国民经济归纳为一个数学规划,各种资源及产品的影子价格就可以由规划中求解统一确定,但实践中目前还不具备这样做的能力及条件。实践中是采取替代用途、替代方案分析来估算项目的各种投入和产出的影子价格的。对于项目的

投入物,影子价格是其所有用途中价值最高的价格。对于项目的产出物,影子价格采用其替代供给产品的最低成本或用户的支付意愿中较低者。

影子价格是指依据一定原则确定的,能够反映投入物和产出物真实经济价值,反映市场供求状况,反映资源稀缺程度,使资源得到合理配置的价格。

影子价格是根据国家经济增长的目标和资源的可获性来确定的。如果某种资源数量稀缺,同时,有许多用途完全依靠于它,那么它的影子价格就高。如果某种资源的供应量增多,那么它的影子价格就会下降。进行经济费用效益分析时,项目的主要投入物和产出物价格,原则上都应采用影子价格。

确定影子价格时,对于投入物和产出物,首先要区分为市场定价货物、政府调控价格货物、特殊投入物和非市场定价货物这四大类别,然后根据投入物和产出物对国民经济的影响分别处理。

(一) 市场定价货物的影子价格

1.外贸货物的影子价格

外贸货物是指其生产或使用会直接或间接影响国家出口或进口的货物,原则上,石油、金属材料、金属矿物、木材及可出口的商品煤,一般都划为外贸货物。

外贸货物影子价格的定价基础是国际市场价格。尽管国际市场价格并非就是完全理想的价格,存在着诸如发达国家有意压低发展中国家初级产品的价格,实行贸易保护主义,限制高技术向发展中国家转移,以维持高技术产品的垄断价格等问题,但在国际市场上起主导作用的还是市场机制,各种商品的价格主要由供需规律所决定,多数情况下不受个别国家和集团的控制,一般比较接近物品的真实价值。

外贸货物中的进口品的国内生产成本应大于到岸价格(CIF),否则不应进口。外贸货物中的出口品应满足国内生产成本小于离岸价格(FOB),否则不应出口。到岸价格与离岸价格统称口岸价格。

在经济费用效益分析中,口岸价格应按本国货币计算,故口岸价格的实际计算如下式所示

$$到岸价格(人民币)＝美元结算的到岸价格\times 影子汇率 \tag{9-3}$$

$$离岸价格(人民币)＝美元结算的离岸价格\times 影子汇率 \tag{9-4}$$

项目外贸货物的影子价格按下述公式计算

$$产出物的影子价格(项目产出物的出厂价格)＝离岸价格(FOB)\times 影子汇率－$$
$$国内运杂费－贸易费用 \tag{9-5}$$

$$投入物的影子价格(项目投入物的到厂价格)＝到岸价格(CIF)\times 影子汇率＋$$
$$国内运杂费＋贸易费用 \tag{9-6}$$

贸易费用是指外贸机构为进出口货物所耗用的,用影子价格计算的流通费用,包括货物的储运、再包装、短途运输、装卸、国内保险、检验等环节的费用支出,以及资金占用的机会成本,但不包括长途运输费用。贸易费用一般用货物的口岸价乘以贸易费率计算。贸易费率由项目评价人员根据项目所在地区流通领域的特点和项目的实际情况测定。

2.非外贸货物的影子价格

非外贸货物是指其生产或使用不影响国家出口或进口的货物。根据不能外贸的原因，非外贸货物分为天然非外贸货物和非天然的非外贸货物。

天然非外贸货物系指使用和服务天然地限于国内，包括国内施工和商业以及国内运输和其他国内服务。非天然的非外贸货物是指由于经济原因或政策原因不能外贸的货物，包括由于国家的政策和法令限制不能外贸的货物，还包括这样的货物：其国内生产成本加上到口岸的运输、贸易费用后的总费用高于离岸价格，致使出口得不偿失而不能出口，同时，国外商品的到岸价格又高于国内生产同样商品的经济成本，致使该商品也不能从国外进口。在忽略国内运输费用和贸易费用的前提下，由于经济性原因造成的非外贸货物满足以下条件

$$离岸价格＜国内生产成本＜到岸价格$$

随着我国市场经济发展和贸易范围的扩大，大部分货物或服务都处于竞争性的市场环境中，市场价格可以近似反映其支付意愿和机会成本。进行费用效益分析可将这些货物的市场价格加上或者减去国内运杂费作为影子价格。项目非外贸货物的影子价格按下述公式计算

$$产出物的影子价格（项目产出物的出厂价格）＝市场价格－国内运杂费 \quad (9-7)$$
$$投入物的影子价格（项目投入物的到厂价格）＝市场价格＋国内运杂费 \quad (9-8)$$

非外贸货物的影子价格应根据下列要求计算：如果项目处于竞争性市场环境中，应采用市场价格作为计算项目投入或产出的影子价格的依据。如果项目的投入或产出的规模很大，项目的实施将足以影响其市场价格，导致"有项目"和"无项目"两种情况下市场价格不一致。在项目评价中，取二者的平均值作为测算影子价格的依据。影子价格中流转税（如消费税、增值税、营业税等）宜根据产品在整个市场中发挥的作用，分别计入或不计入影子价格。如果项目的产出效果不具有市场价格，应遵循消费者支付意愿和（或）接受补偿意愿的原则，按下列方法测算其影子价格：

(1)采用"显示偏好"的方法，通过其他相关市场价格信号，间接估算产出效果的影子价格。

(2)利用"陈述偏好"的意愿调查方法，分析调查对象的支付意愿或接受补偿的意愿，推断出项目影响效果的影子价格。

（二）政府调控价格货物的影子价格

考虑到效率优先兼顾公平的原则，市场经济条件下有些货物或者服务不能完全由市场机制形成价格，而需由政府调控价格，例如政府为了帮助城市中低收入家庭解决住房问题，对经济适用房和廉租房制定指导价和最高限价。政府调控的货物或者服务的价格不能完全反映其真实价值，确定这些货物或者服务的影子价格的原则是：投入物按机会成本分解定价，产出物按对经济增长的边际贡献率或消费者支付意愿定价。下面是政府主要调控的水、电力、铁路运输等作为投入物和产出物时的影子价格的确定方法。

(1)水作为项目投入物时的影子价格，按后备水源的边际成本分解定价，或者按恢复水资源存量的成本计算。水作为项目产出物时的影子价格，按消费者支付意愿或者按消费者承受能力加政府补贴计算。

（2）电力作为项目投入物时的影子价格，一般按完全成本分解定价，电力过剩时按可变成本分解定价。电力作为项目产出物时的影子价格，可按电力对当地经济的边际贡献率定价。

（3）铁路运输作为项目投入物时的影子价格，一般按完全成本分解定价，对运能富余的地区，按可变成本分解定价。铁路运输作为项目产出物时的影子价格，可按铁路运输对国民经济的边际贡献率定价。

（三）特殊投入物的影子价格

项目的特殊投入物是指项目在建设、生产运营中使用的人力资源、土地和自然资源等。项目使用这些特殊投入物发生的经济费用，应分别采用下列方法确定其影子价格。

1.人力资源

人力资源投入的影子价格主要包括劳动力的机会成本和新增资源消耗。劳动力的机会成本指过去受雇于别处的劳动力，如果不被项目雇佣而从事其他生产经营活动所创造的最大效益；或项目使用自愿失业劳动力而支付的税后净工资；或项目使用非自愿失业劳动力而支付的大于最低生活保障的税后净工资。新增资源消耗是指社会为劳动力就业而付出的，但职工又未得到的其他代价，如为劳动力就业而支付的搬迁费、培训费、城市交通费等。影子工资与劳动力的技术熟练程度和供求状况（过剩与稀缺）有关，技术越熟练，稀缺程度越高，其机会成本越高，反之越低。

2.土地

土地影子价格系指建设项目使用土地资源而使社会付出的代价。在建设项目国民经济评价中以土地影子价格计算土地费用。土地影子价格应包括土地机会成本和新增资源消耗两部分内容。其中，土地机会成本按拟建项目占用土地而使国民经济为此放弃的该土地"最佳替代用途"的净效益计算；土地改变用途而发生的新增资源消耗主要包括拆迁补偿费、农民安置补助费等。在实践中，土地平整等开发成本通常计入工程建设费用中，在土地影子价格中不再重复计算。

土地是一种重要的资源，项目占用的土地无论是否支付费用，均应计算其影子价格。项目所占用的农业、林业、牧业、渔业及其他生产性用地，影子价格应按照其未来对社会可提供的消费产品的支付意愿及因改变土地用途而发生的新增资源消耗进行计算；项目所占用的住宅、休闲用地等非生产性用地，市场完善的，应根据市场交易价格估算其影子价格；无市场交易价格或市场机制不完善的，应根据支付意愿价格估算其影子价格。

土地影子价格应根据项目占用土地所处地理位置、项目情况以及取得方式的不同分别确定，具体应符合下列规定：

（1）通过招标、拍卖和挂牌出让方式取得使用权的国有土地，其影子价格应按财务价格计算。

（2）通过划拨、双方协议方式取得使用权的土地，应分析价格优惠或扭曲情况，参照公平市场交易价格，对价格进行调整。

（3）经济开发区优惠出让使用权的国有土地，其影子价格应参照当地土地市场交易价格类比确定。

(4)当难以用市场交易价格类比方法确定土地影子价格时,可采用收益现值法或以开发投资应得收益加土地开发成本确定。

建设项目如需占用农村土地,应以土地征用费调整计算土地影子价格。具体应符合下列规定:

(1)项目占用农村土地,土地征收补偿费中的土地补偿费及青苗补偿费应视为土地机会成本,地上附着物补偿费及安置补助费应视为新增资源消耗,征地管理费、耕地占用税、耕地开垦费、土地管理费、土地开发费等其他费用应视为转移支付,不列为费用。

(2)土地补偿费、青苗补偿费、安置补助费的确定,如与农民进行了充分的协商,且能够充分保证农民的应得利益时,土地影子价格可按土地征收补偿费中的相关费用确定。

(3)如果存在征地费用优惠,或在征地过程中缺乏充分协商,导致土地征收补偿费低于市场定价,不能充分保证农民利益时,土地影子价格应参照当地正常土地征收补偿费标准进行调整。

3.自然资源

项目投入的自然资源,无论在财务上是否付费,在经济费用效益分析中都必须测算其经济费用。矿产等不可再生自然资源的影子价格应按资源的机会成本计算;水和森林等可再生自然资源的影子价格应按资源再生费用计算。

(四)非市场定价货物的影子价格

当项目的产出效果不具有市场价格,或市场价格难以真实反映其经济价值时,需要采用如下方法对项目的产品或服务的影子价格进行重新测算。

1.假设成本法

假设成本法是指通过有关成本费用信息来间接估算环境影响的费用或效益。假设成本法包括替代成本法、置换成本法和机会成本法。替代成本法是指为了消除项目对环境的影响,而假设采取其他方案来替代拟建项目方案,其他方案的增量投资作为项目方案环境影响的经济价值。置换成本法是指当项目对其他产业造成生产性资产损失时,假设一个置换方案,通过测算其置换成本,即为恢复其生产能力必须投入的价值,也可作为对环境影响进行量化的依据。机会成本法是指通过评价因保护某种环境资源而放弃某项目方案而损失的机会成本,来评价该项目方案环境影响的损失。

2.显示偏好法

显示偏好法是指按照消费者支付意愿,通过其他相关市场价格信号,寻找揭示拟建项目间接产出物的隐含价值。如项目的建设,会导致环境生态等外部效果,从而对其他社会群体产生正面负面影响,就可以通过预防性支出法、产品替代法这类显示偏好的方法确定项目外部效果。预防性支出法是以受影响的社会成员为了避免或减缓拟建项目对环境可能造成的危害所愿意付出的费用,人们对避免疾病而获得健康生活所愿意付出的代价,可作为对环境影响的经济价值进行计算的依据。产品替代法是指对人们愿意改善目前的环境质量,而对其他替代项目或产品的价值进行分析,间接测算项目对环境造成的负面影响。如可以通过兴建一个绿色环保的高科技产业项目所需的投入,来度量某传统技术的钢铁企业对所在城市造成的环境影响。

3.陈述偏好法

通过对被评估者的直接调查,直接评价调查对象的支付意愿或接受补偿的意愿,从中推断出项目造成的有关外部影响的影子价格。

第四节 经济费用效益分析的指标及报表

一、经济费用效益分析的指标

(一) 经济净现值 (ENPV)

经济净现值是项目按照社会折现率将计算期内各年的经济净效益流量折现到建设期初的现值之和,是经济费用效益分析的主要评价指标。其计算公式为

$$ENPV = \sum_{t=1}^{n}(B-C)_t(1+i_s)^{-t} \tag{9-9}$$

式中 B——经济效益流量;

C——经济费用流量;

$(B-C)_t$——第 t 期的经济净效益流量;

n——项目计算期;

i_s——社会折现率。

在经济费用效益分析中,如果经济净现值等于或大于 0,说明项目可以达到社会折现率要求的效率水平,认为该项目从经济资源配置的角度可以被接受。

(二) 经济内部收益率 (EIRR)

经济内部收益率是项目在计算期内经济净效益流量的现值累计等于 0 时的折现率,是经济费用效益分析的辅助评价指标。其计算公式为

$$\sum_{t=1}^{n}(B-C)_t(1+EIRR)^{-t} = 0 \tag{9-10}$$

式中 B——经济效益流量;

C——经济费用流量;

$(B-C)_t$——第 t 期的经济净效益流量;

n——项目计算期;

$EIRR$——经济内部收益率。

如果经济内部收益率等于或大于社会折现率,表明项目资源配置的经济效率达到了可以被接受的水平。

(三）效益费用比（R_{BC}）

效益费用比是项目在计算期内效益流量的现值与费用流量的现值的比率，是经济费用效益分析的辅助评价指标。其计算公式为

$$R_{BC} = \frac{\sum_{t=1}^{n} B_t (1+i_s)^{-t}}{\sum_{t=1}^{n} C_t (1+i_s)^{-t}} \qquad (9-11)$$

式中 R_{BC}——效益费用比；
B_t——第 t 期的经济效益；
C_t——第 t 期的经济费用。

如果效益费用比大于 1，表明项目资源配置的经济效率达到了可以被接受的水平。

二、经济费用效益分析的报表

经济费用效益分析的基本报表是经济费用效益流量表。经济费用效益流量表一般在项目财务评价的基础上进行调整编制，有些项目也可以直接编制。经济费用效益分析的辅助报表包括：经济费用效益分析投资费用估算调整表、经济费用效益分析经营费用估算调整表、项目直接效益估算调整表、项目间接效益估算调整表、项目间接费用估算调整表。相关报表见表 9-1～表 9-6。

表 9-1　　　　　　　　　　经济费用效益流量表　　　　　　　　　　万元

项目	合计	计算期					
		1	2	3	4	…	n
1 效益流量							
1.1 项目直接效益							
1.2 资产余值回收							
1.3 项目间接效益							
2 费用流量							
2.1 建设投资							
2.2 维持运营投资							
2.3 流动资金							
2.4 经营费用							
2.5 项目间接费用							
3 净效益流量（1−2）							
计算指标：							
经济内部收益率/%：							
经济净现值（i_s=＿＿＿％）：							

表 9-2　　　　　　　　　经济费用效益分析投资费用估算调整表　　　　　　　　万元

项目	财务分析			经济费用效益分析			经济费用效益分析比财务分析增减
	外币	人民币	合计	外币	人民币	合计	
1 建设投资							
1.1 建筑工程投资							
1.2 设备购置费							
1.3 安装工程费							
1.4 其他费用							
其中：土地费用							
专利及专有技术费							
1.5 基本预备费							
1.6 涨价预备费							
1.7 建设期利息							
2 流动资金							
合计(1+2)							

注：若投资费用是通过直接估算得到的，本表应略去财务分析的相关栏目。

表 9-3　　　　　　　　　经济费用效益分析经营费用估算调整表　　　　　　　　万元

项目	单位	投入量	财务分析		经济费用效益分析	
			单价/元	成本	单价/元	费用
1 外购原材料						
1.1 原材料 A						
1.2 原材料 B						
1.3 原材料 C						
1.4……						
2 外购燃料及动力						
2.1 煤						
2.2 水						
2.3 电						
2.4 重油						
2.5……						
3 工资及福利费						
4 修理费						
5 其他费用						
合计						

注：若经营费用是通过直接估算得到的，本表应略去财务分析的相关栏目。

表 9-4　　　　　　　　　　　　　项目直接效益估算调整表　　　　　　　　　　　　　万元

产出物名称			投产第一期负荷/%					投产第二期负荷/%					···	正常生产年份/%			
			A产品	B产品	···	小计	A产品	B产品	···	小计		A产品	B产品	···	小计
年产出量	计算单位														
	国内														
	国际														
	合计														
财务分析	国内市场	单价/元													
		现金收入													
	国际市场	单价/美元													
		现金收入													
经济费用效益分析	国内市场	单价/元													
		直接效益													
	国际市场	单价/美元													
		直接效益													
合计															

注：若直接效益是通过直接估算得到的，本表应略去财务分析的相关栏目。

表 9-5　　　　　　　　　　　　　项目间接效益估算调整表　　　　　　　　　　　　　万元

项目	合计	计算期						
		1	2	3	4	···	n

表 9-6　　　　　　　　　　　项目间接费用估算调整表　　　　　　　　　　　万元

项目	合计	计算期					
		1	2	3	4	⋯	n

本章小结

本章主要介绍了工程项目方案经济费用效益分析的概念、费用效益分析识别的原则和方法、影子价格及其确定、经济费用效益分析的指标体系和报表。

本章习题

1. 什么是经济费用效益分析？它与财务评价有什么异同？
2. 在经济费用效益分析中，识别经济费用和经济效益的原则是什么？
3. 在财务评价的基础上如何进行项目经济费用效益分析？
4. 什么是直接效益和直接费用？什么是间接效益和间接费用？
5. 外贸货物、非外贸货物、政府调控价格货物、特殊投入物、非市场定价货物的影子价格分别如何确定？
6. 经济费用效益分析评价指标有哪些？简述各自的评价标准。
7. 经济费用效益分析的基本报表有哪些？

第十章 设备更新

学习内容

设备磨损的类型及磨损规律;设备磨损的实物补偿及价值补偿形式;设备折旧的计算方法;设备经济寿命的计算方法;设备更新的原则以及更新方法;设备更新方案的分析决策。

学习目标

1.知识目标
(1)掌握设备经济寿命的概念;
(2)掌握不同设备更新方案比较方法;
(3)熟悉设备折旧方法及计算;
(4)了解设备的磨损与补偿方式。

2.能力目标
(1)能够正确计算设备的经济寿命;
(2)能够选择合适的方法对设备更新方案进行比较。

> **案例导入**
>
> 设备A在5年前以原始费用400 000元购置,估计可以使用10年,第十年末估计净残值为20 000元,年使用费为75 000元,目前相同型号相同损耗程度的设备市场售价是60 000元。现在市场上同类设备B的原始费用为240 000元,估计可以使用10年,第十年末估计净残值为30 000元,年使用费为40 000元。现有两个方案:方案一,继续使用设备A;方案二,把设备A出售,然后购买设备B。若基准折现率为15%,问如何决策?
>
> 思考:1.此问题的决策首先应该确定采用哪种评价指标?
>
> 　　　2.对于设备A计算经济评价指标时,是采用原始费用400 000元,还是选用目前的市场售价60 000元作为初始的购置成本,为什么?
>
> 进一步分析:首先这类问题属于设备更新问题,假设每种设备的经济效益都是相同的,在此基础上只要比较每种设备的费用即可,因此,选择费用年值作为评价指标是比较合理,也是最简单的一种评价方法。
>
> 其次,在计算设备A的费用年值时,应该采用设备A目前的市场售价60 000元作为初始购置成本,其原因是原始费用400 000元是过去发生的,与当前决策没有关系,属于沉没成本,所以不应考虑。

第一节　设备的磨损

设备是企业生产的重要物质条件。为了开展生产活动,企业必然要购置各种设备。随着时间的推移,无论是使用中的设备还是闲置的设备都会发生磨损。设备磨损是设备在使用或闲置过程中,由于物理作用(如冲击力、摩擦力、振动、扭转、弯曲等)、化学作用(如锈蚀、老化等)或技术进步的影响等,使设备遭受了损耗。设备磨损既包括有形磨损,又包括无形磨损,是有形磨损和无形磨损共同作用的结果。设备是否需要更新通常根据设备的磨损程度确定。因此,研究设备更新问题首先要研究设备磨损的规律。设备磨损分为两大类,共四种形式,如图10-1所示。

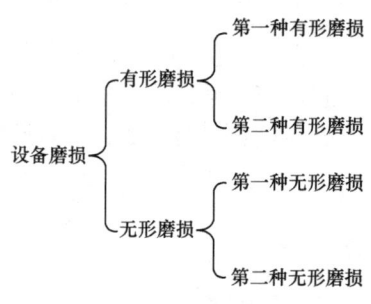

图10-1　设备磨损分类图

第十章 设备更新

一、设备的有形磨损

设备在使用(或闲置)过程中发生的实体磨损或损失,称为有形磨损或物质磨损。设备的有形磨损可以分为第一种有形磨损和第二种有形磨损两种形式。

(一) 第一种有形磨损

运转中的设备在外力的作用下,其零部件会发生摩擦、振动和疲劳等现象,以致设备在实体上产生磨损。这种磨损叫作第一种有形磨损。

其具体表现为:
(1)零部件原始尺寸的改变,甚至形状也发生改变。
(2)公差配合性质的改变以及精度的降低。
(3)零部件的损坏。

第一种有形磨损可使设备精度降低,劳动生产率下降。当这种磨损达到一定程度时,整个设备就会出现毛病,功能下降,设备的使用费用剧增。当这种磨损达到比较严重的程度时,设备就不能再正常工作甚至发生事故,提早失去工作能力。

(二) 第二种有形磨损

由于设备闲置不用而使金属件生锈、腐蚀,橡胶件和塑胶件老化等原因造成的磨损称为第二种有形磨损。设备闲置时间长了,各零部件自然丧失精度和工作能力,就会失去使用价值。这种磨损主要是由于自然力的作用造成的。

第一种有形磨损与使用时间和使用强度有关,而第二种有形磨损在一定程度上与闲置时间和保管条件有关。

在实际生产中,除去封存不用的设备,以上两种磨损形式往往不是以单一形式表现出来,而是共同作用于设备上的。有形磨损的技术后果是设备的使用价值降低,到一定程度可使设备完全丧失使用价值。设备有形磨损的经济后果是生产效率逐步下降,消耗不断增加,废品率上升,与设备有关的费用也逐步提高,从而使所生产的单位产品成本上升。当有形磨损比较严重时,如果不采取措施,将会引发事故,从而造成更大的经济损失。

设备在使用中产生的零部件有形磨损大致有初期磨损阶段、正常磨损阶段和剧烈磨损阶段三个时期。初期磨损阶段,虽然时间很短,但磨损量较大,零部件表面粗糙不平的部分在相对运动中被很快磨去。正常磨损阶段,将持续一段时间,零部件的磨损趋于缓慢,基本上随时间而匀速缓慢增加。剧烈磨损阶段,零部件磨损超过一定限度,正常磨损关系被破坏,工作情况恶化而零部件磨损量迅速增大,设备的精度、性能和生产率都会迅速下降。设备有形磨损曲线如图10-2所示。

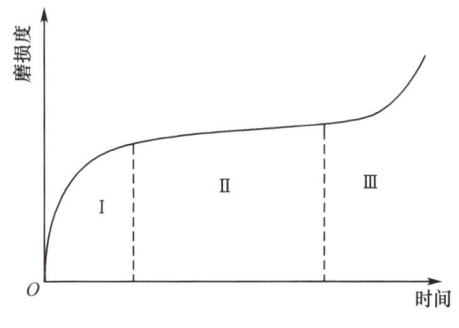

图10-2 设备有形磨损曲线

（三）设备有形磨损的度量

设备的有形磨损可以用有形磨损的度量来反映。

设备有形磨损的度量一般用设备实际价值损失与设备重置价值之比来表示。对于可以通过修理消除的有形磨损，其价值损失等于设备的修复费用；对于不能通过修理消除的有形磨损，其价值损失一般反映为价值的降低。计算公式为

$$\alpha_p = \frac{R}{K_n} \tag{10-1}$$

式中　α_p——设备有形磨损系数；
　　　R——有形磨损产生的总价值损失；
　　　K_n——设备的重置价值。

二、设备的无形磨损

所谓无形磨损，就是由于科学技术进步而不断出现性能更加完善、生产效率更高的设备，致使原有设备的价值降低。或者是生产同样结构的设备，由于工艺改进或生产批量增大等原因，其生产成本不断降低使原有设备贬值。

（一）第一种无形磨损

设备的技术结构和性能并没有改变，但由于设备制造厂的制造工艺不断改进，劳动生产率不断提高而使得生产相同设备所需的社会必要劳动时间减少，因而使原来购买的设备价值相应贬值了。这种磨损称为第一种无形磨损。

第一种无形磨损使现有设备相对贬值，但设备本身的技术性能并未受影响，设备的使用价值也并未下降，因此这种无形磨损并不影响设备的正常使用，一般情况下不需提前更新。但是，如果设备价值贬值的速度很快，以致影响到设备使用的经济性时，就要及时淘汰。

（二）第二种无形磨损

第二种无形磨损是由于科学技术的进步，不断创造出性能更完善、生产效率更高的设备，使原有设备相对陈旧落后，其经济效益相对降低而发生贬值。

第二种无形磨损不仅造成现有设备的贬值，而且，如果继续使用该设备，往往会导致其技术经济效果的降低。

（三）设备无形磨损的度量

无形磨损的度量用设备的价值降低系数 α_I 来估计，计算公式为

$$\alpha_I = \frac{K_0 - K_n}{K_0} = 1 - \frac{K_n}{K_0} \tag{10-2}$$

式中　α_I——设备无形磨损系数；
　　　K_0——设备的原始价值（购置价格）；

K_n——设备的重置价值。

当设备同时存在第一种和第二种无形磨损时,无形磨损系数的计算公式为

$$\alpha_I = \frac{K_0 - K_n{}'}{K_0} = 1 - \frac{K_n{}'}{K_0} \tag{10-3}$$

$$K_n{}' = K_n \left(\frac{q_0}{q_n}\right)^\alpha \left(\frac{C_n}{C_0}\right)^\beta \tag{10-4}$$

式中 $K_n{}'$——调整后的设备重置价值;

K_n——设备的重置价值;

q_0、q_n——使用相应的旧设备和新型设备时的生产率(件/单位时间);

C_0、C_n——使用相应的旧设备和新型设备时的单位产品耗费(元/件);

α——劳动生产率提高系数;

β——成本降低指数。

式(10-4)反映了技术进步的两个方面对现有设备贬值的影响:一是相同设备再生产价值的降低,即重置成本的降低;二是性能更好和效率更高的新设备的出现。

当 $q_0 = q_n$,$C_0 = C_n$,即新旧设备的劳动生产率与使用成本均相同时,$K_n{}' = K_n$,表示只发生了第一种无形磨损。

若出现下述三种情况之一,即表示发生了第二种无形磨损。

(1) $q_0 > q_n$,$C_0 = C_n$,此时 $K_n{}' = K_n \left(\dfrac{q_0}{q_n}\right)^\alpha$;

(2) $q_0 = q_n$,$C_0 > C_n$,此时 $K_n{}' = K_n \left(\dfrac{C_n}{C_0}\right)^\beta$;

(3) $q_0 > q_n$,$C_0 > C_n$,此时 $K_n{}' = K_n \left(\dfrac{q_0}{q_n}\right)^\alpha \left(\dfrac{C_n}{C_0}\right)^\beta$。

在这种情况下,设备有形磨损系数的计算应与无形磨损系数的计算保持一致,即有形磨损计算中设备的重置价值为调整后的重置价值 $K_n{}'$。

设备的综合磨损

设备的磨损是具有二重性的。在它的有效使用期内,设备既遭受有形磨损,又遭受无形磨损。两种磨损同时作用于现有设备上,称为综合磨损。

有形和无形两种磨损都引起设备原始价值的贬值,这一点两者是相同的。不同的是,遭受有形磨损的设备,特别是有形磨损严重的设备,在修理之前,常常不能工作;而遭受无形磨损的设备,即使无形磨损很严重,其固定资产物质内容却可能没有磨损,仍然可以使用,只不过继续使用它在经济上是否合算,需要分析研究。

设备综合磨损的度量可按如下方法进行:

设备有形磨损后的残余价值系数为 $1 - \alpha_p$,设备无形磨损后的残余价值系数为 $1 - \alpha_I$。因此,考虑到两类磨损后,设备的残余价值系数为 $(1 - \alpha_p)(1 - \alpha_I)$。

由此,设备在某时刻的综合磨损程度计算式为

$$\alpha_m = 1 - (1 - \alpha_p)(1 - \alpha_I) \tag{10-5}$$

式中 α_m——设备的综合磨损程度。

设 K 为设备的残值,也就是在经历有形磨损和无形磨损后的残余价值,这是决定设备是否值得修理的重要依据。其计算式为

$$K = (1-\alpha_m)K_0 \qquad (10\text{-}6)$$

展开并整理得

$$K = (1-\alpha_m)K_0 = [1-1+(1-\alpha_p)(1-\alpha_I)]K_0 = (1-\alpha_p)(1-\alpha_I)K_0 \qquad (10\text{-}7)$$

当有形磨损中只存在可消除型有形磨损时,剩余价值可用下式计算

$$K = (1-\alpha_p)(1-\alpha_I)K_0 = (1-\frac{R}{K_n'})(1-\frac{K_0-K_n'}{K_0})K_0 = K_n'-R \qquad (10\text{-}8)$$

由式(10-8)可以看出,当有形磨损中只存在可消除型有形磨损时,剩余价值 K 等于调整后的设备重置价值 K_n' 减去修复费用。当设备只存在可消除型有形磨损且不存在第二种无形磨损时,即新设备的生产率与旧设备的生产率相同 $q_0 = q_n$,新设备的单位产品耗费与旧设备的单位产品耗费相同 $C_0 = C_n$,这时,设备的剩余价值等于设备的重置价值 K_n 减去设备的修复费用。

【例10-1】 某设备原始价值 $K_0 = 100\,000$ 元,当前需要修理,修理费 $R = 30\,000$ 元,该设备有形磨损均为可消除型有形磨损,同类新设备的价值 $K_n = 80\,000$ 元,新旧设备的生产率及单位产品消耗相同,求该设备的综合磨损程度及其剩余价值。

解:(1)该设备的无形磨损程度为

$$\alpha_I = \frac{K_0-K_n}{K_0} = \frac{100\,000-80\,000}{100\,000} = 0.2$$

(2)有形磨损程度为

$$\alpha_p = \frac{R}{K_n} = \frac{30\,000}{80\,000} = 0.375$$

(3)综合磨损程度为

$$\alpha_m = 1-(1-\alpha_p)(1-\alpha_I) = 1-(1-0.375)\times(1-0.2) = 0.5$$

(4)剩余价值为

$$K = K_n-R = 80\,000-30\,000 = 50\,000(\text{元})$$

由计算可得,该设备的综合磨损程度为 0.5,其剩余价值为 50 000 元。

第二节 设备磨损的补偿

设备磨损的实物补偿

设备发生磨损后,需要进行补偿,以恢复设备的生产能力。由于设备遭受磨损的形式不同,补偿磨损的方式也不一样。设备有形磨损的局部补偿是修理,无形磨损的局部

补偿是现代化改装。有形磨损和无形磨损的完全补偿是更新,如图 10-3 所示。

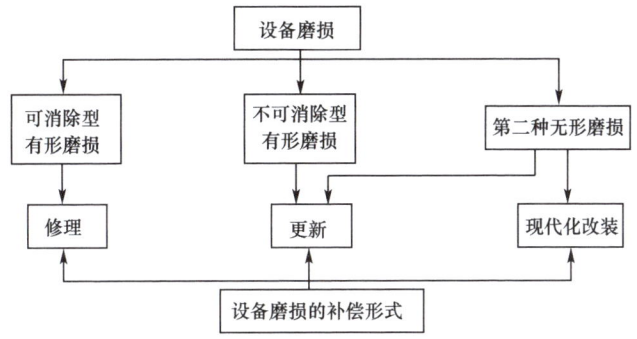

图 10-3 设备磨损的补偿形式

修理是按照原样更换部分已磨损的零部件和调整设备,以恢复设备的生产功能和效率为主;现代化改装是按照现有的新技术对设备的结构作局部的改进和技术上的革新,如增添新的、必需的零部件,以增加设备的生产功能和效率为主。这两者都属于局部补偿。修理的补偿价值不会超过原设备的价值,而现代化改装既能补偿有形磨损,又能补偿无形磨损。它的补偿价值有可能超过原设备的价值。更新是对整个设备进行更换,属于完全补偿。

由于设备总是同时遭受到有形磨损和无形磨损,因此,对其综合磨损后的补偿形式应进行更深入的研究,应用财务评价方法确定究竟采用哪种补偿方式。

设备磨损的价值补偿

设备在长期使用过程中,要经受有形磨损和无形磨损。有形磨损会造成设备使用价值和资产价值的降低;第一种无形磨损只会造成设备资产价值的降低,但不影响其使用价值。为了保证生产过程连续进行,企业应该具有重置设备资产的能力。这就要求企业能在设备有效使用年限内将其磨损逐渐转移到它所生产的产品中去,这种按期或按活动量转为产品成本费用的设备资产的损耗价值就是折旧费。企业提取折旧费可以弥补设备在有形磨损和无形磨损中所造成的设备资产价值的降低,是设备磨损价值补偿的主要方式。

设备的折旧

(一) 设备折旧的相关概念

设备折旧的方法取决于影响折旧的因素。影响折旧的因素许多是时间的函数,有的是使用情况或业务活动的函数,也有的是时间与使用情况或业务活动两者结合的函数。

在计算与时间有关的设备折旧时,应考虑以下三个因素:设备资产的原值、净残值和折旧年限。

1.设备资产的原值

一般为购置设备时一次性支付的费用,又称初始费用。设备资产的原值要与发生的时间一并考虑才有意义。

2. 净残值

即设备的残值减去其清理费用以后的余额。设备的残值是指设备报废清理时可供出售的残留部分的价值，它可以用作抵补设备原值的一部分。设备资产的清理费用是指设备在清理报废时，拆除、搬运、整理和办理手续等的各项费用支出。它是设备使用的一种必要的追加耗费。

净残值具有很强的变现能力，设备在不同的使用年限末报废则具有不同的净残值。这里，应该注意净残值与设备的账面价值的区别。设备的账面价值是依旧保留在企业账册中未摊销的资本成本。这笔款额只不过是过去折旧过程与过去决策的结果。因此，账面价值不是市场价值，不是资产变为现金的价值，它只是会计账册上的"虚构"值。

3. 折旧年限

即按财政部规定的折旧率每年提取折旧，使设备的账面价值为零所需要的时间，它一般是根据设备的材料质量和属性、每日开工时间、负荷大小、化学侵蚀程度、维护修理质量等工艺技术和使用条件，以及技术进步等无形磨损的因素和设备的自然寿命、技术寿命、经济寿命等因素确定的。此外，还应考虑到正常的季节性停歇和大修理所需的时间等因素的影响。

（二）设备折旧的计算方法

1. 年限平均法

年限平均法是典型的正常折旧的方法。它是在设备资产估算的折旧年限里按期平均分摊资产价值的一种计算方法，即对资产价值按时间单位等额划分。它是最简单与最普遍应用的方法，也是我国多年使用的传统方法。年折旧率及年折旧额的计算公式为

$$年折旧率 = \frac{1 - 预计净残值率}{折旧年限} \times 100\% \qquad (10-9)$$

$$年折旧额 = 设备资产原值 \times 年折旧率 \qquad (10-10)$$

【例 10-2】 某设备的资产原值为 16 000 元，估计报废时的残值为 2 200 元，折旧年限为 6 年。试计算其年折旧率和年折旧额。

解：$年折旧率 = \frac{1 - 预计净残值率}{折旧年限} \times 100\% = \frac{1 - \frac{2\ 200}{16\ 000}}{6} \times 100\% = 14.375\%$

年折旧额 = 设备资产原值 × 年折旧率 = 16 000 × 14.375% = 2 300（元）

年限平均法在设备折旧期内使用情况基本相同、经济效益基本均衡时应用比较合理。但是，这种方法一是没有考虑设备和折旧额的资金时间价值，二是没有考虑新、旧设备价值在产出上的差异，有一定的片面性。

2. 工作量法

工作量法又分两种，一是按照行驶里程计算折旧，二是按照工作小时计算折旧。
按照行驶里程计算折旧的公式如下

$$单位里程折旧额 = \frac{原值 \times (1 - 预计净残值率)}{总行驶里程} \qquad (10-11)$$

$$年折旧额＝单位里程折旧额×年行驶里程 \tag{10-12}$$

按照工作小时计算折旧的公式如下

$$每工作小时折旧额＝\frac{原值×(1-预计净残值率)}{总工作小时} \tag{10-13}$$

$$年折旧额＝每工作小时折旧额×年工作小时 \tag{10-14}$$

3. 双倍余额递减法

双倍余额递减法是在不考虑固定资产预计净残值的情况下,根据每年年初固定资产净值和双倍的年限平均法折旧率计算固定资产折旧额的一种方法。应用这种方法计算折旧额时,由于每年年初固定资产净值没有扣除预计净残值,所以在计算固定资产折旧额时,应在其折旧年限到期前两年内,将固定资产的净值扣除预计净残值后的余额平均摊销。计算公式为

$$年折旧率＝\frac{2}{折旧年限}×100\% \tag{10-15}$$

$$年折旧额＝固定资产原值×年折旧率 \tag{10-16}$$

【例 10-3】 某公司有一台设备原价为 600 000 元,预计使用寿命为 5 年,预计净残值率为 4%。试按双倍余额递减法计算折旧。

解:年折旧率＝2/5＝40%

第一年应提的折旧额＝600 000×40%＝240 000(元)

第二年应提的折旧额＝(600 000－240 000)×40%＝144 000(元)

第三年应提的折旧额＝(360 000－144 000)×40%＝86 400(元)

从第四年起改按年限平均法(直线法)计提折旧:

第四、五年应提的折旧额＝(129 600－600 000×4%)/2＝52 800(元)

4. 年数总和法

年数总和法是将固定资产的原值减去预计净残值后的余额,乘以一个以固定资产尚可使用寿命为分子,以预计使用寿命逐年数字之和为分母的逐年递减的分数计算每年的折旧额。计算公式为

$$年折旧率＝\frac{折旧年限-已使用年数}{折旧年限×(折旧年限+1)÷2} \tag{10-17}$$

$$年折旧额＝(固定资产原值-预计净残值)×年折旧率 \tag{10-18}$$

【例 10-4】 承上例,采用年数总和法计算的各年折旧额见表 10-1。

表 10-1　　　　　　　　各年折旧额计算表　　　　　　　　元

年份	尚可使用寿命	原值－净残值	年折旧率	每年折旧额	累计折旧额
1	5	576 000	5/15	192 000	192 000
2	4	576 000	4/15	153 600	345 600
3	3	576 000	3/15	115 200	460 800
4	2	576 000	2/15	76 800	537 600
5	1	576 000	1/15	38 400	576 000

第三节　设备更新的经济分析

 设备更新的概念

设备更新源于设备的磨损,是对设备磨损的补偿方式。从广义上讲,设备更新包括设备修理、现代化改装和设备更换。从狭义上讲,设备更新是指对在用设备的整体更换,也就是用原型新设备或结构更加合理、技术更加完善、性能和生产效率更高、比较经济的新型设备来更换已经陈旧、在技术上不能继续使用或在经济上不宜继续使用的旧设备。就实物形态而言,设备更新是用新的设备替换陈旧落后的设备;就价值形态而言,设备更新是设备在运动中消耗掉的价值的重新补偿。设备更新是消除设备有形磨损和无形磨损的重要手段,目的是为了提高企业生产的现代化水平,尽快地形成新的生产能力。

 设备寿命

设备寿命是指设备从投入生产开始,经过有形磨损和无形磨损,直到在技术上或经济上不宜继续使用,需要进行更新所经历的时间。设备的寿命,由于研究角度不同其含义也不同,在对设备更新进行经济分析时需加以区别。设备寿命一般有以下四种:

(一) 自然寿命

设备的自然寿命又称物质寿命,指设备从投入使用开始,直到因物质磨损而不能继续使用、报废为止所经历的全部时间。它主要是由设备的有形磨损所决定的。搞好设备维修和保养可延长设备的物质寿命,但不能从根本上避免设备的磨损。任何一台设备磨损到一定程度时,都必须进行更新。因为随着设备使用时间的延长,设备不断老化,维修所支出的费用也逐渐增加,从而出现恶性使用阶段,即经济上不合理的使用阶段。因此,设备的自然寿命不能成为设备更新的估算依据。

(二) 技术寿命

由于科学技术迅速发展,一方面,对产品的质量和精度的要求越来越高;另一方面,也不断涌现出技术上更先进、性能更完美的机械设备,这就使得原有设备虽还能继续使用,但已不能保证产品的精度、质量和技术要求而被淘汰。因此,设备的技术寿命就是指设备从投入使用到因技术落后而被淘汰所延续的时间。由此可见,技术寿命主要是由设备的无形磨损所决定的,它一般比自然寿命要短,而且科学技术进步越快,技术寿命越短。所以,在估算设备寿命时,必须考虑设备技术寿命期限的变化特点及其使用的制约或影响。

(三) 经济寿命

设备的经济寿命是指设备从投入使用开始,到因继续使用在经济上不合理而被更新所经历的时间。它是由维护费用的提高和使用价值的降低决定的。设备使用年限越长,每年所分摊的设备购置费(年资本费或年资产消耗成本)越少。但是随着设备使用年限的增加,一方面需要更多的维修费维持原有功能;另一方面设备的操作成本及原材料、能源耗费也会增加,年运行时间、生产效率、质量将下降。因此,年资产消耗成本的降低会被年度运行成本的增加或收益的下降所抵消。在整个变化过程中,年均总成本(或净年值)是时间的函数,这就存在着使用到某一年份,其净年值最高或等值年成本最低。

如图 10-4 所示,在 N_0 年时,净收益年值减去资产消耗年值最大,即净年值最大。

如图 10-5 所示,在 N_0 年时,等值年成本达到最低值。我们称设备从开始使用到其净年值最高(或等值年成本最小)的使用年限 N_0 为设备的经济寿命。所以,设备的经济寿命就是从经济观点(即收益观点或成本观点)确定的设备更新的最佳时刻。

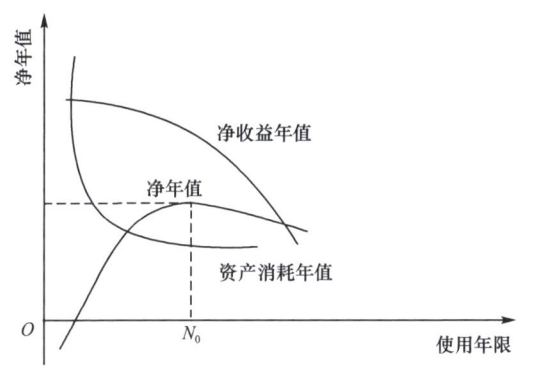

图 10-4 净年值和使用年限的关系

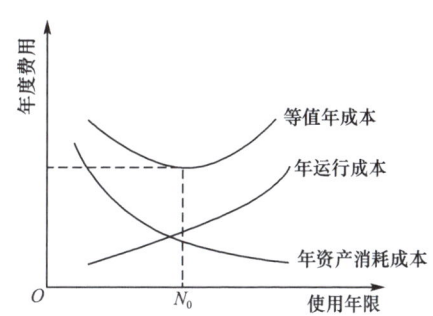

图 10-5 等值年成本与使用年限的关系

(四) 折旧寿命

它是计算设备折旧的年限,是指使用单位根据国家财政部规定的固定资产使用中提取折旧费的年数。折旧寿命与提取折旧费的原则、方法及折旧政策有关。

三、设备经济寿命的计算

设备年度费用一般包含设备的资金费用和使用费用两部分。设备的资金费用就是指设备初始费用扣除设备的残值后,在服务年限内各年的分摊值;使用费用是指设备的年度运行成本(如人工、能源损耗等)和年度维修成本(如维护、修理费用等)。确定设备的经济寿命的方法可以分为静态模式和动态模式两种。

(一) 静态模式下设备经济寿命的确定方法

静态模式下,设备经济寿命的确定方法是指在不考虑资金时间价值的基础上计算设备年平均成本$\overline{C_n}$，使$\overline{C_n}$为最小的N_0就是设备的经济寿命。其计算式为

$$\overline{C_n} = \frac{P - L_n}{n} + \frac{1}{n}\sum_{t=1}^{n} C_t \qquad (10\text{-}19)$$

式中 $\overline{C_n}$——n年内设备的年平均使用成本；

P——设备目前的实际价值；

C_t——第t年的设备运行成本；

L_n——第n年末的设备净残值。

微课10

静态模式下
设备经济寿
命的确定

在式(10-19)中，$\frac{P-L_n}{n}$为设备的平均年度资产消耗成本，而$\frac{1}{n}\sum_{t=1}^{n} C_t$为设备的平均年度运行成本。

【例10-5】 某设备的原始费用为15 000元，估计寿命期为10年，各年的使用费用见表10-2。假设不论什么时候弃置该设备的残值都为500元，若不考虑资金的时间价值，求该设备的经济寿命。

表10-2　　　　　　　　设备各年的使用费用　　　　　　　　　　元

年份	1	2	3	4	5	6	7	8	9	10
使用费用	2 000	2 400	2 800	3 600	4 400	5 400	6 400	7 600	8 800	10 000

解：$P = 15\ 000$元，$L_n = 500$元，计算见表10-3。

表10-3　　　　　　　　设备的年度使用费用计算表　　　　　　　　元

使用年限(n) (1)	使用费用 C_t (2)	累计使用费用 $\sum_{t=1}^{n} C_t$ (3)=$\sum$(2)	平均年度运行成本 $\frac{1}{n}\sum_{t=1}^{n} C_t$ (4)=(3)÷(1)	平均年度资产消耗成本 $\frac{P-L_n}{n}$ (5)=(15 000−500)÷(1)	年度费用$\overline{C_n}$ (6)=(5)+(4)
1	2 000	2 000	2 000	14 500	16 500
2	2 400	4 400	2 200	7 250	9 450
3	2 800	7 200	2 400	4 833	7 233
4	3 600	10 800	2 700	3 625	6 325
5	4 400	15 200	3 040	2 900	5 940
6	5 400	20 600	3 433	2 417	5 850
7	6 400	27 000	3 857	2 071	5 928
8	7 600	34 600	4 325	1 813	6 138
9	8 800	43 400	4 822	1 611	6 433
10	10 000	53 400	5 340	1 450	6 790

从表10-3可以看出，该设备的使用年限为6年时，其年度费用最低，为5 850元，故其

经济寿命在不考虑资金时间价值的情况下是 6 年。

【例 10-6】 某设备的原始费用为 15 000 元,估计寿命期为 10 年,各年的使用费用和估计残值见表 10-4。若不考虑资金的时间价值,求该设备的经济寿命。

表 10-4　　　　　　　　　　设备各年的使用费用和估计残值　　　　　　　　　　元

年份	1	2	3	4	5	6	7	8	9	10
使用费用	2 000	2 400	2 800	3 600	4 400	5 400	6 400	7 600	8 800	10 000
估计残值	11 000	8 000	6 000	4 500	3 500	2 700	2 000	1 400	900	500

解:有关计算结果见表 10-5。

表 10-5　　　　　　　　　　设备年度费用计算表　　　　　　　　　　元

使用年限(n) (1)	使用费用 C_t (2)	残值 L_n (3)	累计使用 费用 $\sum_{t=1}^{n} C_t$ (4)=$\sum$(2)	年度资产消耗 成本 $P-L_n$ (5)=15 000−(3)	年度费用 $\overline{C_n}$ (6)=((5)+(4))/(1)
1	2 000	11 000	2 000	4 000	6 000
2	2 400	8 000	4 400	7 000	5 700
3	2 800	6 000	7 200	9 000	5 400
4	3 600	4 500	10 800	10 500	5 325
5	4 400	3 500	15 200	11 500	5 340
6	5 400	2 700	20 600	12 300	5 483
7	6 400	2 000	27 000	13 000	5 714
8	7 600	1 400	34 600	13 600	6 025
9	8 800	900	43 400	14 100	6 389
10	10 000	500	53 400	14 500	6 790

从表 10-5 可以看出,该设备的使用年限为四年时,其年度费用(即等值年成本)最低,为 5 325 元,故其经济寿命在不考虑资金时间价值的情况下是四年。

设备的运营成本包括:能源费、保养费、修理费、停工损失、废品损失等。一般而言,随着设备使用期限的增加,年运营成本每年以某种速度在递增,这种运营成本的逐年递增称为设备的劣化。现假定每年运营成本的增量是均等的,即经营成本呈线性增长,如图 10-6 所示。

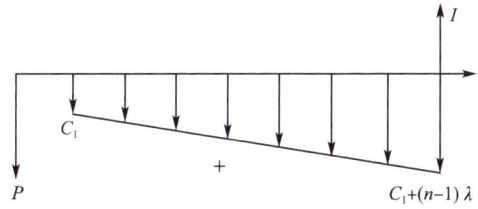

图 10-6　经营成本线性增长图

假定运营成本均发生在年末,设每年运营成本增加额为 λ,若设备使用期限为 n 年,则第 n 年时的运营成本为

$$C_n = C_1 + (n-1)\lambda \tag{10-20}$$

式中 C_1——运营成本的初始值,即第一年的运营成本;

n——设备使用年限。

n 年内设备运营成本的平均值为 $C_1 + \dfrac{n-1}{2}\lambda$。

除运营成本外,在年等额总成本中还包括设备的年等额资产恢复成本,其金额为 $\dfrac{P-L_n}{n}$,则年等额总成本的计算式为

$$AC_n = \dfrac{P-L_n}{n} + C_1 + \dfrac{n-1}{2}\lambda \tag{10-21}$$

求导得其经济寿命 m 为

$$m = \sqrt{\dfrac{2(P-L_n)}{\lambda}} \tag{10-22}$$

【例 10-7】 设有一台设备,购置费为 8 000 元,预计残值为 800 元,运营成本初始值为 600 元,年运行成本每年增长 300 元,求该设备的经济寿命。

解:

$$m = \sqrt{\dfrac{2(8\,000-800)}{300}} \approx 7$$

该设备的经济寿命为 7 年。

(二)动态模式下设备经济寿命的确定方法

一般情况下,设 i 为折现率,其余符号同上,则 n 年内设备的总成本现值为

$$TC_n = P - L_n(P/F, i, n) + \sum_{j=1}^{n} C_j(P/F, i, j) \tag{10-23}$$

n 年内设备的年等额总成本为

$$AC_n = TC_n(A/P, i, n) \tag{10-24}$$

特殊情况下

$$AC_n = P(A/P, i, n) - L_n(A/F, i, n) + C_1 + \lambda(A/G, i, n) \times$$
$$[(P-L_n)(A/P, i, n) + L_n \times i] + [C_1 + \lambda(A/G, i, n)] \tag{10-25}$$

故可通过计算不同使用年限的年等额总成本 AC_n 来确定设备的经济寿命。若设备的经济寿命为 m 年,则应满足条件:$AC_m \leqslant AC_{m-1}$,$AC_m \leqslant AC_{m+1}$。

【例 10-8】 资料同【例 10-5】,若基准收益率为 15%,该设备的经济寿命是多少年?

解:计算见表 10-6。

表 10-6　　　　　　　　　　　　　设备年度费用计算表　　　　　　　　　　　　　元

使用年限 (n) (1)	使用费用 C_t (2)	$(P/F, 15\%, t)$ (3)	使用费用现值 $C_t \times (P/F, 15\%, t)$ (4)	累计使用费用现值 $\sum_{t=1}^{n} C_t (P/F, 15\%, t)$ (5)=∑(4)	资金费用现值 $P - L_n \times (P/F, 15\%, n)$ (6)=15 000−500×(3)	$(A/P, 15\%, n)$ (7)	年度费用 AC_n (8)=[(5)+(6)]×(7)
1	2 000	0.869 6	1 739	1 739	14 565	1.150 0	18 750
2	2 400	0.756 1	1 815	3 554	14 622	0.615 1	11 180
3	2 800	0.657 5	1 841	5 395	14 671	0.438 0	8 789
4	3 600	0.571 8	2 058	7 453	14 714	0.350 3	7 765
5	4 400	0.497 2	2 188	9 641	14 751	0.298 3	7 276
6	5 400	0.432 3	2 334	11 975	14 784	0.264 2	7 070
7	6 400	0.375 9	2 406	14 381	14 812	0.240 4	7 018
8	7 600	0.326 9	2 484	16 865	14 837	0.222 9	7 066
9	8 800	0.284 3	2 502	19 367	14 858	0.209 6	7 174
10	10 000	0.247 2	2 472	21 839	14 876	0.199 3	7 317

从表 10-6 可以看出，该设备的使用年限为 7 年时，其年度费用（即等值年成本）最低，为 7 018 元，故其经济寿命在考虑资金的时间价值，基准收益率为 15% 的情况下是 7 年。

【例 10-9】　资料同【例 10-6】，若基准收益率为 15%，该设备的经济寿命是多少年？

解：列出计算表 10-7。

表 10-7　　　　　　　　　　　　　设备年度费用计算表　　　　　　　　　　　　　元

使用年限 (n) (1)	使用费用 C_t (2)	残值 L_n (3)	$(P/F, 15\%, t)$ (4)	使用费用现值 $C_t (P/F, 15\%, t)$ (5)=(2)×(4)	累计使用费用现值 $\sum_{t=1}^{n} C_t \cdot (P/F, 15\%, t)$ (6)=∑(5)	资金费用现值 $P - L_n (P/F, 15\%, n)$ (7)=15 000−(3)×(4)	$(A/P, 15\%, n)$ (8)	年度费用 AC_n (9)=[(6)+(7)]×(8)
1	2 000	11 000	0.869 6	1 739	1 739	5 435	1.150 0	8 250
2	2 400	8 000	0.756 1	1 815	3 554	8 951	0.615 1	7 692
3	2 800	6 000	0.657 5	1 841	5 395	11 055	0.438 0	7 205
4	3 600	4 500	0.571 8	2 058	7 453	12 427	0.350 3	6 964
5	4 400	3 500	0.497 2	2 188	9 641	13 260	0.298 3	6 831
6	5 400	2 700	0.432 3	2 334	11 976	13 833	0.264 2	6 818
7	6 400	2 000	0.375 9	2 406	14 382	14 248	0.240 4	6 882
8	7 600	1 400	0.326 9	2 484	16 865	14 542	0.222 9	7 000
9	8 800	900	0.284 3	2 502	19 368	14 744	0.209 6	7 150
10	10 000	500	0.247 2	2 472	21 840	14 876	0.199 3	7 317

从表 10-7 可以看出，该设备的使用年限为六年时，其年度费用（即等值年成本）最低，

为 6 818 元,故其经济寿命在考虑资金的时间价值,基准收益率为 15% 的情况下是 6 年。

一般在下面两种特殊情况下,经济寿命的计算就非常简单。第一种情况是如果设备的现在价值与未来任何时候的估计残值相等,年度使用费逐年递增,使用一年时设备的年度费用最低,所以经济寿命一般假设为一年。第二种情况是如果设备在物质寿命期间,年度使用费用固定不变,不同时期退出使用的估计残值也相同,设备使用越长,分摊的年度费用越小,则经济寿命等于服务寿命。

四 设备更新方案的综合比较

(一) 设备更新决策的原则

由设备磨损形式及其补偿方式的相互关系可以看出,设备更新经济分析大部分可归结为互斥型方案的比较问题,但由于设备更新的特殊性,设备更新经济分析具有其自身的特点和原则。

设备更新决策的原则

(1)不考虑沉没成本。沉没成本是过去发生的对现在决策没有影响的成本。因此在设备更新时,旧设备的原始成本和已提的折旧额都是无关的,在进行方案时,原设备的价值按目前情况计价。

(2)不按方案的直接现金流量进行比较,而应从客观的立场比较。新、旧设备的经济效益比较分析时,分析者应以一个客观的身份进行研究,而不应在原有现状上进行主观分析。所谓客观立场就是分析者无论取得新设备还是使用原有的旧设备都要假设按照市场价格付出一定的代价。只有这样才能客观地、正确地描述新、旧设备的现金流量。

(3)假定设备的收益相同,方案比选时只对其费用进行比较。这样做主要基于两点:一是企业使用设备的目的和要求是确定的,选择不同的设备均应达到共同的效用,取得相同的收益;二是只比较费用可以减少经济分析的工作量。

(4)不同设备方案的使用寿命不同,常采用计算年度费用进行比较。这是因为对于寿命期不同的互斥型方案,比较时计算年度费用可以大大减少计算工作量。

【例 10-10】 某设备在 4 年前以原始费用 2 200 元购置,估计可以使用 10 年,第十年末估计净残值为 200 元,年使用费用为 750 元,目前的售价是 600 元。现在市场上同类设备的原始费用为 2 800 元,估计可以使用 10 年,第十年末的净残值为 300 元,年使用费用为 400 元。现有两个方案:方案一,继续使用旧设备;方案二,把旧设备出售,然后购买新设备。已知基准折现率为 10%,比较这两个方案的优劣。

解:(1)两个方案的直接现金流量(从旧设备所有者角度分析)如图 10-7 所示。

两个方案的年费用分别为

$AC(10\%)_{旧} = 750 - 200(A/F, 10\%, 6) = 724.078(元)$

$AC(10\%)_{新} = 400 + (2\,800 - 600)(A/P, 10\%, 10) - 300(A/F, 10\%, 10) = 739.225(元)$

$AC(10\%)_{旧} < AC(10\%)_{新}$,因此应保留旧设备。

注意,把旧设备的售价作为新设备的收入显然是不妥的,因为这笔收入不是新设备本身所拥有的。

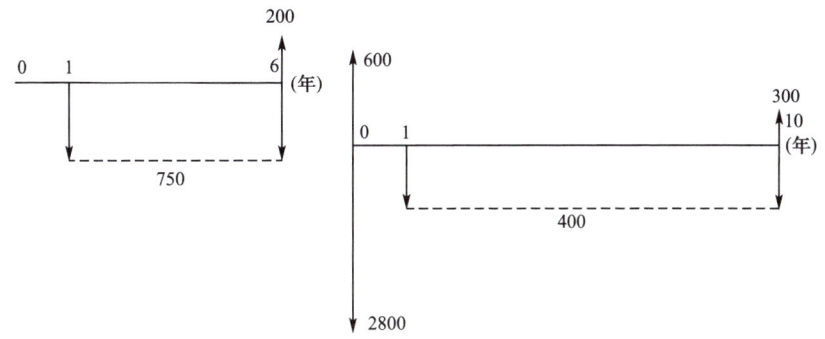

图 10-7　两个方案的直接现金流量图(错误解法)

(2)正确的现金流量(从客观的角度分析)如图 10-8 所示。

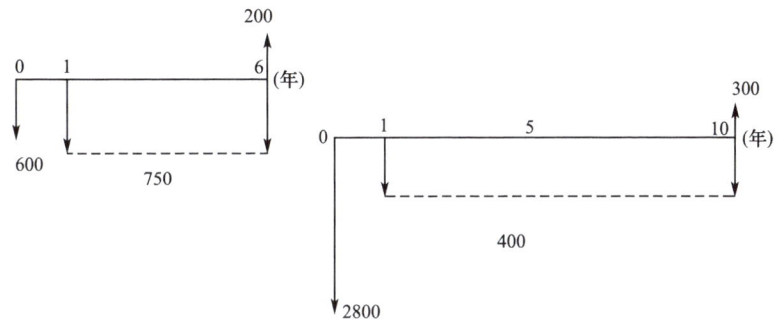

图 10-8　两个方案的直接现金流量图(正确解法)

两个方案的年费用分别为

$AC(10\%)_{旧} = 600(A/P,10\%,6) + 750 - 200(A/F,10\%,6) = 861.844(元)$

$AC(10\%)_{新} = 2\ 800(A/P,10\%,10) + 400 - 300(A/F,10\%,10) = 836.875(元)$

因此正确的结论是应当更新。

在这个题目中应当注意两点:①旧设备方案中的期初投资是 600 元,而不是 2 200 元。也不是旧设备的账面价值 2 200 - 4×200 = 1 400(元)。沉没成本在更新决策中是不应考虑的。②新、旧设备的经济效益比较应站在一个客观的立场,600 元应是旧设备的现金流出,而非新设备的现金流入。

(二) 设备更新的经济决策

设备更新经济分析就是确定是否应该以及什么时候应该用更经济的设备来替代或者改进现有设备。设备更新有两种情况:

(1)有些设备在其整个使用期内并不会过时,即在一定时期内还没有更先进的设备出现。在这种情况下,设备在使用过程中避免不了有形磨损的作用。结果引起设备的维修费用,特别是大修理费用以及其他运行费用的不断增加,这时应立即进行原型设备的经济寿命评定,即当设备运行到设备的经济寿命时即进行更新。

(2)在技术不断进步的条件下,由于无形磨损的作用,很可能在设备尚未使用到其经济寿命期,就已出现了重置价格很低的同型设备或工作效率更高和经济效益更好的更新型的同类设备,这时就要分析继续使用原设备和购置新设备的两种方案,进行选择,确定设备是否更新。在实际工作中,考虑的往往是综合磨损作用的结果。

1. 因过时而发生的更新

因过时而发生的更新主要是无形磨损作用的结果,人们可能会因为新设备的购置费用较大,而会趋向于保留现有设备。然而新设备将带来运营费用、维修费用的减少以及产品质量的提高。设备更新的关键是,新设备与现有设备相比的节约额可能比新设备投入的购置费用的价值要大。

在设备更新分析中,对现有设备要注意的一个重要的问题,就是现有设备的价值不是其最初购置费或会计账面余值,从经济分析的角度来看,应是现有的已使用若干年的设备的转让价格,或购置这样的使用若干年的同样设备的价格。这是因为,以前的购置费及其会计折旧的账面余值,都是在新设备出现以前所确定的现有设备价值,新设备的出现,必然使得现有设备过时,并降低其价值。

【例 10-11】 某企业 5 年前用 10 000 元购买了一设备,目前估计价值为 3 000 元。现在又出现了一种改进的新型号,售价为 12 500 元,寿命为 8 年,其运营费用低于现有设备。新、旧设备各年的残值(当年转让或处理价格)及使用费用见表 10-8。设基准收益率 $i_0 = 15\%$,若企业该种设备只需要使用 3 年,问是否需要更新及何时更新?

表 10-8 新、旧设备的费用 元

年份	旧设备 使用费用 M_t	旧设备 残值 L_n	新设备 使用费用 M_t	新设备 残值 L_n
1	2 000	1 500	500	9 000
2	3 000	700	800	8 000
3	4 000	300	1 100	7 000
4			1 400	6 000
5			1 700	5 000
6			2 100	4 000
7			2 700	3 000
8			3 300	2 000

解:(1)企业该种设备只需要使用 3 年。

画出新、旧设备接续使用方案组合示意图,如图 10-9 所示。

计算各方案费用年值:

$AC(15\%)_{马上更新} = [12\,500 + 500(P/F, 15\%, 1) + 800(P/F, 15\%, 2) + (1\,100 - 7\,000)(P/F, 15\%, 3)](A/P, 15\%, 3) = 4\,231(元)$

$AC(15\%)_{1年后更新} = [3\,000 + (2\,000 - 1\,500 + 12\,500)(P/F, 15\%, 1) + 500(P/F, 15\%, 2) + (800 - 8\,000)(P/F, 15\%, 3)](A/P, 15\%, 3) = 4\,357(元)$

$AC(15\%)_{2年后更新}=[3\,000+2\,000(P/F,15\%,1)+(3\,000-700+12\,500)(P/F,15\%,2)+(500-9\,000)(P/F,15\%,3)](A/P,15\%,3)=4\,529(元)$

$AC(15\%)_{不更新}=[3\,000+2\,000(P/F,15\%,1)+3\,000(P/F,15\%,2)+(4\,000-300)(P/F,15\%,3)](A/P,15\%,3)=4\,135(元)$

设备在不更新时费用年值最小,为 4 135 元,所以,旧设备还可使用 3 年,不需要更新设备。

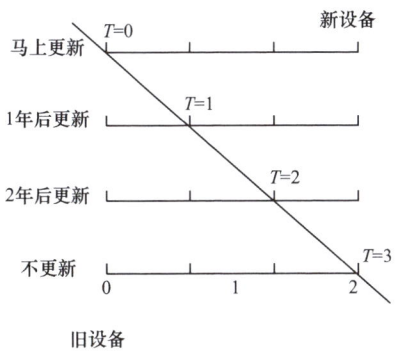

图 10-9 设备连续使用方案组合示意图(1)

2.企业在较长时间内需使用该种设备

数据同【例 10-11】,若企业在较长时间内需使用该设备,问是否需更新及何时更新？

首先,根据新设备的相关数据,算出其经济寿命,见表 10-9。

表 10-9　　　　　　　　　新设备经济寿命计算表　　　　　　　　　元

使用年限 (n) (1)	使用费用 M_i (2)	残值 L_n (3)	$(P/F,15\%,t)$ (4)	使用费用现值 $M_t(P/F,15\%,t)$ (5)=(2)×(4)	累计使用费用现值 $\sum_{t=1}^{n} M_t(P/F,15\%,t)$ (6)=∑(5)	资金费用现值 $K_0-L_n(P/F,15\%,t)$ (7)=12 500-(3)×(4)	$(A/P,15\%,n)$ (8)	年度费用 C_n (9)=[(6)+(7)]×(8)
1	500	9 000	0.869 6	435	435	4 674	1.150 0	5 875
2	800	8 000	0.756 1	605	1 040	6 451	0.615 1	4 608
3	1 100	7 000	0.657 5	723	1 763	7 898	0.438 0	4 232
4	1 400	6 000	0.571 8	800	2 563	9 069	0.350 3	4 075
5	1 700	5 000	0.497 2	845	3 408	10 014	0.298 3	4 004
6	2 100	4 000	0.432 3	908	4 316	10 771	0.264 2	3 986
7	2 700	3 000	0.375 9	1 015	5 331	11 372	0.240 4	4 015
8	3 300	2 000	0.326 9	1 079	6 410	11 846	0.222 9	4 069

从表 10-9 可以看出,新设备使用 6 年,等值年度费用最小,为 3 986 元,因此其经济寿命为 6 年。

其次,画出设备连续使用方案组合示意图,如图 10-10 所示。

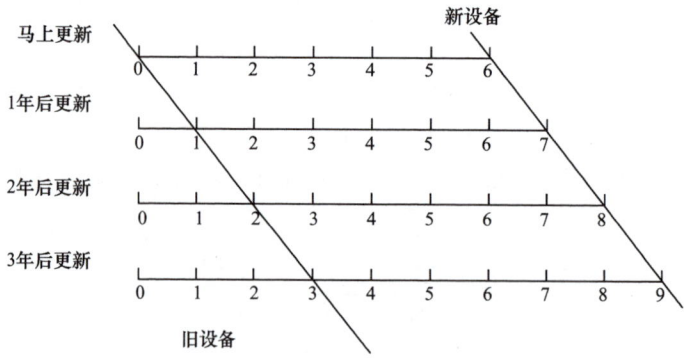

图 10-10 设备连续使用方案组合示意图(2)

最后,计算各方案的费用年值:

$AC(15\%)_{马上更新} = 3\ 987(元)$

$AC(15\%)_{1年后更新} = \{3\ 000 + [2\ 000 - 1\ 500 + 3\ 987(P/A,15\%,6)](P/F,15\%,1)\}(A/P,15\%,7) = 3\ 979(元)$

$AC(15\%)_{2年后更新} = \{3\ 000 + 2\ 000(P/F,15\%,1) + [3\ 000 - 700 + 3\ 987(P/A,15\%,6)](P/F,15\%,2)\}(A/P,15\%,8) = 3\ 986(元)$

$AC(15\%)_{3年后更新} = \{3\ 000 + 2\ 000(P/F,15\%,1) + 3\ 000(P/F,15\%,2) + [4\ 000 - 300 + 3\ 987(P/A,15\%,6)](P/F,15\%,3)\}(A/P,15\%,9) = 4\ 058(元)$

$AC(15\%)_{1年后更新} = 3\ 979$ 元,其值最小,所以,应当在使用 1 年后更新,即第二年更新。

3.由于能力不足而发生的更新

当运行条件发生变化时,现有设备可能会出现生产能力不足的问题,一是老设备留着备用或转让;二是现有设备继续保持使用,同时再购买一台附加的新设备,或对现有设备进行改进,以满足生产能力的需要。

【例 10-12】 某厂 6 年前花 8 400 元购置了设备 A,当时估计其寿命为 12 年,残值为 1 200 元,年使用费基本保持在 2 100 元。现在设备 A 加工的零件供不应求,为解决这个问题,有如下两个方案:

(1)购进与设备 A 完全相同的 A 型设备,现购买价为 9 600 元,寿命期和年使用费与设备 A 相同,残值为 1 600 元。

(2)现在设备 A 可折价 3 000 元转让,再购进加工相同零件的 B 型设备,生产能力是 A 型的 2 倍,购置费为 17 000 元,寿命期为 10 年,年使用费基本稳定在 3 100 元,残值估计为 4 000 元。设基准收益率 $i_0 = 10\%$,试比较选择更新方案。

解:第一个方案是以 3 000 元的机会成本使用旧的 A 型设备加以 9 600 元购置新的 A 型设备,第二个方案是花 17 000 元购置一台 B 型设备。

两个方案的现金流量图如图 10-11 所示。

分别计算方案一和方案二的费用年值:

$AC(10\%)_1 = (3\ 000 - 1\ 200)(A/P,10\%,6) + 1\ 200 \times 10\% + 2\ 100 + (9\ 600 - 1\ 600)(A/P,10\%,12) + 1\ 600 \times 10\% + 2\ 100 = 6\ 067(元)$

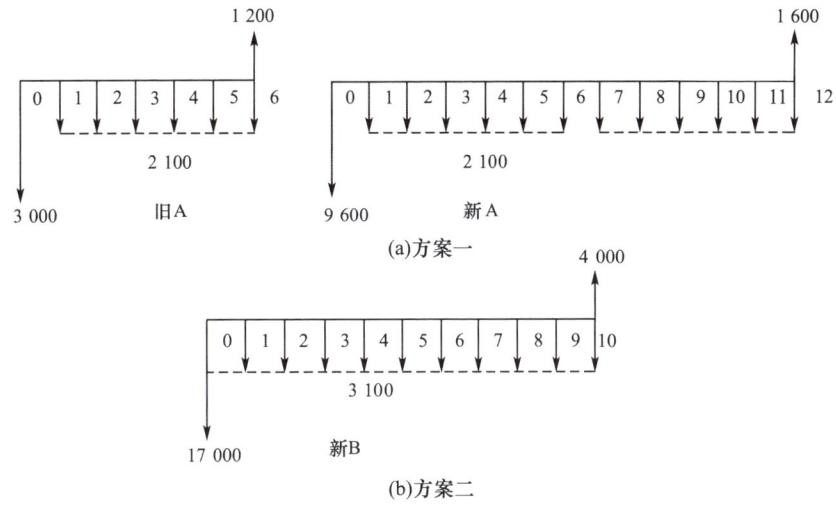

图 10-11 现金流量图

$AC(10\%)_2 = (17\,000 - 4\,000)(A/P, 10\%, 10) + 4\,000 \times 10\% + 3\,100 = 5\,615(元)$

$AC(10\%)_1 > AC(10\%)_2$，因此应该选择方案二，即将 A 型设备折价 3 000 元处理，购入 B 型设备。

（三）设备大修理经济分析

1.设备大修理概述

设备是由不同材质的众多零部件组成的。这些零部件在设备中各自承担着不同的功能，工作条件也各不相同。在设备使用过程中，它们遭受的有形磨损是非均匀性的。在任何条件下，设备制造者都不可能制造出各个组成部分的寿命期限完全一样的设备。通常，在设备的实物构成中总有一部分是相对耐用的（机座、床身等），而另外的部分则易于损坏。

在实践中，通常把为保持设备在平均寿命期限内的完好使用状态而进行的局部更换或修复工作叫作维修。维修的目的是消除设备的经常性的有形磨损和排除设备运行时遇到的各种故障，以保证设备在其寿命期内保持必要的性能（如生产能力、效率、精度等），发挥正常的效用。

维修按其经济内容可分为日常维护和计划修理（小修理、中修理、大修理）等几种形式。日常维护是指与拆除和更换设备中被磨损的零部件无关的一些维修内容，诸如设备的润滑与保洁，定期检验与调整，消除部分零部件的磨损等。小修理就是对设备进行局部检修，更换或修复少量的磨损零部件，排除故障，清洗设备，调整机构，保证设备能正常使用到下次计划修理时间。中修理就是更换和修复部分的磨损零部件（包括少数主要零部件），使修理的部分达到规定的精度、性能和工作效率，保证设备能够使用到下次中修理或大修理时间。大修理就是要更换和修复全部磨损的零部件，修理基础零部件，排除一切故障，全面恢复和提高设备的原有性能，以达到设备原有出厂水平。

由于磨损是非均匀性的，大修理能够利用被保留下来的零部件，比购买新设备花的钱少些,这就是大修理存在的经济前提,即使设备的使用期限得到延长。虽然设备的大修理对保持其在使用过程中的工作能力是非常必要的,但长期无休止地进行大修理也会引起很多弊端,其中最显然的是对技术上陈旧的设备,长期修理在经济上是不合理的,大修理成本一次比一次高,效率越来越低,性能越来越差,设备的使用费用也会越来越高。因此必须掌握好设备进行大修理的限度。

在做大修理决策时,还应注意以下两点:一是尽管要求大修理过的设备达到出厂水平,但实践中大修理过的设备不论从生产率、精度、速度等方面,还是从故障的频率、有效利用率等方面,都不如同类型的新设备。大修理后设备的综合质量会有某种程度的降低,这是客观事实,如图 10-12 所示。二是大修理的周期会随着设备使用时间的延长,而越来越短。假如新设备投入使用到第一次大修理的间隔期定为 6~8 年,那么第二次大修理的间隔期就可能降至 4~6 年。也就是说,大修理间隔期会随着修理次数的增加而缩短,从而也使大修理的经济性逐步降低。

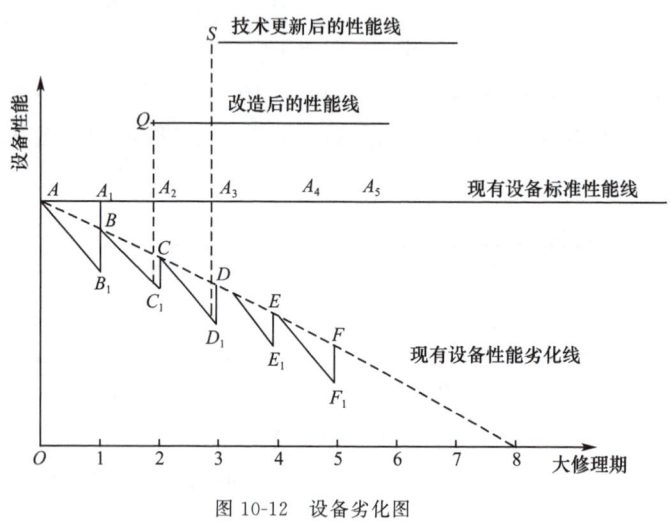

图 10-12 设备劣化图

图 10-12 中 OA 表示设备标准性能(初期效率)线。事实上,设备在使用过程中其性能或效率是沿 AB_1 线下降的。如果不及时修理,设备的寿命一定很短。如果在 B_1 点(即第一个大修理期)时就进行大修理,其性能恢复到 B 点。自 B 点开始使用,其性能又继续劣化到 C_1 点(即第二个大修理期),再进行第二次大修理,其性能又恢复到 C 点。这样,经过一次次大修理,其性能虽然能恢复到某种程度,但它难以恢复到原来(标准)的性能。可以看出,设备性能的劣化随着使用时间的延长而增加;设备大修理费用是随着性能的劣化程度的增加而增加的。

长期无止境地修理,设备性能随修理次数的增加而越来越低,且设备维修费用越来越高,性能的降低也会带来各种消耗的增加,在经济上不合理,同时严重阻碍了技术的进步。因此必须打破传统观念,不能只靠修理或大修理来维持生产,应对设备修理进行经济分析,依靠技术进步来发展生产。

2.确定设备大修理的经济条件

设备大修理经济与否要进行具体分析。一般地,大修理应满足下列条件中的一个或两个。

① $$R+L_n<K_{n0} \tag{10-26}$$

式中　R——大修理费用；

　　　L_n——旧设备的残值；

　　　K_{n0}——新置设备的价值。

即大修理费用 R 小于新置设备的价值 K_{n0} 扣除其残值 L_n 的费用，则大修理合理。

② $$C_1>C_0 \tag{10-27}$$

式中　C_1——新设备的单位产品成本；

　　　C_0——旧设备大修理后的单位产品成本。

即大修理后的单位产品成本小于使用新设备的单位产品成本，则大修理合理。

应注意的是，利用上式进行判断时要求大修理后的设备在技术性能上与同种新设备的性能大致相同时，才能成立，否则不如把旧设备卖掉，购置新设备使用。

【例 10-13】 某厂有一台设备已使用 5 年，拟进行一次大修理，预计费用为 5 000 元，大修理前残值为 3 000 元，大修理后增至 6 400 元。大修理后每年生产 10 万件产品，年运行成本为 31 000 元。4 年后再大修理，这时设备的残值为 2 000 元。新设备的价值为 28 000 元，预计使用 5 年后进行一次大修理，此时残值为 5 000 元，期间每年生产 12 万件产品，年运行成本为 30 000 元，基准收益率 $i_0=10\%$，问大修理是否合理。

解：从客观立场上看，该设备的第一次大修理后使用的代价为旧设备的残值 3 000 元加上大修理费 5 000 元，合计 8 000 元，因此大修理后设备的初始费用取为 8 000 元，小于更换新设备的投资费用 28 000 元，因此满足大修理最低经济界限条件。

旧设备单位产品成本 $C_0=\dfrac{[8\,000-2\,000(P/F,10\%,4)](A/P,10\%,4)+31\,000}{10}=$

$3\,309$(元/万件)

新设备单位产品成本 $C_1=\dfrac{[28\,000-5\,000(P/F,10\%,5)](A/P,10\%,5)+30\,000}{12}=$

$3\,047$(元/万件)

由于 $C_0>C_1$，所以应当更换新设备。

设备磨损可以通过设备大修理来进行补偿，但是也不能无止境地一修再修，应有其技术经济界限。在下列情况下，设备必须进行更新。

(1) 设备役龄长，精度丧失，结构陈旧，技术落后，无修理或改造价值的；

(2) 设备先天不足，粗制滥造，生产效率低，不能满足产品工艺要求，且很难修好的；

(3) 设备技术性能落后，工人劳动强度大，影响人身安全的；

(4) 设备严重"四漏"，能耗高，污染环境的；

(5) 一般经过三次大修理，再修理也难以恢复到出厂精度和生产效率，且大修理费用超过设备原值的 60% 以上的。

(四) 设备现代化改装经济分析

1. 设备现代化改装的概念

所谓设备现代化改装，是指应用现代的技术成就和先进经验，适应生产的具体需要，改变现有设备的结构,提高现有设备的技术性能,使之全部达到或局部达到新设备的水平。设备现代化改装是克服现有设备的技术陈旧状态,消除因技术进步而导致的无形磨损,促进技术进步的方法之一,也是扩大设备的生产能力,提高设备质量的重要途径。

现有设备通过现代化改装在技术上可以做到:①提高设备所有技术特性,使之达到现代新设备的水平;②改善设备某些技术特性,使之局部达到现代新设备的水平。

现代化改装属于广义更新概念的范围,它不同于其他更新形式的是:现代化改装是在企业内部自主完成的,更重要的是它只是对设备的局部进行更新,而不改变主体的基本结构和技术性能。因此,它具有针对性强、适应性广的特点,而且一般情况下投入的资金比较少,而带来的收益和效益却比较显著。在设备更新中,现代化改装的形式比较容易被接受和使用。

现代化改装的具体方式有:对原有设备的零部件进行更新;安装新的装置;增加新的附件等。在某些情况下,改装后的设备适应生产需要的程度和技术特性可以超过新设备,因此,其在经济上有很大的优越性,特别是在更新资金有限的情况下,更具有重要的现实意义。

2.设备现代化改装的经济性决策

设备现代化改装在进行经济性决策时,所要考虑的问题与设备更新决策极为相似,就是在两个或两个以上的设计和实施方案中确定一个最佳方案。总费用现值最小的方案,就是最优方案。

3.设备现代化改装、大修理与更新的比较

在一般情况下,与现代化改装并存的可行方案有:旧设备原封不动地继续使用;对旧设备进行大修理;用相同结构的新设备更换旧设备或用效率更高、结构更好的新设备更换旧设备。决策的任务就在于从中选择总费用现值最小的方案。公式如下

旧设备　　$PC_w = \dfrac{1}{\beta_w}[K_{w0} - L_{wn}(P/F,i,n) + \sum_{t=1}^{n} M_{wt}(P/F,i,t)]$　　(10-28)

更新　　　$PC_n = \dfrac{1}{\beta_n}[K_{n0} - L_{nn}(P/F,i,n) + \sum_{t=1}^{n} M_{nt}(P/F,i,t)]$　　(10-29)

大修理　　$PC_r = \dfrac{1}{\beta_r}[K_{w0} + K_{r0} - L_{rn}(P/F,i,n) + \sum_{t=1}^{n} M_{rt}(P/F,i,t)]$　　(10-30)

现代化改装　　$PC_m = \dfrac{1}{\beta_m}[K_{w0} + K_{m0} - L_{mn}(P/F,i,n) + \sum_{t=1}^{n} M_{mt}(P/F,i,t)]$

(10-31)

式中　PC_w、PC_n、PC_r、PC_m——使用旧设备、更新、大修理、现代化改装的总费用现值;
　　　K_{w0}——旧设备当前的重置价值;
　　　K_{n0}、K_{r0}、K_{m0}——更新、大修理、现代化改装的投资;
　　　L_{wn}、L_{nn}、L_{rn}、L_{mn}——使用旧设备、更新、大修理、现代化改装后 n 年的残值;
　　　M_{wt}、M_{nt}、M_{rt}、M_{mt}——使用旧设备、更新、大修理、现代化改装后第 t 年的使用费用;
　　　β_w、β_n、β_r、β_m——使用旧设备、更新、大修理、现代化改装后的生产效率系数。

本章小结

设备更新的目的是维持生产能力、保证产品质量、降低产品成本、减少能耗。本章主要内容包括:设备的磨损和寿命形态的介绍,设备经济寿命的计算,设备更新方案的经济性分析。

本章习题

1. 什么叫有形磨损？什么叫无形磨损？
2. 设备的物理寿命、技术寿命、折旧寿命和经济寿命分别指什么？
3. 决定设备经济寿命的因素有哪些？经济寿命如何计算？
4. 设备磨损的补偿主要有哪几种方式,具体内容是什么？
5. 怎样选择设备更新时机？
6. 设备的原始价值 $K_0=10\ 000$ 元,目前需要修理,其费用 $R=4\ 000$ 元,已知该设备目前再生产价值 $K_1=7\ 000$ 元,问设备的综合磨损程度 α 是多少？
7. 某设备原始价值为 5 500 元,其他数据见表 10-10,试计算其经济寿命期。

表 10-10　　　　　　　　设备各年使用费用与年末残值　　　　　　　　元

项目 \ 年数	1	2	3	4	5	6
使用费用	1 000	1 200	1 500	2 000	25 00	3 000
年末残值	4 000	3 000	2 500	2 000	1 500	1 000

8. 某设备原始价值为 62 000 元,其他数据见表 10-11,试计算其经济寿命期。若考虑其资金的时间价值(设基准收益率为 10%),结论又如何？

表 10-11　　　　　　　　设备各年使用费用与年末残值　　　　　　　　元

项目 \ 年数	1	2	3	4	5	6	7
使用费用	10 000	12 000	14 000	18 000	22500	27 500	33 000
年末残值	32 000	17 000	9 500	5 750	4 000	2 000	1 000

9. 某设备现有残值 3 000 元,可继续使用 3 年,残值为 0,且 3 年中各年维修费用分别为 1 200 元,1 800 元,2 500 元。现在考虑对该设备采取更新措施,提出大修理、现代化改装和更新三种方案,具体数据见表 10-12。问该设备是否值得采取如下更新措施。若应该更新,在尚需持续 3、4、5 或 6 年时,各应选择哪种方案 $(i=10\%)$？

表 10-12　　　　　　　　　　　各方案的原始数据　　　　　　　　　　　　　元

项目 方式	投资	λ	C_1	L_T 1	2	3	4	5	6
大修理	5 000	250	500	6 000	5 000	4 000	3 000	2 000	1 000
现代化改装	7 300	120	360	7 000	6 000	5 000	4 000	3 000	2 000
更新	15 650	80	320	8 000	7 000	6 000	5 000	4 000	3 000

10. 设备甲购买于 4 年前，购价为 10 500 元，使用寿命为 10 年，残值为 500 元，年维修费用为 2 400 元，按 10 年平均计提折旧。由于成功的营销活动使产品的需求增加了一倍，若购买相同设备价格为 9 000 元，使用寿命及维修费用与原设备相同，新设备到期残值仍为 500 元。现有一种设备乙，价格为 25 000 元，生产能力是设备甲的两倍，年维修费用为 3 300 元，使用寿命为 12 年，残值为 2 500 元。现在需要决策是买新的设备甲，还是购买设备乙来扩大生产能力。若买设备乙，设备甲可折价 3 000 元，基准收益率为 10%，请选择合理方案。

11. 某企业现正使用的一种旧式水泵决定更新，若购买安装一套原型新水泵需要 1 925 元，每年耗电需要 900 元。现有一种新式水泵购买安装需要 2 450 元，电费每年不超过 500 元。以 8 年为计算期，新旧水泵残值均为 0，基准收益率为 12%，判断应选择哪种水泵进行更新。

12. 某叉车现需要更新或进行修理重新组装。该叉车购于 5 年前，现有残值为 4 000 元，修理重新组装后可使寿命延长 5 年，修理费用为 7 500 元/年，燃油费用为 6 000 元/年。若购买新车需要 15 000 元，使用寿命为 10 年，燃油费用比重新组装的旧叉车低 15%，新车的修理费用比重新组装的旧叉车少 1 000 元/年。两种叉车均无残值，基准收益率为 12%，判断应选择哪种叉车。

13. 某灌溉水泵原始价值为 10 000 元，第一年的操作维护费为 4 000 元，此后各年按 0.06 的几何比例增加，基准收益率为 8%，水泵的使用寿命为 4 年，各年残值见表 10-13，试求水泵的经济寿命。

表 10-13　　　　　　　　　　　设备各年残值　　　　　　　　　　　　　　元

已使用年限 n	1	2	3	4
设备残值 L_n	6 000	3 500	2 000	500

14. 某设备原始价值为 9 200 元，使用寿命为 8 年，已使用 4 年，当前残值为 5 800 元，估计后 4 年的年维修费用为 6 000 元，残值为 1 000 元。现在有一种新设备价格为 14 000 元，年维修费用为 4 000 元，使用寿命为 4 年，残值为 3 000 元，如买入新设备，旧设备可以以 3 600 元售出。若基准收益率为 15%，判断现在是否应更换设备。

第十一章 价值工程

学习内容

价值工程的基本概念;价值工程的工程程序;价值工程对象的选择;信息资料的收集;功能分析;功能评价;方案创造。

学习目标

1. 知识目标

(1) 掌握价值工程的基本概念及特点;
(2) 掌握功能的定义及其作用;
(3) 掌握功能整理的概念及方法;
(4) 掌握功能评价的定义及评价的方法;
(5) 熟悉价值工程的工作程序;
(6) 熟悉选择对象的原则、方法;
(7) 了解情报的概念,收集情报的原则、内容、方法;
(8) 了解价值工程对象选择的必要性;
(9) 了解创造能力的影响因素;
(10) 了解方案评价的内容。

2. 能力目标

(1) 能够对产品进行功能定义、功能整理;
(2) 能够运用功能评价方法对产品进行评价。

案例导入

洗衣机是一种家用日常电器,用来清洗脏衣物。某洗衣机厂面对激烈的市场竞争,从日本引进了新型技术和关键设备,安装全自动装配线,更新喷漆生产线,开发新产品洗衣机,准备专用于出口俄罗斯。这款新型洗衣机以8个月高速完成了从试制样机到正式投产的全过程。由于注重产品质量,忽视了成本,使单台成本高于国际市场价格近60元,显然缺乏竞争力。但对俄罗斯市场预测结果表明,俄罗斯市民对洗衣机的需求量很大,这是个很好的投资机会。在这种情况下,降低成本就成为生产此种类型洗衣机的关键。价值工程研究的目的就是为了在不影响原有质量和功能的情况下,改进洗衣机成本与功能的构成,大幅度降低成本,使成本尽可能地降低到国际市场的价格以下。任何变动的结果都是为了两个目的:既要保证洗衣机的质量,又要尽可能地降低单台成本。

价值工程研究小组研究成果包括:在不降低盖圈质量的前提下,洗衣机盖圈所用材料用另一种成本较低的材料取代;研究发现洗衣机电机的购买价格高,该厂成立了性能测试组,通过对国内几家电机厂生产的16台样机的全面测试,然后进行分析对比,从中选出了三种性能好、价格低的电机作为订货对象;还发现通过稍加大洗衣机风扇轮的尺寸就可以起到挡水和防止电机绕组受潮的作用,因此决定取消挡水板;将内筒冲压车间的下角边料,经重熔配成高强度铝合金,用来铸造皮带轮和风扇轮,节省了铝,又大幅度降低了成本;最后,改革了加工工艺,使单台洗衣机的工时下降到27小时,工时定额下降40%以上。

最终,每台洗衣机的成本降低了大约32%,为洗衣机厂创造了巨大的价值。分析本案例阐述价值工程的工作程序。

思考:价值工程的工作程序是围绕哪几个问题进行的?每个步骤的内容是什么?

进一步分析:在功能系统分析阶段应该如何绘制功能系统图,如何整理功能;在功能评价阶段应该选择何种方法进行功能评价?

价值工程是一门现代管理技术,它通过对产品进行功能分析,合理解决功能和成本之间的矛盾,来达到以最小的投入实现产品必要功能的目的。从第二次世界大战起,价值工程不断完善和发展,从最初主要用于解决物资短缺时选用代用品、新产品开发、机械设备的更新改造等问题,逐步发展为旨在提高企业的综合竞争力的新模式。如改革生产流程、重组管理体系等。至今,只要需要投入产出或取得特定功能的领域,都可以运用价值工程。

第一节 价值工程基本概念

价值工程（简称 VE）又称价值分析（简称 VA），是 20 世纪 40 年代后期产生的一门新兴的管理技术。

价值工程的创始人被公认为美国工程师麦尔斯（L.D.Miles）。第二次世界大战期间，麦尔斯供职于通用电气公司的采购部门。当时，物资供应十分紧张，通用电气公司采购工作十分困难。麦尔斯从多年采购工作实践中，逐步摸索到短缺材料可以寻找相同功能者作"代用品"的经验，又进一步概括为"代用品方法"，该方法认为购买材料的目的是为了获得某种功能而不是材料本身，所以只要能满足功能，就可以选用购买得到的或较为便宜的材料，代替原设计指定的材料。通过一系列成功的实践活动，麦尔斯总结出一套在保证同样功能的前提下降低成本的比较完整的科学方法，并将其命名为"价值分析"，著文在《美国机械师》杂志上发表。以后，随着研究内容的不断丰富与完善，其研究领域也从材料代用逐步推广到产品设计、生产、工程、组织、服务等领域，形成了一门比较完整的科学体系——价值工程。

价值工程与一般的投资决策理论不同。一般的投资决策理论研究的是项目的投资效果，强调的是项目的可行性，而价值工程是研究如何以最少的人力、物力、财力和时间获得必要的功能的技术经济分析方法，强调的是产品的功能分析和功能改进。我们在学习价值工程的有关内容时，应该充分注意到这一点。

一、价值工程的概念

按照国家标准局发布的国标 GB/T 8223—1987《价值工程基本术语和一般工作程序》，价值工程定义为：通过各相关领域的协作，对所研究对象的功能与费用进行系统分析，不断创新，旨在提高所研究对象价值的思想方法和管理技术。价值工程就是以最低的寿命期成本实现一定的产品或作业的必要功能，而致力于功能分析的有组织的活动。价值工程这一定义，涉及价值工程的三个基本概念，即价值、功能和寿命期成本。

（一）价值

从消费者的角度看，在消费活动中只关心两个问题：一，它（消费对象）能否满足需要；二，得到这样的满足需要付出多大的代价。综合评价就是值不值得。这里的值得就是价值工程中价值的含义。第一个问题是效用问题，第二个问题是付出的代价问题。同样，从生产者（销售者）的角度也有相同的这样两个问题，第一个是收益问题，第二个是成本问题。消费者和生产者的这两个问题都体现在消费（生产）对象即产品上。因此可以

定义产品的价值为：产品所具有的功能与成本之比。价值的表达式为

$$V = \frac{F}{C} \tag{11-1}$$

式中　V——研究对象的价值；

　　　F——研究对象的功能；

　　　C——研究对象的成本，即寿命期成本。

（二）功能

价值工程中的功能是对象能够满足某种需求的一种属性。任何产品都具有功能，如住宅的功能是提供居住空间，建筑物基础的功能是承受荷载等。

（三）寿命期成本（费用）

产品在整个寿命期过程中所发生的全部费用，称为寿命期成本（费用），包括生产成本 C_1 和使用及维护成本 C_2 两部分，即

$$C = C_1 + C_2 \tag{11-2}$$

在一定范围内，产品的生产成本和使用及维护成本存在着此消彼长的关系。随着产品功能水平的提高，产品的生产成本 C_1 增加，使用及维护成本 C_2 降低；反之，产品功能水平降低，其生产成本 C_1 降低，但使用及维护成本 C_2 会增加。因此当功能水平逐步提高时，寿命期成本 $C = C_1 + C_2$ 呈马鞍形变化，如图 11-1 所示。寿命期成本为最小值 C_{min} 时，所对应的功能水平是仅从成本方面考虑的最适宜的功能水平。

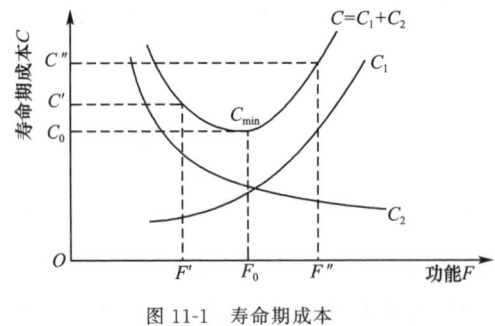

图 11-1　寿命期成本

二、定义的四个方面

（一）着眼于全寿命期成本

全寿命期成本是指产品在其寿命期内所发生的全部费用，包括生产成本和使用及维护成本两部分。生产成本是指发生在生产企业内部的成本，包括研究开发、设计及制造过程中的费用。使用及维护成本是指用户在使用过程中支付的各种费用的总和，包括运输、安装、调试、管理、维修、耗能等方面的费用。

(二) 价值工程的核心是功能分析

功能是指研究对象能够满足某种需求的一种属性,也即产品的具体用途。功能可分为必要功能和不必要功能,其中必要功能是指用户所要求的功能以及与实现用户所要求的功能有关的功能。

价值工程的功能,一般是指必要功能。因为用户购买一项产品,其目的不是为了产品本身,而是通过购买该项产品来获得其所需要的功能。因此,价值工程对产品的分析,首先是对其功能的分析,通过功能分析,弄清哪些功能是必要的,哪些功能是不必要的,从而在改进方案中去掉不必要的功能,补充不足的功能,使产品的功能结构更加合理,达到可靠地实现使用者所需功能的目的。

(三) 价值工程是一项有组织的管理活动

价值工程研究的问题涉及产品的整个寿命期,涉及面广,研究过程复杂,比如一项产品从设计、开发到制作完成,要通过企业内部的许多部门;一个降低成本的改进方案,从提出、试验到最后付诸实施,要经过许多部门的配合才能收到良好的效果。因此,企业在开展价值工程活动时,一般需要由技术人员、经济管理人员、有经验的工作人员甚至用户,以适当的组织形式组织起来,共同研究,发挥集体智慧,灵活运用各方面的知识和经验,才能达到既定的目标。

(四) 价值工程的目标表现为产品价值的提高

价值是指对象所具有的功能与获得该功能的全部费用之比,可用公式表示为

$$V = \frac{F}{C}$$

即价值是单位费用所实现的用途。

价值工程的目的是从技术与经济的结合上去改进和创新产品,使产品既要在技术上能可靠实现,又要在经济上所支付费用最小,达到两者的最佳结合。"最低的寿命期成本"是价值工程的经济指标,"可靠地实现所需功能"是价值工程的技术指标。因此,产品的价值越高,其技术与经济的结合也就越难,从这个角度上讲,价值工程的目标体现为产品价值的提高。

根据价值的计算公式,提高产品价值有五种途径:

(1) 在提高产品功能的同时,降低产品成本。这样,可使价值大幅度提高,是最理想的提高价值的途径。

(2) 提高功能,同时保持成本不变。

(3) 在功能不变的情况下,降低成本。

(4) 成本稍有增加,同时功能大幅度提高。

(5) 功能稍有下降,同时成本大幅度降低。

其中(4)(5) 两种途径的使用是有一定限制条件的,也就是采用该经营策略时,必须

保证企业利润不降低，这两种途径才有意义。途径(1)是一种最为理想的途径。企业必须在既提高生产技术水平又提高经营管理水平的基础上，考虑如何在提高产品功能水平的同时，降低费用水平，增强企业的竞争能力。

三、进一步的理解

（一）价值工程的目标是价值的提高

价值工程通常以经济寿命来确定产品的寿命期。寿命期成本与功能水平的关系如图 11-2 所示。

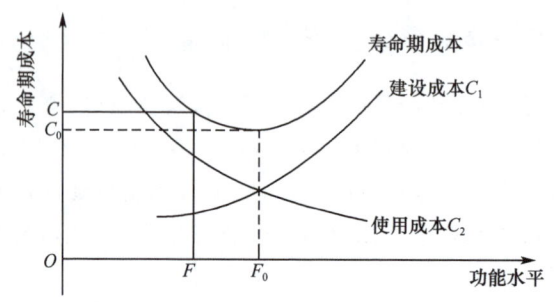

图 11-2　寿命期成本与功能水平的关系

随着功能水平的提高，使用成本降低，建设成本增高；反之亦然。这种使用成本、建设成本与功能水平的变化规律决定了寿命期成本与功能水平的马鞍形曲线变化关系，决定了寿命期成本存在最低值 C_0。价值工程的目的就在于使寿命期成本趋近于最低点 C_0，而使产品的功能趋近于最佳功能 F_0。图 11-2 中原产品的寿命期成本是 C 点，则 CC_0 为寿命期成本下降的潜力，FF_0 为在可靠地实现必要功能前提下改进功能的余地。

（二）价值工程的核心是对分析对象进行功能分析

通过功能分析，可以区分对象的必要功能和不必要功能、主要功能和辅助功能，保证必要功能，取消不必要功能，降低产品成本，严格按用户的需求设计产品。

（三）价值工程将产品价值、功能和成本作为一个整体同时来考虑

价值工程中对价值、功能、成本的考虑，不是片面的，而是在确保产品功能的基础上综合考虑生产成本和使用成本，兼顾生产者和用户的利益，创造出总体价值最高的产品。

（四）价值工程强调不断改革和创新

开拓新构思和新途径，获得新方案，创造新功能载体，从而简化产品结构，节约原材料，提高产品的技术经济效益。

（五）价值工程要求将功能定量化

即将功能转化为能够与成本直接相比的量化值。

（六）价值工程是有组织的管理活动

企业在开展价值工程活动时，必须集中人才，包括技术人才、经济管理人才、有经验的工作人员，甚至用户，把他们以适当的组织形式组织起来，共同研究，依靠集体的智慧和力量，发挥各方面、各环节人员的知识、经验和积极性，有计划、有领导、有组织地开展活动，才能达到既定的目标。

（七）价值工程活动更侧重在产品的研制与设计阶段

在产品形成的各个阶段都可以应用价值工程提高产品的价值。但应注意，在不同的阶段进行价值工程活动，其经济效果的提高幅度却大不相同。对于大型复杂的产品，应用价值工程的重点是在产品的研究设计阶段。

第二节　价值工程的工作程序

开展价值工程活动的过程是一个发现问题、解决问题的过程，针对价值工程的研究对象，逐步深入提出一系列问题，通过回答问题，寻找答案，直到解决问题。在一般的价值工程活动中，所提的问题通常有以下七个方面：

(1)价值工程的研究对象是什么？
(2)它的用途是什么？
(3)它的成本是多少？
(4)它的价值是多少？
(5)有无其他方法可以实现同样的功能？
(6)新方案的成本是多少？
(7)新方案能否满足要求？

围绕这七个问题，价值工程的一般工作步骤见表11-1。

价值工程的工作步骤明确回答了前面提到的七个问题。在准备阶段，回答了"价值工程的研究对象是什么"；在分析阶段，回答了"它的用途是什么""它的成本是多少""它的价值是多少"等问题；在创新阶段，回答了"有无其他方法可以实现同样的功能""新方案的成本是多少"等问题；在实施阶段，解决了"新方案能否满足要求"的问题。因此从本质上讲，价值工程活动实质上就是提出问题和解决问题的过程。

表 11-1　　　　　　　　　价值工程的一般工作步骤

阶段	步骤	说明
准备阶段	1.对象选择	应明确目标、限制条件和分析范围
	2.组成价值工程领导小组	一般由项目负责人、专业技术人员、熟悉价值工程的人员组成
	3.制订工作计划	包括具体执行人、执行日期、工作目标等
分析阶段	4.收集整理信息资料	此项工作应贯穿于价值工程的全过程
	5.功能系统分析	明确功能特性要求,并绘制功能系统图
	6.功能评价	确定功能目标成本,确定功能改进区域
创新阶段	7.方案创新	提出各种不同的实现功能的方案
	8.方案评价	从技术、经济和社会等方面综合评价各种方案达到预定目标的可行性
	9.方案编写	将选出的方案及有关资料编写成册
实施阶段	10.审批	由主管部门组织进行
	11.实施与检查	制订实施计划,组织实施,并跟踪检查
	12.成果鉴定	对实施后取得的技术经济效果进行成果鉴定

第三节　价值工程的对象选择

一、选择对象的必要性

人们做事、干工作,首先应明确做什么事,干哪种工作。其次,才是怎样做的问题。企业开展 VE,首先应做好 VE 的对象选择这个步骤的工作。所谓 VE 的对象选择,就是提出开展 VE 的目标(中心、范围),即确定在企业全部产品中以哪种产品作为 VE 对象,再进一步确定以某种产品的哪些零部件作为重点对象。回答"VE 的对象是什么"的问题。VE 对象确定以后,再根据所确定的对象,收集有关信息,并进一步进行功能分析、成本分析、价值分析以及创建方案等步骤的工作。

做好 VE 的对象选择对于整个 VE 活动的顺利开展及其效率的提高具有十分重要的意义。

首先,从经营管理工作来看。现代企业作为整个社会的一个支系统,是由若干个相互区别和相互作用的部分结合起来完成特定功能的综合体。由于系统的复杂和工作的繁多,工作之间又相互影响和相互牵制,输出的产品品种、规格也往往很多。一种产品包括许多零部件,一个零部件又经过许多道工序。所以,经常感到问题存在,但又说不准到底存在于何处,想解决而无从着手。这种情况并不是个别现象,而是普遍现象。越是复杂的系统,这种状况越是严重。从经营管理的角度来讲,要解决问题就必须选准对象。对象确定得当,可以事半功倍。否则,将南辕北辙,事倍功半,甚至劳而无功。

其次,从管理力量上看。VE 作为一种现代科学管理活动,总要投入一定的资源,如技术人员、材料、设备、工具、工时等。而管理的力量总是有限的。即使认为问题普遍存在,也不可能全面投入管理力量去解决,即使有足够的管理力量,考虑到经济效果,也没有必要不分巨细地全面推行。因此,做好 VE 的对象选择,可以把好钢用在刀刃上,保证节约资源,提高 VE 活动的效率。

最后,从 VE 本身来看。它是一个循环接着一个循环不断开展的。那么,作为一个循环的 VE 究竟以谁为对象? 该从何处入手呢? 总不能一次循环就解决所有的问题。只有在 VE 每一次循环中选好对象,才能使 VE 一开始就认准目标,走上正路,提纲挈领,保证 VE 有较高的成功率而避免失误。

应当指出,VE 的对象选择,可以根据角度的不同,分为狭义和广义两种。

从狭义上来讲,VE 活动的第一个具体步骤就是对象选择。这一步骤在整个 VE 活动中起着举足轻重的作用。没有这一步骤,其他各步骤也就无从谈起,从一定意义上说,这一步骤是决定 VE 活动成败的关键。

从广义上来讲,由于 VE 活动的对象(目标)选择和分析具有层次性,因此,每一层次的分析和确定目标都可以称之为对象选择。纵观 VE 整个活动,实际上也就是不断地反复确定分析对象的过程。针对一个对象(已确认解决的问题)进行分析,再进一步以此对象为新的对象,根据分析的结果选择和确定更具体的对象,再进一步对此具体对象进行分析。每经过一次对象选择和分析,目标便缩小了一层,直到最后找到一个具体的、基本的、可以进行改进的目标。这就完成了整个 VE 活动的任务。至于一项 VE 活动究竟有多少层次,这要看对象本身的特点和分析的水平。如果对象比较简单,通过一层分析选择就可以抓住改进的目标,开展改进的创造活动。但是,如果对象系统稍微复杂,对象选择就需要反复进行。所以,对象选择的方法也是反复使用的。随着分析的深入,选择方法也愈加定量化。

上述对 VE 的对象选择,我们区分为狭义和广义两种,实际上,这二者并不矛盾。虽然我们介绍的对象选择是从狭义的角度研究的,但是,其具体方法对整个 VE 活动各层次对象(目标)的选择和分析有其普遍的适用性。

 选择对象的原则

开展价值工程活动,首要要正确选择价值工程活动的对象。一个企业有许多种产品,每种产品又由许多要素或成分组成。我们只有正确选择价值工程分析的对象,抓住关键,才能取得明显的效果。价值工程选择对象一般应遵循下列几个原则。

(一) 根据社会需求的程度选择对象

(1) 优先考虑对国计民生有重大影响的产品;

(2)优先考虑市场需求量大或有潜在需求的产品;
(3)优先考虑用户对其质量不太满意的产品。

(二)根据产品的设计性能选择对象

(1)优先考虑结构复杂、零部件多的产品;
(2)优先考虑技术落后、工艺繁杂、材料性能差的产品;
(3)优先考虑体积大、重量大、耗用紧缺物资多的产品。

(三)根据生产成本的角度选择对象

(1)优先考虑工艺落后,生产成本高的产品;
(2)优先考虑原材料消耗多、次品率高、废品率高的产品。

(四)根据社会生态环境的要求选择对象

(1)优先考虑能耗高的产品;
(2)优先考虑"三废"问题严重的产品。

选择对象的方法

在选择对象阶段往往需要运用一些特定技术方法进行定量分析。常用的价值工程的对象选择过程就是逐步收缩研究范围,寻找目标,确定主攻方向的过程。因为在生产、建设中的技术经济问题是很多的,涉及的范围也很广,为了提高产品的价值,需要改进设计的某些部分,并非企业生产的全部产品,也不是构成产品的所有零部件,而只需要对关键产品的关键因素进行分析即可。实际上,选择对象的过程就是寻找主要矛盾的过程。能否正确选择价值工程的对象是价值工程收效大小与成败的关键。选择时应注意将那些价格高、难以销售、生产环节复杂的产品作为价值工程的对象,同时,还应注意保持必要功能和降低成本潜力较大的项目。

选择对象的方法有很多种,下面着重介绍经验分析法、ABC分析法、强制确定法和寿命期分析法等四种方法。

(一)经验分析法

经验分析法又称因素分析法。这种方法是组织有经验的人员对已经收集和掌握的信息资料作详细而充分的分析和讨论,并在此基础上选择分析对象,因此,它是一种定性分析方法。其优点是简便易行,节省时间;缺点是缺乏定量的数据,不够精确。但是用于初选阶段是可行的。

运用这种方法选择对象时,可以从设计、制造、加工、销售和成本等方面进行综合分析。任何产品的功能和成本都是由多方面的因素构成的,关键是要找出主要因素,抓住重点。一般具有下列特点的一些产品或零部件可以作为价值分析的重点对象:

(1)产品设计年代已久、技术已显陈旧;

(2) 重量、体积很大，增加材料用量和工作量的产品；
(3) 质量差、用户意见大或销售量大、市场竞争激烈的产品；
(4) 成本高、利润低的产品；
(5) 组件或加工工序复杂，影响产量的产品；
(6) 成本占总费用比重大、功能不重要而成本较高的产品。

总之，这种方法要求抓住主要矛盾，选择成功概率大、经济效果高的产品或零部件作为价值工程的重点分析对象。

（二）ABC 分析法

ABC 分析法（也叫帕累托图分析法）源于意大利经济学家帕累托的发现：少数富人占多数财富，而绝大多数人处于贫穷状态，即存在"关键的少数，次要的多数"关系。ABC 分析法是一种定量分析方法，它是将产品的成本构成进行逐项统计，将每一种零部件占产品成本的多少从高到低排列出来，分成 A、B、C 三类，找出少数零部件占多数成本的零部件项目，以此作为价值工程的重点分析对象，如图 11-3 所示。

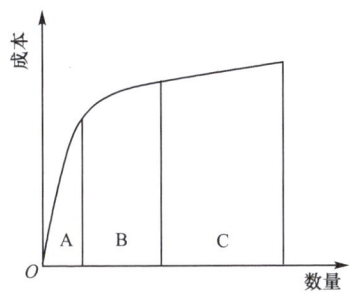

图 11-3　ABC 分析法

一般来说，将零部件数量占总数的 10% 左右，成本却占总成本的 70% 左右的零部件规定为 A 类；将零部件数量占总数的 20% 左右，而成本占总成本的 20% 左右的零部件规定为 B 类；将零部件数量占总数的 70% 左右，而成本只占总成本的 10% 左右的零部件规定为 C 类。从这种分类可以看出，在价值工程的选择对象中，应以 A 类零部件作为价值工程活动的重点分析对象，B 类只作一般分析，C 类可以不加分析。通过 ABC 分析法分析，产品零部件与成本之间的关系就能一目了然，即价值工程的重点在 A 类零部件，属于"关键的少数"。

ABC 分析法的优点是抓住重点，在对复杂产品的零部件作对象选择时，突出主要矛盾，常用它来进行主次分类。据此，价值工程分析小组可以结合一定的时间要求和分析条件，略去"次要的多数"，抓住"关键的少数"，卓有成效地开展工作。但是，该方法没有把成本与功能紧密地联系起来，因而容易使个别功能重要而成本比重较少的零部件遭到忽视。

（三）强制确定法

强制确定法也称 FD 法。选择对象、功能评价和方案评价均可使用此法。

在选择对象中,通过计算功能重要性系数和成本系数,然后求出两个系数之比,即价值系数。根据价值系数大小判断对象的价值,并将价值低的选作价值活动的研究对象,因此,这种方法又称价值系数法。

(四) 寿命期分析法

这是一种以产品寿命期来确定价值工程研究对象的方法。每一个产品,从开始研制、投放市场直至淘汰的全部时间即为寿命期,它可分为初创期、成长期、成熟期及衰退期四个阶段。产品在各个不同阶段的营销情况、获利能力有很大差异,而价值工程对象的选择也有所区别。

1. 初创期

产品具有投入成本大、生产技术不成熟、性能不完善的特点,而市场上,客户对产品的认同度也较低。因此,这一阶段,根据用户的信息反馈,价值工程的重点应放在改进产品的功能、降低成本上。

2. 成长期

产品生产技术日益完善,市场销售量大增,但行业竞争日趋激烈。这一阶段,价值工程的重点是:改善生产经营流程,降低营运成本;加强质量管理,提高产品的质量,从而增强产品的市场竞争力。

3. 成熟期

产品销售增势趋缓,企业一方面应居安思危积极研发新产品;另一方面,在产品市场销量大的情况下,仍应把重点放在增强和改善产品功能、降低成本上,以延长其寿命期。

4. 衰退期

由于市场上出现了效用更大、售价更便宜的替代产品,使原产品的销售量一落千丈,此时,价值工程的重点应及时转向新产品的开发。

第四节　信息资料收集

价值工程的工作过程就是提出问题、分析问题、解决问题的决策过程。在此过程中,为了实现提高价值的目标所采取的每个行动和决策,都离不开必要的信息资料。在功能定义阶段,为弄清价值工程对象应该具有的必要功能,必须清楚地了解与对象有关的各种信息资料。在功能评价阶段,为确定功能的目标成本,以及在方案创造阶段,为创造和选择最优改进方案、实现最低寿命期成本,都需要大量的信息资料。因此,收集、整理信息资料的工作贯穿价值工程的全过程。价值工程的工作过程同时也是对信息资料收集、整理和运用的过程。可以说,价值工程成果的大小在很大程度上取决于占有信息资料的质量、数量和取得的适宜时间。

第十一章 价值工程

一、情报

情报是指一切对实现价值工程目标有益的知识、情况和资料。为了实现价值工程的目的,获得价值高的改进方案,必须掌握价值工程对象产生、发展和衰亡的全过程情报。情报收集是价值工程活动的重要环节,它可以使人们明确价值分析的目标。情报资料越多,价值工程活动的效果就越显著。收集情报资料应遵循以下原则:

(一) 目的性

价值工程收集情报必须围绕"致力于以最低寿命期成本可靠地实现必要功能"这个目的来进行。这样才可以做到有的放矢,提高工作效率。

(二) 完整性

收集到的情报必须系统完整,这样才可以防止分析问题的片面性,从而进行正确的分析判断。

(三) 准确性

情报是决策的依据,不准确的情报常常导致错误的决策,如果收集到的情报"失真",就可能导致价值工程工作的失误。

(四) 适时性

适时性是指收集的情报应当是先进的不过时的,这样才可能对价值工程活动有启发、有帮助、有益处。

(五) 计划性

为了保证收集到的情报资料有目的性、完整性、准确性、适时性,就必须加强情报收集的计划性,通过编制计划更进一步明确收集的目的,收集的内容、范围,适当的时间和可靠的情报来源,从而提高收集情报的工作质量。

(六) 条理性

对收集到的各种情报资料,要有一个去粗取精、去伪存真的加工整理过程,将这些情报资料整理得系统有序,便于使用分析。

二、收集情报的内容

价值工程所需要的信息资料,视具体情况而定,一般包括以下几个方面的内容:

(一) 使用及销售方面的内容

收集这方面的信息资料是为了充分理解用户对对象产品的期待、要求,如用户对产品规格、使用环境、使用条件、耐用寿命、价格、性能、可靠性、服务、操作及美观等方面的要求。

(二) 技术方面的内容

收集这方面的信息资料是为了明白如何进行产品的设计改进才能更好地满足用户的要求,以及根据用户的要求内容如何进行设计和改造。例如,科技进步方面的有关科研成果、技术发明、专利、新材料、新结构、新技术、新工艺、国内外同类产品的发展趋势和技术资料,标准化要求及发展动态等;设计及制造方面的加工工艺,使用的设备、作业方法,合格品率、废品率,外协件供应者、外协方法等。

(三) 经济方面的内容

成本是计算价值的必需依据,是功能成本分析的主要内容。实际的产品往往由于设计、生产、经营等方面的原因,其成本存在较大的改善潜力。在广泛占有经济资料(主要是成本资料)的基础上,通过实际的成本与标准的成本之间的比较,以及不同企业之间的比较,揭露矛盾,分析差距,降低成本,提高产品价值。这方面的信息资料是必不可少的。

(四) 企业生产经营方面的内容

掌握这方面的资料是为了明白价值工程活动的客观制约条件,使创造出的方案既先进又切实可行。这方面的资料包括企业设计研究能力,加工制造能力,质量保证能力,采购、供应、运输能力,以及筹措资金的能力。

(五) 国家和社会方面诸如政策、方针、规定等方面的内容

了解这方面的内容是为了使企业的生产经营活动,包括开展价值工程活动必须与国民经济的发展方向协调一致。

收集情报的方法

(一) 询问法

询问法一般有面谈、电话询问、书面询问、计算机网络询问等方式。询问法将要调查的内容告诉被调查者,并请其认真回答,从而获得满足自己需要的情报资料。

(二) 查阅法

通过网络查询,查阅各种书籍、刊物、专利、样本、目录、广告、报纸、录音、论文等,来寻找与调查内容有联系的情报资料。

(三) 观察法

通过派遣调查人员到现场直接观察收集情报资料,这就要求调查人员十分熟悉各种

情况,并要求他们具备较敏锐的洞察力和观察问题、分析问题的能力。运用这种方法可以收集到第一手资料。同时可以采用录音、摄像、拍照等方法协助收集。

(四) 购买法

通过购买元件、样品、模型、样机、产品、科研资料、设计图纸、专利等来获取有关的情报资料。

(五) 试销试用法

将生产出的样品采取试销试用的方式来获取有关情报资料。利用这种方法,必须同时将调查表发给试销试用的单位或个人,请他们把使用情况和意见随时填写在调查表上,按规定期限寄回来。

第五节 功能分析

功能分析是价值工程活动的核心和基本内容,价值工程就是围绕着对产品和劳务进行功能分析而不断深入展开的,功能分析将决定价值工程的有效程度。功能分析的目的是合理确定 VE 活动对象的必备功能,消除多余的、不必要的功能,加强不足功能,消减过剩功能。

 功能定义

功能就是产品和劳务的效用、任务、分工、作用、目的等,它们是存在于产品或劳务过程中的一种本质。

功能定义是透过产品实物形象,运用简明扼要的语言将隐藏在产品结构背后的本质——功能,揭示出来,从而从定性的角度解决"对象有哪些功能"这一问题。

功能定义的过程如图 11-4 所示。

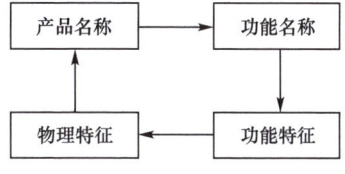

图 11-4 功能定义的过程

功能定义是功能整理的先导性工作,也是进行功能评价的基本条件,因此在进行功能定义时,应该把握住既简明准确,便于测定,又要系统全面,一一对应,只有这样才能满足后续工作的需要。

（一）功能定义的作用

功能定义是价值工程活动获得成功的基础，是决定价值工程活动方向的阶段。它有以下几个方面的重要作用：

1.正确认识和准确界定产品及零部件的功能

价值工程活动的核心是功能分析，功能定义是功能分析的基础。通过功能定义能够正确认识产品和零部件的每一个功能，以此准确界定每一个功能的属性、类别，从而把握住问题的实质。

2.恰当地进行功能评价

功能评价就是通过定量地计算揭示每一个功能的价值，为方案创新工作提供依据。因此，首先要充分认识功能。如果产品的功能都没有搞清楚，则实现这些必要功能的最低成本便无法确定，也就不可能进行功能评价。功能定义是功能评价的先决条件。

3.有利于开拓设计思路

功能定义要摆脱现行结构的束缚，使人们把注意力从产品（零部件）实体本身转移到产品（零部件）所承载的功能上来。这样就能开拓设计思路，有利于功能的改进和创新。

（二）功能定义的要求

功能定义要发挥上述作用，就要符合一定的要求。

1.确切、简洁

功能定义要确切，不可含糊。定义表达要简洁，一般可用一个动词和一个名词来定义。如手表的功能定义为"显示时间"；电冰箱的功能定义为"冷藏食物"；电线的功能定义为"传导电流"等。

2.抽象、概括

对功能的描述要适当抽象和概括，不要过分具体直白。即功能定义中的动词要尽量采用比较抽象的词汇来概括。例如，定义一种在零部件上作孔的工艺的功能，若定义为"钻孔"，人们自然会联想到用钻床；如果定义为"打孔"，人们就会想到除了钻床以外，还可以用冲床、电加工、激光等方法；如果定义为"作孔"，人们不仅会想到上述方法，而且还会想到在零部件上直接铸出或锻出孔来。可见，动词"钻""打""作"虽然仅一字之差，但一个比一个抽象，更容易开阔思路。

3.可测量性、定量性

功能的定义要尽可能做到定量表达，即功能定义中的名词要尽量使用可测量的词汇，以利于功能评价及创新方案的提出和选择。例如，电线功能定义为"传电"就不如定义为"传导电流"好，发电机的功能定义为"发电"就不如定义为"发出电能"好。

4.全面性、系统性

如果对象具有复合功能，要分别下定义，即一个功能下一个定义。切忌只注意某些主要功能而忽略次要功能；或只注意表面功能，而忽视潜在的深层次功能；或只注意子系统的功能，而忽视其与系统总功能间的关系。

功能整理

所谓功能整理,就是按照目的-手段的逻辑关系,把价值工程对象的各个功能有机地连接起来,建立起功能的系统网络。功能整理在功能定义的基础上进行,功能定义是"由表及里""化整为零"的过程,即先从产品入手,后逐渐深入,从而认识产品的每一个功能;功能整理是"由里及表""化零为整"的过程,即把零散的功能按照其内在关系系统地连接起来。

(一) 功能系统图

功能系统图是按照一定的原则,将定义的功能连接起来,从单个到局部,从局部到整体形成的一个完整的功能体系。功能系统图的一般形式如图 11-5 所示。

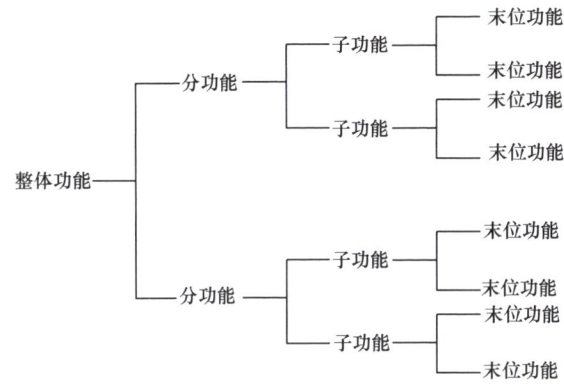

图 11-5 功能系统图的一般形式

在图 11-5 中,从整体功能开始,由左向右逐级展开,在位于不同级的相邻两个功能之间,左边功能(上位)称为右边功能(下位)的目标功能,而右边功能称为左边功能的手段功能。

(二) 功能整理的方法

功能整理的主要任务是建立功能系统图,因此,功能整理的方法也就是绘制功能系统图的方法,其一般步骤如下:

1.分析出产品的基本功能和辅助功能

依据用户对产品的功能要求,挑出基本功能,并把其中最基本的排出,称之为上位功能。

基本功能一般总是上位功能,它通常可以通过回答以下几个问题来判别:

(1)取消了这个功能,产品本身是不是就没有存在的必要了?

(2)对于功能的主要目的而言,它的作用是否必不可少?

(3)这个功能改变之后,是否会引起其他一连串的工艺和零部件的改变?

如果回答是肯定的,那么这个功能就是基本功能。除了基本功能,剩下的功能就是辅助功能。

2. 明确功能的上下位和并列关系

在一个系统中,功能的上下位关系,就是指功能之间的从属关系。上位功能是目的,下位功能是手段。例如,热水瓶的功能中"保持水温"和"减少散热"的关系就是上下位功能关系。"保持水温"是上位功能,而"减少散热"是为了能够"保持水温",是实现"保持水温"的一种手段,是下位功能。需要指出的是,目的和手段是相对的,一个功能对它的上位功能来说是手段,对它的下位功能来说又是目的。

功能的并列关系是指两个功能,谁也不从属于谁,但却同属于一个上位功能的关系。例如,为了能使热水瓶保持水温,有三条减少散热的措施,即涂银以减少辐射散热;抽真空以减少传导散热;盖瓶盖(木塞)以减少对流散热。很显然,这三个功能相对于"保持水温"来讲都属于下位功能,而这三个功能之间又属于并列关系。

3. 排列功能系统图

在弄清功能之间的关系以后,就可以着手排列功能系统图了。所谓功能系统图,就是产品应有的功能结构图。图 11-6 为建筑物的平屋顶功能系统的主要部分。

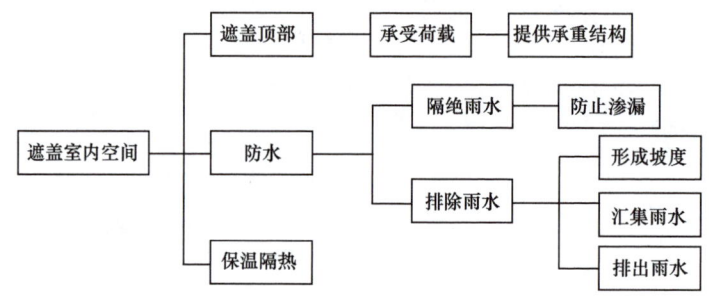

图 11-6　平屋顶功能系统图

第六节　功能评价

功能定义和功能整理后,剔除了一些不必要的功能,能够准确地掌握用户的功能要求。在这两个阶段中,仅仅解决了功能的定性问题,这是不够的。还需要根据功能系统图,对各功能进行定量评价,以确定提高价值的重点改进对象。

功能评价是指在功能分析的基础上,应用一定的科学方法,进一步求出实现某种功能的最低成本(或称目标成本),并以此作为评价的基准。

功能评价的步骤

功能评价的一般步骤如下:
(1) 确定对象的功能评价值 F;

(2)计算对象的功能目前成本 C；

(3)计算和分析对象的价值系数 V；

(4)计算成本改进期望值 ΔC；

(5)根据对象价值的高低及成本降低期望值的大小,确定改进的重点对象及优先次序。

功能评价程序如图 11-7 所示。

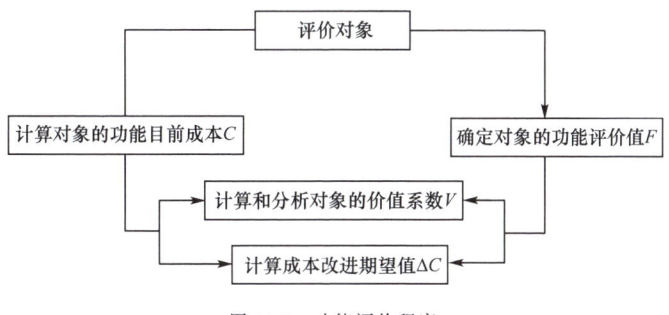

图 11-7　功能评价程序

 功能成本法

（一）基本公式

功能成本法是通过一定的测算,测定实现应有功能所必须消耗的最低成本,同时计算为实现应有功能所耗费的目前成本,经过分析对比,求得对象价值系数和成本降低期望值,确定价值工程的改进对象。其表达式如下

$$价值系数(V)=\frac{功能评价值(F)}{功能目前成本(C)} \tag{11-3}$$

（二）功能目前成本的计算

成本历来是以产品或构配件为对象进行计算的。而功能目前成本(现实成本)的计算则与此不同,它是以功能为对象进行计算的。在产品中构配件与功能之间常常呈现出一种相互交叉的复杂情况,即一个构配件往往具有几种功能,而一种功能往往通过多个构配件才能实现。因此,计算功能现实成本,就是采用适当方法将构配件成本转移分配到某一功能中去。

当一个构配件只实现一项功能,且这项功能只由这个构配件实现时,构配件的成本就是功能的现实成本。当一项功能由多个构配件实现,且多个构配件只为实现这项功能服务时,多个构配件的成本之和就是该功能的现实成本。当一个构配件实现多项功能,且多项功能只由这个构配件实现时,则按该构配件实现各功能所起作用的比重将该构配件的成本分配到各项功能上去,即为各项功能的现实成本。

更多的情况是多个构配件交叉实现多项功能,且多项功能只由多个构配件交叉地实现。计算各项功能的现实成本,可通过填表进行。首先将各构配件成本按该构配件对实现各项功能所起作用的比重分配到各项功能上去,然后将各项功能从有关构配件中分配到的成本相加,便可得出各项功能的现实成本。

构配件对实现功能所起作用的比重,可请几位有经验的人员集体研究确定,或者采用评分方法确定。

(三) 功能评价值的推算

功能评价值的推算,常用的方法有方案估算法和实际价值标准法。

方案估算法是由一些有经验的专家,根据预先收集的技术、经济情报,先初步构思出几个能实现预定功能的设想方案,并大致估算实现这些方案所需要的成本,经过分析、对比,以其中最低的成本作为功能评价值。

实际价值标准法是根据同类产品的调查结果,从中选取成本最低者作为制定功能评价值的基准。

(四) 功能价值分析

根据式(11-3),功能的价值系数有以下三种情况:

(1) $V=1$。即功能评价值等于功能目前成本,这表明研究对象该功能部分的功能现实成本与实现功能所必需的最低成本大致相当。此时评价对象该功能部分的价值为最佳,一般无需改进。

(2) $V<1$。即功能目前成本大于功能评价值。表明评价对象该功能部分的目前成本偏高。这时一种可能是由于存在着过剩功能,另一种可能是虽无过剩功能,但实现功能的条件或方法不佳,以致实现功能的成本大于功能的实际需要。这两种情况都应列入功能改进的范围,并且以剔除过剩功能及降低现实成本为改进方向,使成本与功能比例趋于合理。

(3) $V>1$。即功能目前成本低于功能评价值。表明评价对象的功能目前成本低于实现该功能所应投入的最低成本,评价对象功能不足。应增加成本,提高功能水平。

功能指数法

(一) 基本公式

功能指数法是通过评定各对象功能的重要程度,用功能指数来表示其功能程度的大小,然后将评价对象的功能指数与相对应的成本指数进行比较,得出该评价对象的价值指数,从而确定改进对象,并指出该对象的成本改进期望值。其表达式如下:

$$价值指数(VI) = \frac{功能指数(FI)}{成本指数(CI)} \quad (11\text{-}4)$$

式中,功能指数是指评价对象功能在整体功能中所占的比重,又称功能评价系数。成本指数是指评价对象的目前成本在全部成本中所占的比重。

（二）成本指数的计算

成本指数的计算可按下式进行

$$第\,i\,个评价对象的成本指数(CI_i) = \frac{第\,i\,个评价对象的目前成本\,C_i}{全部成本\sum C_i} \quad (11\text{-}5)$$

（三）功能指数的推算

功能指数的推算主要就是评定功能分值，即按用户要求应该达到的功能程度，采用适当的评分方法，评定各功能应有的分值。主要方法有：直接评分法、强制评分法和环比评分法等。

1. 直接评分法

由 m 位专家或用户对产品的 n 项功能要素的第 i 个功能 f_i，根据重要程度，采用五分制、十分制或百分制进行评分，记为 f_{ij}，则功能评价系数 FI_i 为

$$FI_i = \frac{f_i}{\sum_{i=1}^{n}\sum_{j=1}^{m} f_{ij}} \quad (11\text{-}6)$$

2. 强制评分法

强制评分法又称 FD 法，包括 01 评分法与 04 评分法两种。强制评分法适用于被评价对象在功能程度上差异不大，并且评价对象的子功能数目不太多的情况。

（1）01 评分法

01 评分法是请 5～15 名对产品熟悉的人员参加功能的评价。首先按照功能的重要程度一一对比打分，重要者得 1 分，不重要者得 0 分，要分析的对象自己与自己对比不得分，用"×"表示。最后，根据每个参与人员选择该功能得到的功能重要性系数 W_i，可以得到该功能的功能重要性系数平均值 W。

$$W = \frac{\sum_{i=1}^{k} W_i}{k} \quad (11\text{-}7)$$

式中　k——参加功能评价的人数。

为避免功能指数中出现零的情况，可将各功能累计得分加 1 进行修正，用修正得分除以总得分即为功能重要性系数。

（2）04 评分法

04 评分法是为弥补 01 评分法中重要程度差别仅为 1 分而不能拉开档次的不足，将分档扩大为 4 级，当 f_i 与 f_j 相比较时：很重要，则 $f_{ij}=4$，$f_{ji}=0$；较重要，则 $f_{ij}=3$，$f_{ji}=1$；同等重要，则 $f_{ij}=2$，$f_{ji}=2$；较不重要与较重要相反；不重要与很重要相反。

3. 环比评分法

环比评分法又称 DARE 法。这种方法是先从上至下依次比较相邻两个功能的重要程度，给出功能重要度比值，然后令最后一个被比较的功能的重要度比值为 1（作为基数），依次修正重要度比值。其修正的方法是用排列在下面的功能的修正重要度比值乘

以与其相邻的上一个功能的重要度比值,就得出上一个功能的修正重要度比值。求出所有功能的修正重要度比值后,用其去除以总和数,得出各个功能的功能系数。

(四) 功能价值分析

(1) $VI=1$。评价对象的功能比重与成本比重大致平衡,功能目前成本比较合理。

(2) $VI<1$。评价对象的成本比重大于功能比重,相对于系统内其他对象而言,目前所占的成本偏高,应列为改进对象,降低成本是方向。

(3) $VI>1$。评价对象成本比重小于功能比重:①目前成本偏低,应增加成本;②功能超过应具有水平,存在过剩功能;③客观上存在着功能重要而成本很少的情况。

第七节 方案创造

为了提高产品的功能和降低成本,达到有效地利用资源的目的,需要寻求最佳的代替方案。寻求或构思这种最佳方案的过程就是方案的创造过程。创造也可以理解为"组织人们通过对过去经验和知识的分析与综合以实现新的功能"。价值工程能否取得成功,关键是功能分析评价之后能否构思出可行的方案,这是一个创造、突破、精制的过程。

一、创造能力的影响因素

(一) 方案创造要求

1.积极思维,敢于创造

要求参与价值工程的有关人员,千方百计,开动脑筋,积极思维,产生创造性设想。在积极思维的基础上,解放思想,打破框框,不因循守旧,不墨守成规,敢于改革,敢于创新,克服困难,发挥创造能力。

2.认识事物,多提设想

要求参与价值工程的有关人员,思维敏捷,经验丰富,对事物具有综合分析能力,能灵活运用掌握的知识和情报资料,寻求解决问题的多种改进方案。通过评价,克服困难。不放过一个有价值的方案,并能克服种种障碍,使之发展成为一个最优方案。

3.组织起来,集中思考

在方案创造过程中,要组织各类专员和各方面专家,一方面要发挥他们的特长,鼓励他们独立思考;另一方面还要发挥集体的智慧,把他们组织起来集中思考,提出更多的改进方案。国外有的学者认为,组织起来比个别思考提出的设想方案,效率和质量要高出一倍。

第十一章 价值工程

（二）影响因素

1. 认识障碍

主要是没有认识关键问题或错误地理解问题，阻碍了方案的构思。主要表现为：被表面现象所迷惑，抓不住问题的实质；在不同的问题中找不出它们的共同点；思想不解放，受到条条框框的约束；目的与手段没有弄清楚，颠倒了因果关系等思想认识上的问题。

2. 文化障碍

在现代社会中，随着文化和科学技术水平的不断发展，人们过着安逸舒适的生活，给人们带来莫大的好处。但是，它也使人们缺乏动力和钻研精神，产生了消极的一面，阻碍了方案的创造。

3. 思想问题

由于感情上、性格上和思想上的原因，产生思想僵化和自卑感，妨碍了设计构思的创造性。怕别人批评，拘泥于一件小事，过分急躁，感情用事，没有魄力，天生保守，怕麻烦，都是思想问题的具体体现。

（三）开发创造力的措施

1. 开展开发创造性培训，提高创造能力

在价值工程活动中，有一种开发创造能力的训练方法，叫作创造性工程开发计划。这种为了开发创造能力的专门训练，是培养和提高创造能力的有效方法，大大推动了价值工程活动。据美国通用电气公司统计，受过创造性工程开发计划训练和未受过训练的人在取得专利方面的比例为3：1。

2. 学习和研究前人的创造能力

历史上，许多科学家具有非凡的创造能力，例如，他们对事物有浓厚的兴趣，对问题极其敏感，碰到问题能提出很多解决方法，能从各个角度分析问题和提出方案以及具有卓越的分析能力和综合能力，能积极地利用和吸收他人的方案，具有丰富的知识等特点。通过对前人创造能力的学习和研究，能使价值工程工作人员的创造能力得到进一步提高。

3. 有效地应用创造发明的方法

创造性工程有一套科学的方法，有智力激发方法、列举创造方法、类比创造方法等。正确有效地应用这些创造方法，就能增加价值工程的方案创造设想。

 创造的方法

（一）BS法

BS法是brainstorming的缩写，原意为"忽然想到的好主意"或"突如其来的好想法"，中文译法不一，有的译为"畅谈会法"，有的直译为"头脑风暴法"，而国外则多简称"BS法"。这种方法是由美国BBDO广告公司的奥斯本首次提出的，他通过这种方法创

造出许多新的广告创意。

这种方法是通过召集一些专家以会议的形式来讨论价值工程问题。会前将讨论的内容通知各位专家。要求主持人头脑清醒,思路敏捷,作风民主,让与会者能自由奔放地发表自己的见解和设想,在专家之间形成启发和诱导的良好氛围,实现连锁反应,从而提出更多的创新方案。要求会议的气氛热烈、协调。

BS法遵循四个基本原则:
(1)不许评论别人的意见;
(2)鼓励自由奔放地提出设想;
(3)要求多提构思方案;
(4)欢迎结合别人意见提出自己的设想。

这种方法的特点是可以相互启发,相互鼓励,把与会者的知识、才能和经验都调动起来。因此,往往可以使专家的思维高度活跃,潜能得以发挥,从而取得良好的效果。

(二) 哥顿 (Gordon) 法

这是由美国人哥顿在1964年提出的方法,其指导思想是把要研究的问题适当抽象,以利于开阔思路。这种方法也是在专家小组会上提方案,但主持人在会议开始时不会把要研究的问题全部摊开,即研究什么问题、目的是什么,先不向与会者说明,而只把问题抽象地介绍给大家,要求专家们海阔天空地提出各种设想。待会议进行到一定程度,即时机成熟时,再阐明所要研究的具体问题,以作进一步研究。这种方法实际上是先用抽象功能定义的方法,然后循序渐进、步步深入,直到获得新方案为止。它的优点是常常可以得到一些新奇的设想。

例如,要研究改进割草机的方案,开始只是提出"用什么方法可以把一种东西切断和分离?"当与会者提出一些诸如剪切、刀切、铝切等方案之后,再宣布会议的目的是要研究割草机的改进方案,让与会者再具体思考,舍去不可行方案,对可行方案进一步发展完善。这样就可能提出用旋转刀片、圆盘形刀片等各种方案,便于对照选择。

(三) 德尔斐 (Delphi) 法

德尔斐法是由组织者将研究对象的问题和要求函寄给若干有关专家,在互不商量的情况下提出各种建议和设想,专家返回设想意见,经整理分析后,归纳出若干较合理的方案和建议,再函寄给有关专家征求意见,再回收整理,如此经过几次反复后,专家意见趋向一致,从而最后确定出新的功能实现方案。

这种方法的特点是专家们彼此不见面,研究问题时间充裕,可以无顾虑、不受约束地从各种角度提出意见和方案。其缺点是花费时间较长,缺乏面对面的交谈和商议。

三、方案的评价

经过创造过程得到大量的提案,需要进行筛选,因此要对方案作评价。方案评价一般分为概略评价和详细评价两种。

概略评价是对创造出的方案从技术、经济和社会三个方面进行初步研究,其目的是从众多的方案中进行粗略的筛选,使精力集中于优秀的方案,为详细评价做准备。概略评价可采用定性分析法对方案进行初选,舍弃明显不合理的方案。

详细评价是在掌握大量数据资料的基础上,对概略评价获得的少数方案进行详尽的技术评价、经济评价、社会评价和综合评价,为提案的编写和审批提供依据。详细评价是多目标决策问题,常用的方法有打分法、加权法等。

方案评价的内容包括技术评价、经济评价和社会评价。技术评价是对方案功能的必要性、必要程度(如性能、质量、寿命等)及实施的可能性进行分析评价;经济评价是对方案实施的经济效果(如成本、利润、节约额等)的大小进行分析评价;社会评价是对方案给国家和社会带来的影响(如环境污染、生态平衡、国民经济效益等)进行分析评价。

在对方案进行评价时,无论是概略评价还是详细评价,都应该包括技术评价、经济评价和社会评价三个方面的内容。一般可先做技术评价,再分别做经济评价和社会评价,最后做综合评价。

用于方案综合评价的方法很多,定性的方法常用的有德尔斐法、优缺点法等;定量的方法常用的有加权评分法、比较价值法、环比评分法、强制评分法、几何平均值评分法等。

本章小结

价值工程是以最低的总费用,可靠地实现所研究对象的必要功能,着重于功能分析的有组织的活动。价值工程致力于提高价值。提高价值有五条基本途径。价值工程的工作过程实质上就是分析问题、发现问题和解决问题的过程。

开展价值工程活动,首先要正确选择价值工程分析对象(即生产中存在的问题)。选择价值工程分析对象常用的方法有经验分析法、ABC分析法、强制确定法和寿命期分析法。通常,在选择价值分析对象的同时,应进行情报资料的收集,情报资料的收集是价值工程实施过程中不可缺少的重要环节。

价值工程的核心是功能分析,价值工程区别于其他成本管理方法的一个突出特点就是进行功能分析。功能分析包括功能定义和功能整理两部分内容。

经过功能评价,确定了目标成本之后就进入了价值工程方案的评价和选择阶段。

创造价值改进方案的常用方法有BS法、哥顿法、德尔斐法等。方案评价分为概略评价和详细评价两种。

本章习题

1.什么是功能、成本和价值?
2.什么是价值工程?其特点是什么?
3.简述寿命期分析法。
4.什么是情报?收集情报的方法有哪些?
5.试对你所熟悉的产品进行功能定义。

附 录
复利系数表

4%复利因子

	一次支付		等额多次支付				
N	F/P	P/F	F/A	P/A	A/F	A/P	N
1	1.040 0	0.961 5	1.000 0	0.961 5	1.000 0	1.040 0	1
2	1.081 6	0.924 6	2.040 0	1.886 1	0.490 2	0.530 2	2
3	1.124 9	0.889 0	3.121 6	2.775 1	0.320 3	0.360 3	3
4	1.169 9	0.854 8	4.246 5	3.629 9	0.235 5	0.275 5	4
5	1.216 7	0.821 9	5.416 3	4.451 8	0.184 6	0.224 6	5
6	1.265 3	0.790 3	6.633 0	5.242 1	0.150 8	0.190 8	6
7	1.315 9	0.759 9	7.898 3	6.002 1	0.126 6	0.166 6	7
8	1.368 6	0.730 7	9.214 2	6.732 7	0.108 5	0.148 5	8
9	1.423 3	0.702 6	10.582 8	7.435 3	0.094 5	0.134 5	9
10	1.480 2	0.675 6	12.006 1	8.110 9	0.083 3	0.123 3	10
11	1.539 5	0.649 6	13.486 4	8.760 5	0.074 1	0.114 1	11
12	1.601 0	0.624 6	15.025 8	9.385 1	0.066 6	0.106 6	12
13	1.665 1	0.600 6	16.626 8	9.985 6	0.060 1	0.100 1	13
14	1.731 7	0.577 5	18.291 9	10.563 1	0.054 7	0.094 7	14
15	1.800 9	0.555 3	20.023 6	11.118 4	0.049 9	0.089 9	15
16	1.873 0	0.533 9	21.824 5	11.652 3	0.045 8	0.085 8	16
17	1.947 9	0.513 4	23.697 5	12.165 7	0.042 2	0.082 2	17
18	2.025 8	0.493 6	25.645 4	12.659 3	0.039 0	0.079 0	18
19	2.106 8	0.474 6	27.671 2	13.133 9	0.036 1	0.076 1	19
20	2.191 1	0.456 4	29.778 1	13.590 3	0.033 6	0.073 6	20
21	2.278 8	0.438 8	31.969 2	14.029 2	0.031 3	0.071 3	21
22	2.369 9	0.422 0	34.248 0	14.451 1	0.029 2	0.069 2	22
23	2.464 7	0.405 7	36.617 9	14.856 8	0.027 3	0.067 3	23
24	2.563 3	0.390 1	39.082 6	15.247 0	0.025 6	0.065 6	24
25	2.665 8	0.375 1	41.645 9	15.622 1	0.024 0	0.064 0	25
26	2.772 5	0.360 7	44.311 7	15.982 8	0.022 6	0.062 6	26
27	2.883 4	0.346 8	47.084 2	16.329 6	0.021 2	0.061 2	27
28	2.998 7	0.333 5	49.967 6	16.663 1	0.020 0	0.060 0	28
29	3.118 7	0.320 7	52.966 3	16.983 7	0.018 9	0.058 9	29
30	3.243 4	0.308 3	56.084 9	17.292 0	0.017 8	0.057 8	30

(续表)

N	一次支付		等额多次支付				N
	F/P	P/F	F/A	P/A	A/F	A/P	
35	3.946 1	0.253 4	73.652 2	18.664 6	0.013 6	0.053 6	35
40	4.801 0	0.208 3	95.025 5	19.792 8	0.010 5	0.050 5	40
45	5.841 2	0.171 2	121.029 4	20.720 0	0.008 3	0.048 3	45
50	7.106 7	0.140 7	152.667 1	21.482 2	0.006 6	0.046 6	50
55	8.646 4	0.115 7	191.159 2	22.108 6	0.005 2	0.045 2	55
60	10.519 6	0.095 1	237.990 7	22.623 5	0.004 2	0.044 2	60
65	12.798 7	0.078 1	294.968 4	23.046 7	0.003 4	0.043 4	65
70	15.571 6	0.064 2	364.290 5	23.394 5	0.002 7	0.042 7	70
75	18.945 3	0.052 8	448.631 4	23.680 4	0.002 2	0.042 2	75
80	23.049 8	0.043 4	551.245 0	23.915 4	0.001 8	0.041 8	80
85	28.043 6	0.035 7	676.090 1	24.108 5	0.001 5	0.041 5	85
90	34.119 3	0.029 3	827.983 3	24.267 3	0.001 2	0.041 2	90
95	41.511 4	0.024 1	1 012.784 6	24.397 8	0.001 0	0.041 0	95
100	50.504 9	0.019 8	1 237.623 7	24.505 0	0.000 8	0.040 8	100
∞				25.000 0		0.040 0	∞

5%复利因子

N	一次支付		等额多次支付				N
	F/P	P/F	F/A	P/A	A/F	A/P	
1	1.050 0	0.952 4	1.000 0	0.952 4	1.000 0	1.050 0	1
2	1.102 5	0.907 0	2.050 0	1.859 4	0.487 8	0.537 8	2
3	1.157 6	0.863 8	3.152 5	2.723 2	0.317 2	0.367 2	3
4	1.215 5	0.822 7	4.310 1	3.546 0	0.232 0	0.282 0	4
5	1.276 3	0.783 5	5.525 6	4.329 5	0.181 0	0.231 0	5
6	1.340 1	0.746 2	6.801 9	5.075 7	0.147 0	0.197 0	6
7	1.407 1	0.710 7	8.142 0	5.786 4	0.122 8	0.172 8	7
8	1.477 5	0.676 8	9.549 1	6.463 2	0.104 7	0.154 7	8
9	1.551 3	0.644 6	11.026 6	7.107 8	0.090 7	0.140 7	9
10	1.628 9	0.613 9	12.577 9	7.721 7	0.079 5	0.129 5	10
11	1.710 3	0.584 7	14.206 8	8.306 4	0.070 4	0.120 4	11

(续表)

	一次支付		等额多次支付				
N	F/P	P/F	F/A	P/A	A/F	A/P	N
12	1.795 9	0.556 8	15.917 1	8.863 3	0.062 8	0.112 8	12
13	1.885 6	0.530 3	17.713 0	9.393 6	0.056 5	0.106 5	13
14	1.979 9	0.505 1	19.598 6	9.898 6	0.051 0	0.101 0	14
15	2.078 9	0.481 0	21.578 6	10.379 7	0.046 3	0.096 3	15
16	2.182 9	0.458 1	23.657 5	10.837 8	0.042 2	0.092 3	16
17	2.292 0	0.436 3	25.840 4	11.274 1	0.038 7	0.088 7	17
18	2.406 6	0.415 5	28.132 4	11.689 6	0.035 5	0.085 5	18
19	2.527 0	0.395 7	30.539 0	12.085 3	0.032 7	0.082 7	19
20	2.653 3	0.376 9	33.066 0	12.462 2	0.030 2	0.080 2	20
21	2.786 0	0.358 9	35.719 3	12.821 2	0.028 0	0.078 0	21
22	2.925 3	0.341 8	38.505 2	13.163 0	0.026 0	0.076 0	22
23	3.071 5	0.325 6	41.430 5	13.488 6	0.024 1	0.074 1	23
24	3.225 1	0.310 1	44.502 0	13.798 6	0.022 5	0.072 5	24
25	3.386 4	0.295 3	47.727 1	14.093 9	0.021 0	0.071 0	25
26	3.555 7	0.281 2	51.113 5	14.375 2	0.019 6	0.069 6	26
27	3.733 5	0.267 8	54.669 1	14.643 0	0.018 3	0.068 3	27
28	3.920 1	0.255 1	58.402 6	14.898 1	0.017 1	0.067 1	28
29	4.116 1	0.242 9	62.322 7	15.141 1	0.016 0	0.066 0	29
30	4.321 9	0.231 4	66.438 8	15.372 5	0.015 1	0.065 1	30
35	5.516 0	0.181 3	90.320 3	16.374 2	0.011 1	0.061 1	35
40	7.040 0	0.142 0	120.799 8	17.159 1	0.008 3	0.058 3	40
45	8.985 0	0.111 3	159.700 2	17.774 1	0.006 3	0.056 3	45
50	11.467 4	0.087 2	209.348 0	18.255 9	0.004 8	0.054 8	50
55	14.635 6	0.068 3	272.712 6	18.633 5	0.003 7	0.053 7	55
60	18.679 2	0.053 5	353.583 7	18.929 3	0.002 8	0.052 8	60
65	23.839 9	0.041 9	456.798 0	19.161 1	0.002 2	0.052 2	65
70	30.426 4	0.032 9	588.528 5	19.342 7	0.001 7	0.051 7	70
75	38.832 7	0.025 8	756.653 7	19.485 0	0.001 3	0.051 3	75
80	49.561 4	0.020 2	971.228 8	19.596 5	0.001 0	0.051 0	80
85	63.254 4	0.015 8	1 245.087 1	19.683 8	0.000 8	0.050 8	85

(续表)

	一次支付		等额多次支付				
N	F/P	P/F	F/A	P/A	A/F	A/P	N
90	80.730 4	0.012 4	1 594.607 3	19.752 3	0.000 6	0.050 6	90
95	103.034 7	0.009 7	2 040.693 5	19.805 9	0.000 5	0.050 5	95
100	131.501 3	0.007 6	2 610.025 2	19.847 9	0.000 4	0.050 4	100
∞				20.000 0		0.500 0	∞

6%复利因子

	一次支付		等额多次支付				
N	F/P	P/F	F/A	P/A	A/F	A/P	N
1	1.060 0	0.943 4	1.000 0	0.943 4	1.000 0	1.060 0	1
2	1.123 6	0.890 0	2.060 0	1.833 4	0.485 4	0.545 4	2
3	1.191 0	0.839 6	3.183 6	2.673 0	0.314 1	0.374 1	3
4	1.262 5	0.792 1	4.374 6	3.465 1	0.228 6	0.288 6	4
5	1.338 2	0.747 3	5.637 1	4.212 4	0.177 4	0.237 4	5
6	1.418 5	0.705 0	6.975 3	4.917 3	0.143 4	0.203 4	6
7	1.503 6	0.665 1	8.393 8	5.582 4	0.119 1	0.179 1	7
8	1.593 8	0.627 4	9.897 5	6.209 8	0.101 0	0.161 0	8
9	1.689 5	0.591 9	11.491 3	6.801 7	0.087 0	0.147 0	9
10	1.790 8	0.558 4	13.180 8	7.360 1	0.075 9	0.135 9	10
11	1.898 3	0.526 8	14.971 6	7.886 9	0.066 8	0.126 8	11
12	2.012 2	0.497 0	16.869 9	8.383 8	0.059 3	0.119 3	12
13	2.132 9	0.468 8	18.882 1	8.852 7	0.053 0	0.113 0	13
14	2.260 9	0.442 3	21.015 1	9.295 0	0.047 6	0.107 6	14
15	2.396 6	0.417 3	23.276 0	9.712 2	0.043 0	0.103 0	15
16	2.540 4	0.393 6	25.672 5	10.105 9	0.039 0	0.099 0	16
17	2.692 8	0.371 4	28.212 9	10.477 3	0.035 4	0.095 4	17
18	2.854 3	0.350 3	30.905 7	10.827 6	0.032 4	0.092 4	18
19	3.025 6	0.330 5	33.760 0	11.158 1	0.029 6	0.089 6	19
20	3.207 1	0.311 8	36.785 6	11.469 9	0.027 2	0.087 2	20
21	3.399 6	0.294 2	39.992 7	11.764 1	0.025 0	0.085 0	21
22	3.603 5	0.277 5	43.392 3	12.041 6	0.023 0	0.083 0	22

(续表)

	一次支付		等额多次支付				
N	F/P	P/F	F/A	P/A	A/F	A/P	N
23	3.819 7	0.261 8	46.995 8	12.303 4	0.021 3	0.081 3	23
24	4.048 9	0.247 0	50.815 6	12.550 4	0.019 7	0.079 7	24
25	4.291 9	0.233 0	54.864 5	12.783 4	0.018 2	0.078 2	25
26	4.549 4	0.219 8	59.156 4	13.003 2	0.016 9	0.076 9	26
27	4.822 3	0.207 4	63.705 8	13.210 5	0.015 7	0.075 7	27
28	5.111 7	0.195 6	68.528 1	13.406 2	0.014 6	0.074 6	28
29	5.418 4	0.184 6	73.639 8	13.590 7	0.013 6	0.073 6	29
30	5.743 5	0.174 1	79.058 2	13.764 8	0.012 6	0.072 6	30
35	7.686 1	0.130 1	111.434 8	14.498 2	0.009 0	0.069 0	35
40	10.285 7	0.097 2	154.762 0	15.046 3	0.006 5	0.066 5	40
45	13.764 6	0.072 7	212.743 5	15.455 8	0.004 7	0.064 7	45
50	18.420 2	0.054 3	290.335 9	15.761 9	0.003 5	0.063 4	50
55	24.650 3	0.040 6	394.172 0	15.990 5	0.002 5	0.062 5	55
60	32.987 7	0.030 3	533.128 2	16.161 4	0.001 9	0.061 9	60
65	44.145 0	0.022 7	719.082 9	16.289 1	0.001 4	0.061 4	65
70	59.075 9	0.016 9	967.932 2	16.384 5	0.001 0	0.061 0	70
75	79.056 9	0.012 6	1 300.948 7	16.455 8	0.000 8	0.060 8	75
80	105.796 0	0.009 5	1 746.599 9	16.509 1	0.000 6	0.060 6	80
85	141.578 9	0.007 1	2 342.981 7	16.548 9	0.000 4	0.060 4	85
90	189.464 5	0.005 3	3 141.075 2	16.578 7	0.000 3	0.060 3	90
95	253.546 3	0.003 9	4 209.104 2	16.600 9	0.000 2	0.060 2	95
100	339.302 1	0.002 9	5 638.368 1	16.617 5	0.000 2	0.060 2	100
∞				18.182		0.060 0	∞

8%复利因子

	一次支付		等额多次支付				
N	F/P	P/F	F/A	P/A	A/F	A/P	N
1	1.080 0	0.925 9	1.000 0	0.925 9	1.000 0	1.080 0	1
2	1.166 4	0.857 3	2.080 0	1.783 3	0.480 8	0.560 8	2
3	1.259 7	0.793 8	3.246 4	2.577 1	0.308 0	0.388 0	3

（续表）

N	一次支付 F/P	一次支付 P/F	等额多次支付 F/A	等额多次支付 P/A	等额多次支付 A/F	等额多次支付 A/P	N
4	1.360 5	0.735 0	4.506 1	3.312 1	0.221 9	0.301 9	4
5	1.469 3	0.680 6	5.866 6	3.992 7	0.170 5	0.250 5	5
6	1.586 9	0.630 2	7.335 9	4.622 9	0.136 3	0.216 3	6
7	1.713 8	0.583 5	8.922 8	5.206 4	0.112 1	0.192 1	7
8	1.850 9	0.540 3	10.636 6	5.746 6	0.094 0	0.174 0	8
9	1.999 0	0.500 2	12.487 6	6.246 9	0.080 1	0.160 1	9
10	2.158 9	0.463 2	14.486 6	6.710 1	0.069 0	0.149 0	10
11	2.331 6	0.428 9	16.645 5	7.139 0	0.060 1	0.140 1	11
12	2.518 2	0.397 1	18.977 1	7.536 1	0.052 7	0.132 7	12
13	2.719 6	0.367 7	21.495 3	7.903 8	0.046 5	0.126 5	13
14	2.937 2	0.340 5	24.214 9	8.244 2	0.041 3	0.121 3	14
15	3.172 2	0.315 2	27.152 1	8.559 5	0.036 8	0.116 8	15
16	3.425 9	0.291 9	30.324 3	8.851 4	0.033 0	0.113 0	16
17	3.7 000	0.270 3	33.750 2	9.121 6	0.029 6	0.109 6	17
18	3.996 0	0.250 2	37.450 2	9.371 9	0.026 7	0.106 7	18
19	4.315 7	0.231 7	41.446 3	9.603 6	0.024 1	0.104 1	19
20	4.661 0	0.214 5	45.762 0	9.818 1	0.021 9	0.101 9	20
21	5.033 8	0.198 7	50.422 9	10.016 8	0.019 8	0.099 8	21
22	5.436 5	0.183 9	55.456 8	10.200 7	0.018 0	0.098 0	22
23	5.871 5	0.170 3	60.893 3	10.371 1	0.016 4	0.096 4	23
24	6.341 2	0.157 7	66.764 8	10.528 8	0.015 0	0.095 0	24
25	6.848 5	0.146 0	73.105 9	10.674 8	0.013 7	0.093 7	25
26	7.396 4	0.135 2	79.954 4	10.810 0	0.012 5	0.092 5	26
27	7.988 1	0.125 2	87.350 8	10.935 2	0.011 4	0.091 4	27
28	8.627 1	0.115 9	95.338 8	11.051 1	0.010 5	0.090 5	28
29	9.317 3	0.107 3	103.965 9	11.158 4	0.009 6	0.089 6	29
30	10.062 7	0.099 4	113.283 2	11.257 8	0.008 8	0.088 8	30
35	14.785 3	0.067 6	172.316 8	11.654 6	0.005 8	0.085 8	35
40	21.724 5	0.046 0	259.056 5	11.924 6	0.003 9	0.083 9	40
45	31.920 4	0.031 3	386.505 6	12.108 4	0.002 6	0.082 6	45

(续表)

	一次支付		等额多次支付				
N	F/P	P/F	F/A	P/A	A/F	A/P	N
50	46.901 6	0.021 3	573.770 2	12.233 5	0.001 7	0.081 7	50
55	68.913 9	0.014 5	848.923 2	12.318 6	0.001 2	0.081 2	55
60	101.257 1	0.009 9	1 253.213 3	12.376 6	0.000 8	0.080 8	60
65	148.779 8	0.006 7	1 847.248 1	12.416 0	0.000 5	0.080 5	65
70	218.606 4	0.004 6	2 720.080 1	12.442 8	0.000 4	0.080 4	70
75	321.204 5	0.003 1	4 002.556 6	12.461 1	0.000 2	0.080 2	75
80	471.954 8	0.002 1	5 886.935 4	12.473 5	0.000 2	0.080 2	80
85	693.456 5	0.001 4	8 655.706 1	12.482 0	0.000 1	0.080 1	85
90	1 018.915 1	0.001 0	12 723.938 6	12.487 7		0.080 1	90
95	1 497.120 5	0.000 7	18 701.506 9	12.491 7		0.080 1	95
100	2 199.761 3	0.000 5	27 484.515 7	12.494 3		0.080 0	100
∞				12.500 0		0.080 0	∞

10%复利因子

	一次支付		等额多次支付				
N	F/P	P/F	F/A	P/A	A/F	A/P	N
1	1.100 0	0.909 1	1.000 0	0.909 1	1.000 0	1.100 0	1
2	1.210 0	0.826 4	2.100 0	1.735 5	0.476 2	0.576 2	2
3	1.331 0	0.751 3	3.310 0	2.486 9	0.302 1	0.402 1	3
4	1.464 1	0.683 0	4.641 0	3.169 9	0.215 5	0.315 5	4
5	1.610 5	0.620 9	6.105 1	3.790 8	0.163 8	0.263 8	5
6	1.771 6	0.564 5	7.715 6	4.355 3	0.129 6	0.229 6	6
7	1.948 7	0.513 2	9.487 2	4.868 4	0.105 4	0.205 4	7
8	2.143 6	0.466 5	11.435 9	5.334 9	0.087 4	0.187 4	8
9	2.357 9	0.424 1	13.579 5	5.759 0	0.073 6	0.173 6	9
10	2.593 7	0.385 5	15.937 4	6.144 6	0.062 7	0.162 7	10
11	2.853 1	0.350 5	18.531 2	6.495 1	0.054 0	0.154 0	11
12	3.138 4	0.318 6	21.384 3	6.813 7	0.046 8	0.146 8	12
13	3.452 3	0.289 7	24.522 7	7.103 4	0.040 8	0.140 8	13
14	3.797 5	0.263 3	27.975 0	7.366 7	0.035 7	0.135 7	14

（续表）

	一次支付		等额多次支付				
N	F/P	P/F	F/A	P/A	A/F	A/P	N
15	4.177 2	0.239 4	31.772 5	7.606 1	0.031 5	0.131 5	15
16	4.595 0	0.217 6	35.949 7	7.823 7	0.027 8	0.127 8	16
17	5.054 5	0.197 8	40.544 7	8.021 6	0.024 7	0.124 7	17
18	5.559 9	0.179 9	45.599 2	8.201 4	0.021 9	0.121 9	18
19	6.115 9	0.163 5	51.159 1	8.364 9	0.019 5	0.119 5	19
20	6.727 5	0.148 6	57.275 0	8.513 6	0.017 5	0.117 5	20
21	7.400 2	0.135 1	64.002 5	8.648 7	0.015 6	0.115 6	21
22	8.140 3	0.122 8	71.402 7	8.771 5	0.014 0	0.114 0	22
23	8.954 3	0.111 7	79.543 0	8.883 2	0.012 6	0.112 6	23
24	9.849 7	0.101 5	88.497 3	8.984 7	0.011 3	0.111 3	24
25	10.834 7	0.092 3	98.347 1	9.077 0	0.010 2	0.110 2	25
26	11.918 2	0.083 9	109.181 8	9.160 9	0.009 2	0.109 2	26
27	13.110 0	0.076 3	121.099 9	9.237 2	0.008 3	0.108 3	27
28	14.421 0	0.069 3	134.209 9	9.306 6	0.007 5	0.107 5	28
29	15.863 1	0.063 0	148.630 9	9.369 6	0.006 7	0.106 7	29
30	17.449 4	0.057 3	164.494 0	9.426 9	0.006 1	0.106 1	30
35	28.102 4	0.035 6	271.024 4	9.644 6	0.003 7	0.103 7	35
40	45.259 3	0.022 1	442.592 6	9.779 1	0.002 3	0.102 3	40
45	72.890 5	0.013 7	718.904 8	9.862 8	0.001 4	0.101 4	45
50	117.390 9	0.008 5	1 163.908 5	9.914 8	0.000 9	0.100 9	50
55	189.059 1	0.005 3	1 880.591 4	9.947 1	0.000 5	0.100 5	55
60	304.481 6	0.003 3	3 034.816 4	9.967 2	0.000 3	0.100 3	60
65	490.370 7	0.002 0	4 893.707 3	9.979 6	0.000 2	0.100 2	65
70	789.747 0	0.001 3	7 887.469 6	9.987 3	0.000 1	0.100 1	70
75	1 271.895 4	0.000 8	12 708.953 7	9.992 1		0.100 1	75
80	2 048.400 2	0.000 5	20 474.002 1	9.995 1		0.100 0	80
85	3 298.969 0	0.000 3	32 979.690 3	9.997 0		0.100 0	85
90	5 313.022 6	0.000 2	53 120.226 1	9.998 1		0.100 0	90
95	8 556.676 0	0.000 1	85 556.760 5	9.998 8		0.100 0	95
100	13 780.612 3		137 796.123 4	9.999 3		0.100 0	100
∞				10.000 0		0.100 0	∞

12%复利因子

	一次支付		等额多次支付				
N	F/P	P/F	F/A	P/A	A/F	A/P	N
1	1.120 0	0.892 9	1.000 0	0.892 9	1.000 0	1.120 0	1
2	1.254 4	0.797 2	2.120 0	1.690 1	0.471 7	0.591 7	2
3	1.404 9	0.711 8	3.374 4	2.401 8	0.296 3	0.416 3	3
4	1.573 5	0.635 5	4.779 3	3.037 3	0.209 2	0.329 2	4
5	1.762 3	0.567 4	6.352 8	3.604 8	0.157 4	0.277 4	5
6	1.973 8	0.506 6	8.115 2	4.111 4	0.123 2	0.243 2	6
7	2.210 7	0.452 3	10.089 0	4.563 8	0.099 1	0.219 1	7
8	2.476 0	0.403 9	12.299 7	4.967 6	0.081 3	0.201 3	8
9	2.773 1	0.360 6	14.775 7	5.328 2	0.067 7	0.187 7	9
10	3.105 8	0.322 0	17.548 7	5.650 2	0.057 0	0.177 0	10
11	3.478 5	0.287 5	20.654 6	5.937 7	0.048 4	0.168 4	11
12	3.896 0	0.256 7	24.133 1	6.194 4	0.041 4	0.161 4	12
13	4.363 5	0.229 2	28.029 1	6.423 5	0.035 7	0.155 7	13
14	4.887 1	0.204 6	32.392 6	6.628 2	0.030 9	0.150 9	14
15	5.473 6	0.182 7	37.279 7	6.810 9	0.026 8	0.146 8	15
16	6.130 4	0.163 1	42.753 3	6.974 0	0.023 4	0.143 4	16
17	6.866 0	0.145 6	48.883 7	7.119 6	0.020 5	0.140 5	17
18	7.690 0	0.130 0	55.749 7	7.249 7	0.017 9	0.137 9	18
19	8.612 8	0.116 1	63.439 7	7.365 8	0.015 8	0.135 8	19
20	9.646 3	0.103 7	72.052 4	7.469 4	0.013 9	0.133 9	20
21	10.803 8	0.092 6	81.698 7	7.562 0	0.012 2	0.132 2	21
22	12.100 3	0.082 6	92.502 6	7.644 6	0.010 8	0.130 8	22
23	13.552 3	0.073 8	104.602 9	7.718 4	0.009 6	0.129 6	23
24	15.178 6	0.065 9	118.155 2	7.784 3	0.008 5	0.128 5	24
25	17.000 1	0.058 8	133.333 9	7.843 1	0.007 5	0.127 5	25
26	19.040 1	0.052 5	150.333 9	7.895 7	0.006 7	0.126 7	26
27	21.324 9	0.046 9	169.374 0	7.942 6	0.005 9	0.125 9	27
28	23.883 9	0.041 9	190.698 9	7.984 4	0.005 2	0.125 2	28
29	26.749 9	0.037 4	214.582 8	8.021 8	0.004 7	0.124 7	29
30	29.959 9	0.033 4	241.332 7	8.055 2	0.004 1	0.124 1	30

(续表)

N	一次支付 F/P	一次支付 P/F	等额多次支付 F/A	等额多次支付 P/A	等额多次支付 A/F	等额多次支付 A/P	N
35	52.799 6	0.018 9	431.663 5	8.175 5	0.002 3	0.122 3	35
40	93.051 0	0.010 7	767.091 4	8.243 8	0.001 3	0.121 3	40
45	163.987 6	0.006 1	1 358.230 0	8.282 5	0.000 7	0.120 7	45
50	289.002 2	0.003 5	2 400.018 2	8.304 5	0.000 4	0.120 4	50
55	509.320 6	0.002 0	4 236.005 0	8.317 0	0.000 2	0.120 2	55
60	897.596 9	0.001 1	7 471.641 1	8.324 0	0.000 1	0.120 1	60
65	1 581.872 5	0.000 6	13 173.937 4	8.328 1	0.000 1	0.120 1	65
70	2 787.799 8	0.000 4	23 223.331 9	8.330 3	a	0.120 0	70
75	4 913.055 8	0.000 2	40 933.798 7	8.331 6	a	0.120 0	75
80	8 658.483 1	0.000 1	72 145.692 5	8.332 4	a	0.120 0	80
85	15 259.205 7	0.000 1	127 151.714 0	8.332 8	a	0.120 0	85
90	26 891.934 2	0.000 0	224 091.118 5	8.333 0	a	0.120 0	90
95	47 392.776 6	0.000 0	394 931.471 9	8.333 2	a	0.120 0	95
100	83 522.265 7	0.000 0	696 010.547 7	8.333 2	a	0.120 0	100
∞				8.333 3		0.120 0	∞

15%复利因子

N	一次支付 F/P	一次支付 P/F	等额多次支付 F/A	等额多次支付 P/A	等额多次支付 A/F	等额多次支付 A/P	N
1	1.150 0	0.869 6	1.000 0	0.869 6	1.000 0	1.150 0	1
2	1.322 5	0.756 1	2.150 0	1.625 7	0.465 1	0.615 1	2
3	1.520 9	0.657 5	3.472 5	2.283 2	0.288 0	0.438 0	3
4	1.749 0	0.571 8	4.993 4	2.855 0	0.200 3	0.350 3	4
5	2.011 4	0.497 2	6.742 4	3.352 2	0.148 3	0.298 3	5
6	2.313 1	0.432 3	8.753 7	3.784 5	0.114 2	0.264 2	6
7	2.660 0	0.375 9	11.066 8	4.160 4	0.090 4	0.240 4	7
8	3.059 0	0.326 9	13.726 8	4.487 3	0.072 9	0.222 9	8
9	3.517 9	0.284 3	16.785 8	4.771 6	0.059 6	0.209 6	9
10	4.045 6	0.247 2	20.303 7	5.018 8	0.049 3	0.199 3	10
11	4.652 4	0.214 9	24.349 3	5.233 7	0.041 1	0.191 1	11

(续表)

	一次支付		等额多次支付				
N	F/P	P/F	F/A	P/A	A/F	A/P	N
12	5.350 3	0.186 9	29.001 7	5.420 6	0.034 5	0.184 5	12
13	6.152 8	0.162 5	34.351 9	5.583 1	0.029 1	0.179 1	13
14	7.075 7	0.141 3	40.504 7	5.724 5	0.024 7	0.174 7	14
15	8.137 1	0.122 9	47.580 4	5.847 4	0.021 0	0.171 0	15
16	9.357 6	0.106 9	55.717 5	5.954 2	0.017 9	0.167 9	16
17	10.761 3	0.092 9	65.075 1	6.047 2	0.015 4	0.165 4	17
18	12.375 5	0.080 8	75.836 4	6.128 0	0.013 2	0.163 2	18
19	14.231 8	0.070 3	88.211 8	6.198 2	0.011 3	0.161 3	19
20	16.366 5	0.061 1	102.443 6	6.259 3	0.009 8	0.159 8	20
21	18.821 5	0.053 1	118.810 1	6.312 5	0.008 4	0.158 4	21
22	21.644 7	0.046 2	137.631 6	6.358 7	0.007 3	0.157 3	22
23	24.891 5	0.040 2	159.276 4	6.398 8	0.006 3	0.156 3	23
24	28.625 2	0.034 9	184.167 8	6.433 8	0.005 4	0.155 4	24
25	32.919 0	0.030 4	212.793 0	6.464 1	0.004 7	0.154 7	25
26	37.856 8	0.026 4	245.712 0	6.490 6	0.004 1	0.154 1	26
27	43.535 3	0.023 0	283.568 8	6.513 5	0.003 5	0.153 5	27
28	50.065 6	0.020 0	327.104 1	6.533 5	0.003 1	0.153 1	28
29	57.575 5	0.017 4	377.169 7	6.550 9	0.002 7	0.152 7	29
30	66.211 8	0.015 1	434.745 1	6.566 0	0.002 3	0.152 3	30
35	133.175 5	0.007 5	881.170 2	6.616 6	0.001 1	0.151 1	35
40	267.863 5	0.003 7	1 779.090 3	6.641 8	0.000 6	0.150 6	40
45	538.769 3	0.001 9	3 585.128 5	6.654 3	0.000 3	0.150 3	45
50	1 083.657 4	0.000 9	7 217.716 3	6.660 5	0.000 1	0.150 1	50
55	2 179.622 2	0.000 5	14 524.147 9	6.663 6	a	0.150 1	55
60	4 383.998 7	0.000 2	29 219.991 6	6.665 1	a	0.150 0	60
65	8 817.787 4	0.000 1	58 778.582 6	6.665 9	a	0.150 0	65
70	17 735.720 0	a	118 231.466 9	6.666 3	a	0.150 0	70
75	35 672.868 0	a	237 812.453 2	6.666 5	a	0.150 0	75
80	71 750.879 4	a	478 332.529 3	6.666 6	a	0.150 0	80
85	144 316.647 0	a	962 104.313 3	6.666 6	a	0.150 0	85

（续表）

	一次支付		等额多次支付				
N	F/P	P/F	F/A	P/A	A/F	A/P	N
90	290 272.325 2	a	1 935 142.168 0	6.666 6	a	0.150 0	90
95	583 841.327 6	a	3 892 268.850 9	6.666 7	a	0.150 0	95
100	1 174 313.450 7	a	7 828 749.671 3	6.666 7	a	0.150 0	100
∞				6.667		0.150 0	∞

20%复利因子

	一次支付		等额多次支付				
N	F/P	P/F	F/A	P/A	A/F	A/P	N
1	1.2 000	0.833 3	1.000 0	0.833 3	1.000 0	1.2 000	1
2	1.440 0	0.694 4	2.2 000	1.527 8	0.454 5	0.654 5	2
3	1.728 0	0.578 7	3.640 0	2.106 5	0.274 7	0.474 7	3
4	2.073 6	0.482 3	5.368 0	2.588 7	0.186 3	0.386 3	4
5	2.488 3	0.401 9	7.441 6	2.990 6	0.134 4	0.334 4	5
6	2.986 0	0.334 9	9.929 9	3.325 5	0.100 7	0.300 7	6
7	3.583 2	0.279 1	12.915 9	3.604 6	0.077 4	0.277 4	7
8	4.299 8	0.232 6	16.499 1	3.837 2	0.060 6	0.260 6	8
9	5.159 8	0.193 8	20.798 9	4.031 0	0.048 1	0.248 1	9
10	6.191 7	0.161 5	25.958 7	4.192 5	0.038 5	0.238 5	10
11	7.430 1	0.134 6	32.150 4	4.327 1	0.031 1	0.231 1	11
12	8.916 1	0.112 2	39.580 5	4.439 2	0.025 3	0.225 3	12
13	10.699 3	0.093 5	48.496 6	4.532 7	0.020 6	0.220 6	13
14	12.839 2	0.077 9	59.195 9	4.610 6	0.016 9	0.216 9	14
15	15.407 0	0.064 9	72.035 1	4.675 5	0.013 9	0.213 9	15
16	18.488 4	0.054 1	87.442 1	4.729 6	0.011 4	0.211 4	16
17	22.186 1	0.045 1	105.930 6	4.774 6	0.009 4	0.209 4	17
18	26.623 3	0.037 6	128.116 7	4.812 2	0.007 8	0.207 8	18
19	31.948 0	0.031 3	154.740 0	4.843 5	0.006 5	0.206 5	19
20	38.337 6	0.026 1	186.688 0	4.869 6	0.005 4	0.205 4	20
21	46.005 1	0.021 7	225.025 6	4.891 3	0.004 4	0.204 4	21
22	55.206 1	0.018 1	271.030 7	4.909 4	0.003 7	0.203 7	22

（续表）

	一次支付		等额多次支付				
N	F/P	P/F	F/A	P/A	A/F	A/P	N
23	66.247 4	0.015 1	326.236 9	4.924 5	0.003 1	0.203 1	23
24	79.496 8	0.012 6	392.484 2	4.937 1	0.002 5	0.202 5	24
25	95.396 2	0.010 5	471.981 1	4.947 6	0.002 1	0.202 1	25
26	114.475 5	0.008 7	567.377 3	4.956 3	0.001 8	0.201 8	26
27	137.370 6	0.007 3	681.852 8	4.963 6	0.001 5	0.201 5	27
28	164.844 7	0.006 1	819.223 3	4.969 7	0.001 2	0.201 2	28
29	197.813 6	0.005 1	984.068 0	4.974 7	0.001 0	0.201 0	29
30	237.376 3	0.004 2	1 181.881 6	4.978 9	0.000 8	0.200 8	30
35	590.668 2	0.001 7	2 948.341 1	4.991 5	0.000 3	0.200 3	35
40	1 469.771 6	0.000 7	7 343.857 8	4.996 6	0.000 1	0.200 1	40
45	3 657.262 0	0.000 3	18 281.309 9	4.998 6	a	0.200 1	45
50	9 100.438 2	0.000 1	45 497.190 8	4.999 5	a	0.200 0	50
55	22 644.802 3	a	113 219.011 3	4.999 8	a	0.200 0	55
60	56 347.514 4	a	281 732.571 8	4.999 9	a	0.200 0	60
∞				5.000 0		0.200 0	∞

25%复利因子

	一次支付		等额多次支付				
N	F/P	P/F	F/A	P/A	A/F	A/P	N
1	1.250 0	0.800 0	1.000 0	0.800 0	1.000 0	1.250 0	1
2	1.562 5	0.640 0	2.250 0	1.440 0	0.444 4	0.694 4	2
3	1.953 1	0.512 0	3.812 5	1.952 0	0.262 3	0.512 3	3
4	2.441 4	0.409 6	5.765 6	2.361 6	0.173 4	0.423 4	4
5	3.051 8	0.327 7	8.207 0	2.689 3	0.121 8	0.371 8	5
6	3.814 7	0.262 1	11.258 8	2.951 4	0.088 8	0.338 8	6
7	4.768 4	0.209 7	15.073 5	3.161 1	0.066 3	0.316 3	7
8	5.960 5	0.167 8	19.841 9	3.328 9	0.050 4	0.300 4	8
9	7.450 6	0.134 2	25.802 3	3.463 1	0.038 8	0.288 8	9
10	9.313 2	0.107 4	33.252 9	3.570 5	0.030 1	0.280 1	10
11	11.641 5	0.085 9	42.566 1	3.656 4	0.023 5	0.273 5	11

(续表)

N	一次支付 F/P	P/F	等额多次支付 F/A	P/A	A/F	A/P	N
12	14.551 9	0.068 7	54.207 7	3.725 1	0.018 4	0.268 4	12
13	18.189 9	0.055 0	68.759 6	3.780 1	0.014 5	0.264 5	13
14	22.737 4	0.044 0	86.949 5	3.824 1	0.011 5	0.261 5	14
15	28.421 7	0.035 2	109.686 8	3.859 3	0.009 1	0.259 1	15
16	35.527 1	0.028 1	138.108 5	3.887 4	0.007 2	0.257 2	16
17	44.408 9	0.022 5	173.635 7	3.909 9	0.005 8	0.255 8	17
18	55.511 2	0.018 0	218.044 6	3.927 9	0.004 6	0.254 6	18
19	69.388 9	0.014 4	273.555 8	3.942 4	0.003 7	0.253 7	19
20	86.736 2	0.011 5	342.944 7	3.953 9	0.002 9	0.252 9	20
21	108.420 2	0.009 2	429.680 9	3.963 1	0.002 3	0.252 3	21
22	135.525 3	0.007 4	538.101 1	3.970 5	0.001 9	0.251 9	22
23	169.406 6	0.005 9	673.626 4	3.976 4	0.001 5	0.251 5	23
24	211.758 2	0.004 7	843.032 9	3.981 1	0.001 2	0.251 2	24
25	264.697 8	0.003 8	1 054.791 2	3.984 9	0.000 9	0.250 9	25
26	330.872 2	0.003 0	1 319.489 0	3.987 9	0.000 8	0.250 8	26
27	413.590 3	0.002 4	1 650.361 2	3.990 2	0.000 6	0.250 6	27
28	516.987 9	0.001 9	2 063.951 5	3.992 2	0.000 5	0.250 5	28
29	646.234 9	0.001 5	2 580.939 4	3.993 8	0.000 4	0.250 4	29
30	807.793 6	0.001 2	3 227.174 3	3.995 0	0.000 3	0.250 3	30
35	2 465.190 3	0.000 4	9 856.761 3	3.998 4	0.000 1	0.250 1	35
40	7 523.163 8	0.000 1	30 088.655 4	3.999 5	a	0.250 0	40
45	22 958.874 0	a	91 831.496 2	3.999 8	a	0.250 0	45
50	70 064.923 2	a	280 255.692 9	3.999 9	a	0.250 0	50
∞				4.000 0		0.250 0	∞

30%复利因子

N	一次支付 F/P	P/F	等额多次支付 F/A	P/A	A/F	A/P	N
1	1.3 000	0.769 2	1.000 0	0.769 2	1.000 0	1.3 000	1
2	1.690 0	0.591 7	2.3 000	1.360 9	0.434 8	0.734 8	2

(续表)

	一次支付		等额多次支付				
N	F/P	P/F	F/A	P/A	A/F	A/P	N
3	2.197 0	0.455 2	3.990 0	1.816 1	0.250 6	0.550 6	3
4	2.856 1	0.350 1	6.187 0	2.166 2	0.161 6	0.461 6	4
5	3.712 9	0.269 3	9.043 1	2.435 6	0.110 6	0.410 6	5
6	4.826 8	0.207 2	12.756 0	2.642 7	0.078 4	0.378 4	6
7	6.274 9	0.159 4	17.582 8	2.802 1	0.056 9	0.356 9	7
8	8.157 3	0.122 6	23.857 7	2.924 7	0.041 9	0.341 9	8
9	10.604 5	0.094 3	32.015 0	3.019 0	0.031 2	0.331 2	9
10	13.785 8	0.072 5	42.619 5	3.091 5	0.023 5	0.323 5	10
11	17.921 6	0.055 8	56.405 3	3.147 3	0.017 7	0.317 7	11
12	23.298 1	0.042 9	74.327 0	3.190 3	0.013 5	0.313 5	12
13	30.287 5	0.033 0	97.625 0	3.223 3	0.010 2	0.310 2	13
14	39.373 8	0.025 4	127.912 5	3.248 7	0.007 8	0.307 8	14
15	51.185 9	0.019 5	167.286 3	3.268 2	0.006 0	0.306 0	15
16	66.541 7	0.015 0	218.472 2	3.283 2	0.004 6	0.304 6	16
17	86.504 2	0.011 6	285.013 9	3.294 8	0.003 5	0.303 5	17
18	112.455 4	0.008 9	371.518 0	3.303 7	0.002 7	0.302 7	18
19	146.192 0	0.006 8	483.973 4	3.310 5	0.002 1	0.302 1	19
20	190.049 6	0.005 3	630.165 5	3.315 8	0.001 6	0.301 6	20
21	247.064 5	0.004 0	820.215 1	3.319 8	0.001 2	0.301 2	21
22	321.183 9	0.003 1	1 067.279 6	3.323 0	0.000 9	0.300 9	22
23	417.539 1	0.002 4	1 388.463 5	3.325 4	0.000 7	0.300 7	23
24	542.800 8	0.001 8	1 806.002 6	3.327 2	0.000 6	0.300 6	24
25	705.641 0	0.001 4	2 348.803 3	3.328 6	0.000 4	0.300 4	25
26	917.333 3	0.001 1	3 054.444 3	3.329 7	0.000 3	0.300 3	26
27	1 192.533 3	0.000 8	3 971.777 6	3.330 5	0.000 3	0.300 3	27
28	1 550.293 3	0.000 6	5 164.310 9	3.331 2	0.000 2	0.300 2	28
29	2 015.381 3	0.000 5	6 714.604 2	3.331 7	0.000 1	0.300 1	29
30	2 619.995 6	0.000 4	8 729.985 5	3.332 1	0.000 1	0.300 1	30
35	9 727.860 4	0.000 1	32 422.868 1	3.333 0	a	0.3 000	35
∞				3.333 0			∞

40%复利因子

N	一次支付 F/P	一次支付 P/F	等额多次支付 F/A	等额多次支付 P/A	等额多次支付 A/F	等额多次支付 A/P	N
1	1.400 0	0.714 3	1.000 0	0.714 3	1.000 0	1.400 0	1
2	1.960 0	0.510 2	2.400 0	1.224 5	0.416 7	0.816 7	2
3	2.744 0	0.364 4	4.360 0	1.588 9	0.229 4	0.629 4	3
4	3.841 6	0.260 3	7.104 0	1.849 2	0.140 8	0.540 8	4
5	5.378 2	0.185 9	10.945 6	2.035 2	0.091 4	0.491 4	5
6	7.529 5	0.132 8	16.323 8	2.168 0	0.061 3	0.461 3	6
7	10.541 4	0.094 9	23.853 4	2.262 8	0.041 9	0.441 9	7
8	14.757 9	0.067 8	34.394 7	2.330 6	0.029 1	0.429 1	8
9	20.661 0	0.048 4	49.152 6	2.379 0	0.020 3	0.420 3	9
10	28.925 5	0.034 6	69.813 7	2.413 6	0.014 3	0.414 3	10
11	40.495 7	0.024 7	98.739 1	2.438 3	0.010 1	0.410 1	11
12	56.693 9	0.017 6	139.234 8	2.455 9	0.007 2	0.407 2	12
13	79.371 5	0.012 6	195.928 7	2.468 5	0.005 1	0.405 1	13
14	111.120 1	0.009 0	275.300 2	2.477 5	0.003 6	0.403 6	14
15	155.568 1	0.006 4	386.420 2	2.483 9	0.002 6	0.402 6	15
16	217.795 3	0.004 6	541.988 3	2.488 5	0.001 8	0.401 8	16
17	304.913 5	0.003 3	759.783 7	2.491 8	0.001 3	0.401 3	17
18	426.878 9	0.002 3	1 064.697 1	2.494 1	0.000 9	0.400 9	18
19	597.630 4	0.001 7	1 491.576 0	2.495 8	0.000 7	0.400 7	19
20	836.682 6	0.001 2	2 089.206 4	2.497 0	0.000 5	0.400 5	20
21	1 171.355 6	0.000 9	2 925.888 9	2.497 9	0.000 3	0.400 3	21
22	1 639.897 8	0.000 6	4 097.244 5	2.498 5	0.000 2	0.400 2	22
23	2 295.856 9	0.000 4	5 737.142 3	2.498 9	0.000 2	0.400 2	23
24	3 214.199 7	0.000 3	8 032.999 3	2.499 2	0.000 1	0.400 1	24
25	4 499.879 6	0.000 2	11 247.199 0	2.499 4	a	0.400 1	25
26	6 299.831 4	0.000 2	15 747.078 5	2.499 6	a	0.400 1	26
27	8 819.764 0	0.000 1	22 046.909 9	2.499 7	a	0.400 0	27
28	12 347.669 6	0.000 1	30 866.673 9	2.499 8	a	0.400 0	28
29	17 286.737 4	0.000 1	43 214.343 5	2.499 9	a	0.400 0	29
30	24 201.432 4	a	60 501.080 9	2.499 9	a	0.400 0	30
∞				2.500 0		0.400 0	∞

274

50%复利因子

	一次支付		等额多次支付				
N	F/P	P/F	F/A	P/A	A/F	A/P	N
1	1.500 0	0.666 7	1.000 0	0.666 7	1.000 0	1.500 0	1
2	2.250 0	0.444 4	2.500 0	1.111 1	0.400 0	0.9 000	2
3	3.375 0	0.296 3	4.750 0	1.407 4	0.210 5	0.710 5	3
4	5.062 5	0.197 5	8.125 0	1.604 9	0.123 1	0.623 1	4
5	7.593 8	0.131 7	13.187 5	1.736 6	0.075 8	0.575 8	5
6	11.390 6	0.087 8	20.781 3	1.824 4	0.048 1	0.548 1	6
7	17.085 9	0.058 5	32.171 9	1.882 9	0.031 1	0.531 1	7
8	25.628 9	0.039 0	49.257 8	1.922 0	0.020 3	0.520 3	8
9	38.443 4	0.026 0	74.886 7	1.948 0	0.013 4	0.513 4	9
10	57.665 0	0.017 3	113.330 1	1.965 3	0.008 8	0.508 8	10
11	86.497 6	0.011 6	170.995 1	1.976 9	0.005 8	0.505 8	11
12	129.746 3	0.007 7	257.492 7	1.984 6	0.003 9	0.503 9	12
13	194.619 5	0.005 1	387.239 0	1.989 7	0.002 6	0.502 6	13
14	291.929 3	0.003 4	581.858 5	1.993 1	0.001 7	0.501 7	14
15	437.893 9	0.002 3	873.787 8	1.995 4	0.001 1	0.501 1	15
16	656.840 8	0.001 5	1 311.681 7	1.997 0	0.000 8	0.500 8	16
17	985.261 3	0.001 0	1 968.522 5	1.998 0	0.000 5	0.500 5	17
18	1 477.891 9	0.000 7	2 953.783 8	1.998 6	0.000 3	0.500 3	18
19	2 216.837 8	0.000 5	4 431.675 6	1.999 1	0.000 2	0.500 2	19
20	3 325.256 7	0.000 3	6 648.513 5	1.999 4	0.000 2	0.500 2	20
21	4 987.885 1	0.000 2	9 973.770 2	1.999 6	0.000 1	0.500 1	21
22	7 481.827 6	0.000 1	14 961.655 3	1.999 7	a	0.500 1	22
23	11 222.741 5	0.000 1	22 443.482 9	1.999 8	a	0.500 0	23
24	16 834.112 2	0.000 1	33 666.224 4	1.999 9	a	0.500 0	24
25	25 251.168 3	0.000 0	50 500.336 6	1.999 9	a	0.500 0	25
∞				2.000 0		0.500 0	∞